Klaus Meier-Pauken

URBAN SKETCHING
STEP BY STEP

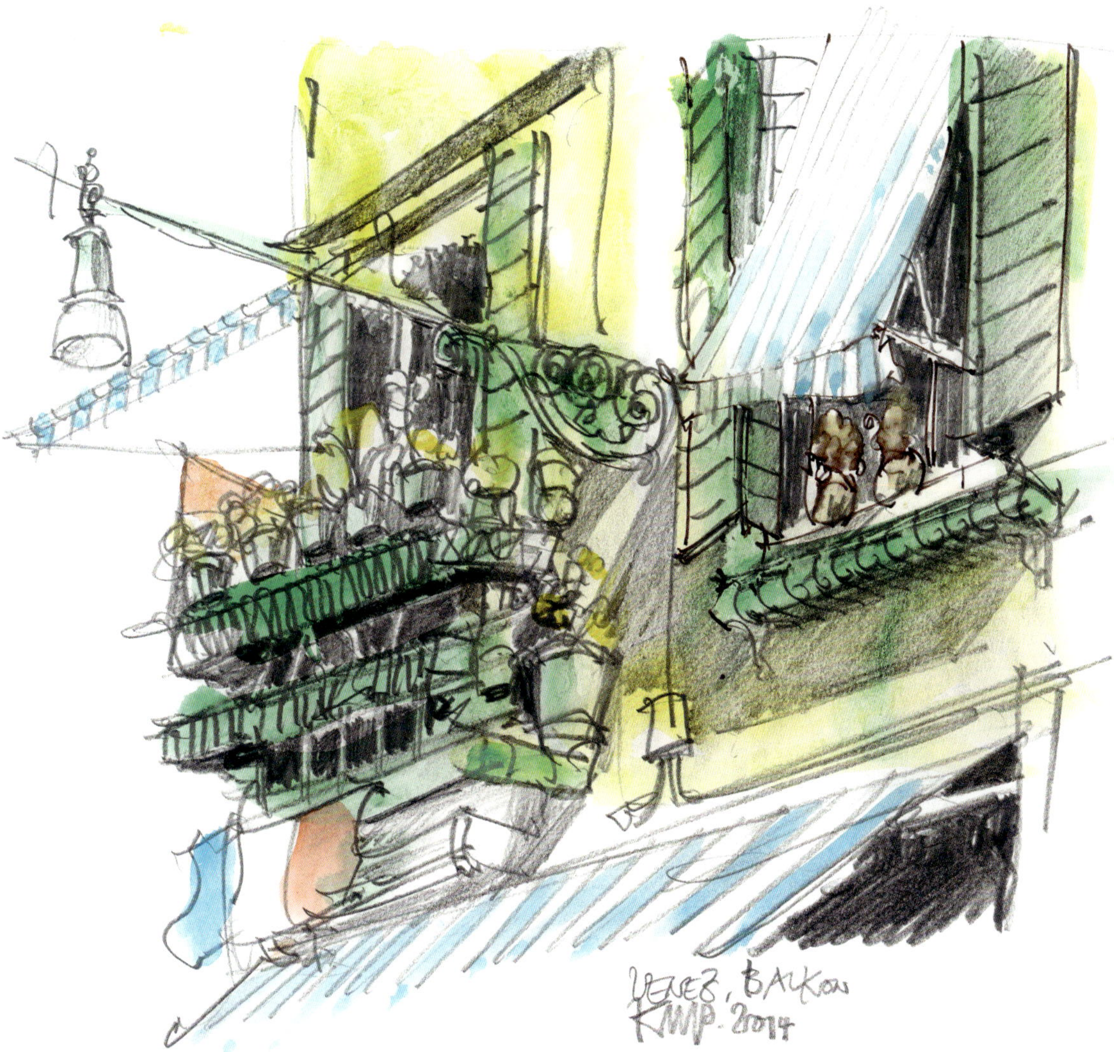

CV

Klaus Meier-Pauken, geboren 1952, hat Architektur studiert und war von 1981 bis 2017 als Architekt und Stadtplaner tätig. Unter anderem unterrichtete er von 1992 bis 2013 im Lehrauftrag an der TH Köln Räumliches Zeichnen und Freihandzeichnen. Seine Arbeiten waren bereits in mehreren Ausstellungen zu sehen.

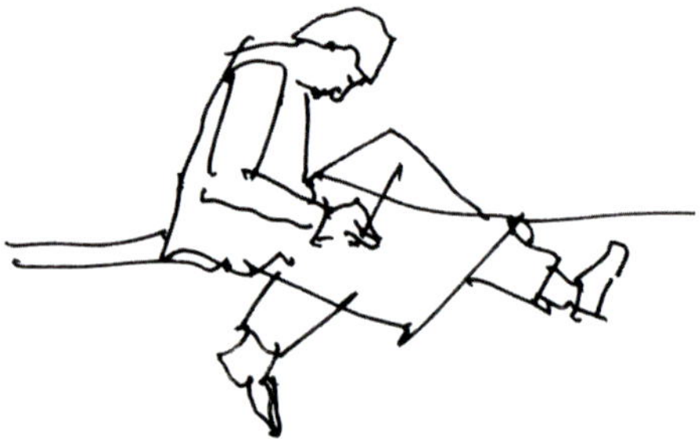

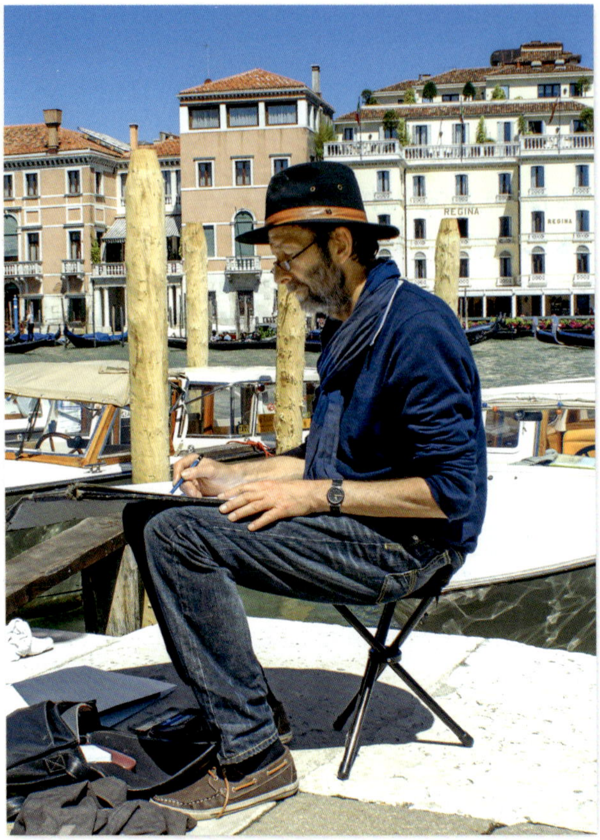

Der Moment des Zeichnens ist ein für mich unverzichtbares Ereignis, in dem ich meinen Lebensraum und auch bestimmte Ereignisse mit allen Sinnen entdecke und aufnehme.

Klaus Meier-Pauken

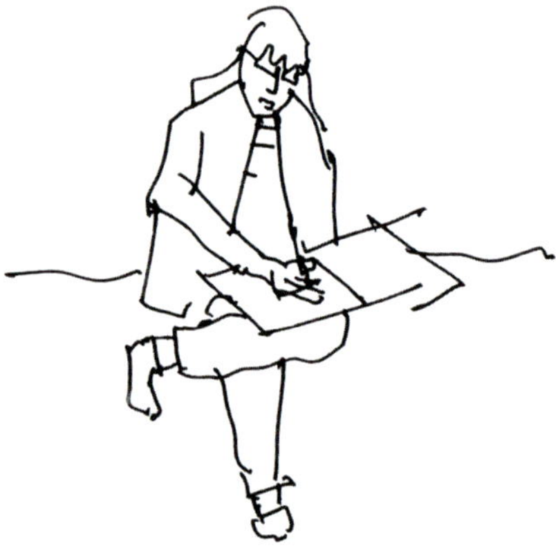

Autor: Klaus Meier-Pauken
Produktmanagement und Lektorat: Tina Bungeroth
Foto S. 4: Bahar Ilter
Layout und Litho: Michael Feuerer
Druck und Bindung: Polygraf Print, Slowakei

ISBN: 978-3-86230-377-9
Art.-Nr. 30377

Inhaltsverzeichnis

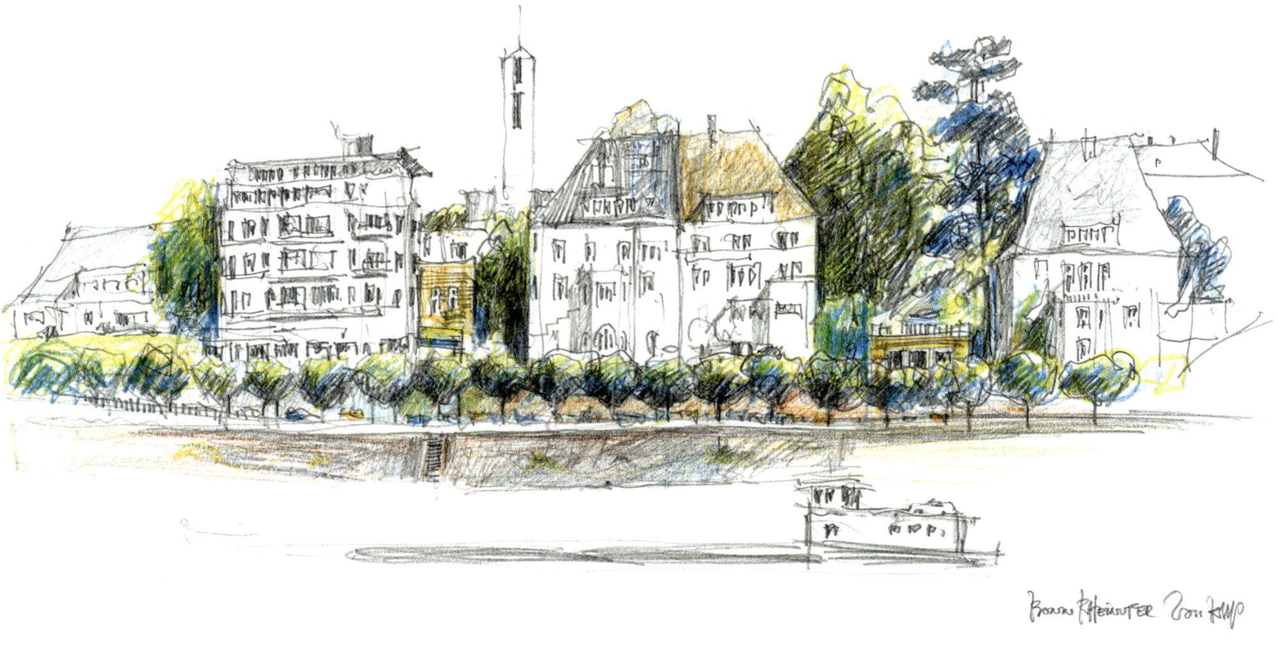

Urban Sketching – Skizzieren in der Stadt

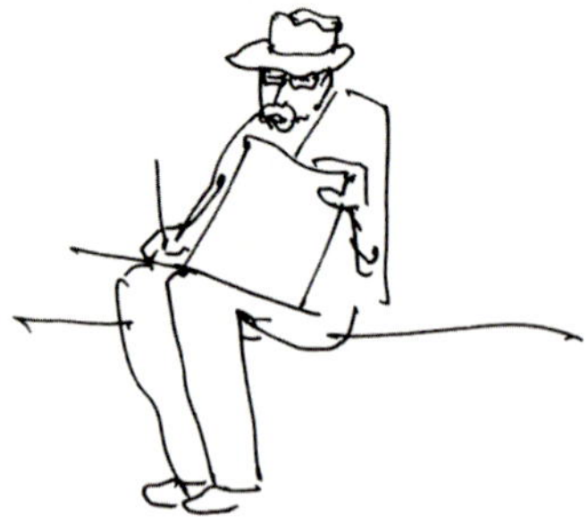

In den letzten drei Jahrzehnten habe ich viel Zeit mit Bahnfahren verbracht. Keine Fahrt hätte ich mir ohne mein Skizzenbuch, Füllfederhalter oder Bleistift vorstellen können.
In dieser Zeit habe ich nur ein einziges Mal einen jungen Mann dabei beobachtet, wie er in der Bahn einen Mitreisenden porträtierte. Mich hat das damals sehr berührt, dass inmitten eines vollbesetzten Wagens, wo die meisten mit ihrem Handy beschäftigt waren, ein junger Mensch zeichnete. Daher war ich sehr erfreut, dass vor einigen Jahren die weltweite Bewegung des Urban Sketching aufkam. Eigentlich hat die Zeichnung die Menschen schon immer begleitet. Nur der Begriff Urban Sketching ist neu. Schon vor Hunderten von Jahren haben Reisende ihre Erlebnisse in Reiseskizzen festgehalten, und, wenn man so will, haben unsere Vorfahren mit den frühen Höhlenmalereien begonnen, ihre Lebenswelt zeichnerisch festzuhalten.
Beim Urban Sketching geht es um die bewusste zeichnerische und damit auch sinnliche Wahrnehmung der unmittelbaren Umgebung. Da die meisten Menschen in urbanen Zentren leben, spielt die Stadt die Hauptrolle in dieser neuen Strömung. Meist entstehen die schnellen Urban Sketching-Skizzen draußen und direkt vor dem Objekt, seltener in Innenräumen. Erlaubt sind alle Mittel und Motive, wobei sich Architektur, Stadt- und Landschaftsräume, Parks, öffentliche Gebäude, Details, aber auch Menschen und Tiere als Motive anbieten. Wenn ich meine Skizzen betrachte, so kommt bei fast jedem Blatt eine spürbare, ganz intensive Erinnerung an den jeweiligen Ort auf. Das Motiv wird sozusagen wieder lebendig und ich erinnere mich, was sich unmittelbar davor und danach ereignet hat. Heute weiß ich, dass dieser Moment des Zeichnens ein für mich unverzichtbares Ereignis ist, in dem ich meinen Lebensraum und auch bestimmte Ereignisse mit allen Sinnen entdecke und aufnehme.

Ihr Klaus Meier-Pauken

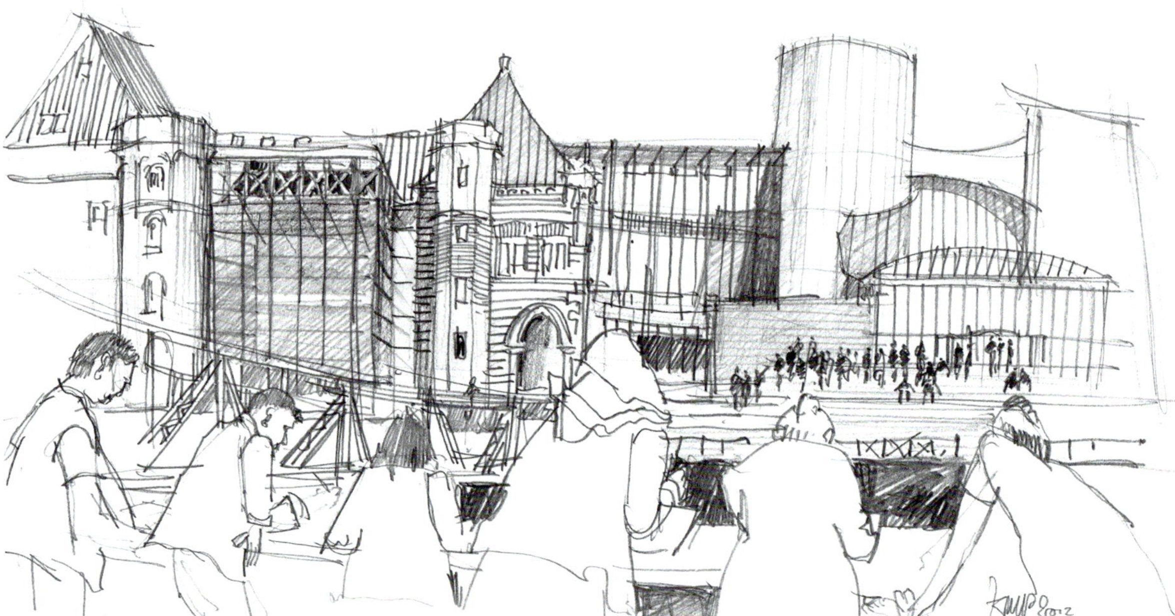

Das Material

Für das Zeichnen insbesondere im städtischen Raum sollten Sie sich zunächst eine bescheidene Grundausstattung an Zeichenutensilien zulegen. Eine zu große Auswahl verunsichert oft nicht nur Anfänger, sondern auch geübte Zeichner. Erst wenn Sie mit dem einen oder anderen Stift, Füller oder Pinsel eine gewisse Sicherheit erlangt haben, sollten Sie allmählich Ihr Repertoire erweitern und neue Materialien und Techniken ausprobieren.
Zu Beginn empfehle ich, sich **Bleistifte** mit der **Stärke 3B, 2B** und **6B** bereit zu legen. Achten Sie dabei auf eine gute Qualität der Minen, damit diese nicht bereits beim Anspitzen ständig brechen.
Auch ein **Fallminenstift** mit den oben angegebenen Minenstärken tut gute Dienste. Berücksichtigen Sie dabei, dass die Minenhalter abhängig vom Minendurchmesser variieren, d. h. für eine dicke 6B-Mine z. B. benötigen Sie auch den passenden Minenhalter.
Für das Zeichnen mit Tinte bzw. Tusche genügt ein **Füllfederhalter**, der je nach Sujet mit einer schwarzen, blauen, braunen oder roten Tintenpatrone bestückt wird.
Auch wenn beim Urban Sketching in aller Regel bevorzugt zu Bleistift und Füllfederhalter gegriffen wird, kann es durchaus reizvoll sein, auch andere Zeichenwerkzeuge auszuprobieren, wie **Kugelschreiber** oder mit Tinte gefüllte Minenschreiber.

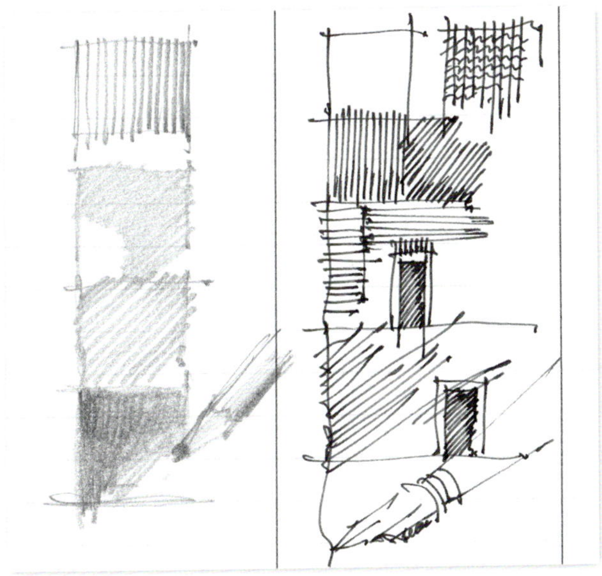

Beim Skizzieren in der Stadt ist es hilfreich, sich zuvor alle benötigten Utensilien, wie z. B. Spitzer, entsprechende Farbstifte, Pinsel und Farben, greifbar bereit zu legen, damit Sie nicht während der Arbeit ständig in der Tasche kramen müssen. Für Zeichenanfänger genügen dabei ein Bleistift sowie zur Auffrischung der Skizzenzeichnung zusätzlich ein oder zwei Farbstifte.

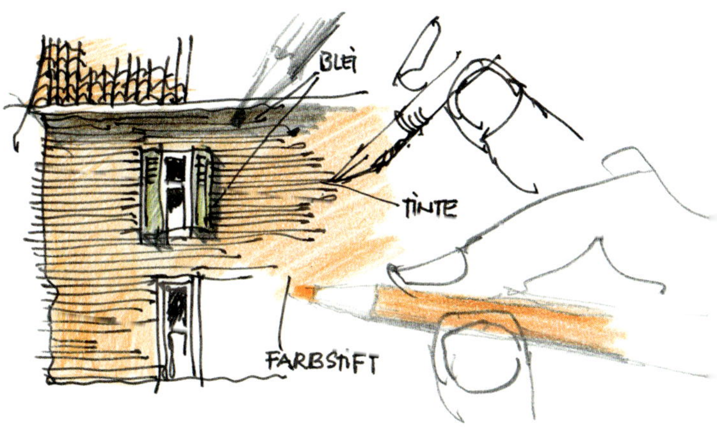

Was die Farben betrifft, empfehle ich, einige wenige gute Stifte bereit zu halten, vorzugsweise in den Farben Ocker, Rot, Hellblau, Kobaltblau, Gelb, ggf. Olivgrün und Weiß für getönte Papiere. Für das wassergetränkte Einfärben reicht vorerst ein einfacher Kasten mit **Deckfarben** aus.
Bei der Wahl des **Papiers** ist wichtig, mit was Sie skizzieren möchten: Dünnes Papier eignet sich für Skizzen mit Stiften, während Sie auf dickerem Papier auch mit Pinsel und Wasserfarben arbeiten können. Für beide Fälle empfehle ich glattes Papier. Raues, d. h. grobkörniges, Papier wird zwar oft für das Aquarellieren empfohlen, behindert aber eine schnelle und spontane Linienführung mit dem Bleistift oder dem Federhalter.
Ob Sie nun einen **Papierblock, ein Skizzenbuch oder loses Papier** auf einer Unterlage wählen, hängt davon ab, womit Sie besser zurechtkommen.

Probieren Sie alles einmal aus. Lose Blätter lassen sich auch geordnet in einem **Schnellhefter** aufbewahren, dessen stabiler Kunststoffdeckel eine feste Unterlage bietet. Hierbei ist der Vorteil, dass man frei ist in der Auswahl unterschiedlichster Papiere: Blätter mit Rechenkästchen geben z. B. klare senkrechte oder waagerechte Linien vor, was unter Umständen beim Zeichnen sehr hilfreich sein kann. Für das Arbeiten mit der Farbe Weiß eignet sich getöntes, vorzugsweise braunes Papier und für das Arbeiten im Freien empfiehlt es sich, zunächst DIN A4- oder DIN A3-Formate zu verwenden. Kleine DIN A5-Formate hingegen bieten sich oft für schnelle Skizzen in räumlich beengten Situationen an, wie z. B. in Bus oder Bahn.

Für das Skizzieren draußen ist eine **stabile Unterlage** besonders wichtig. Ein Block oder die feste Kunststoffunterlage einer Blättermappe, aber auch ein Klemmbrett eignen sich für das Arbeiten im Freien. Achten Sie darauf, dass Sie ohne Unterbrechungen und Behinderungen arbeiten können. Nichts ist lästiger als ständig wehende Blätter auf unruhigen Knien.
Außerdem sollten Sie immer einen **Spitzer**, einen **Radiergummi** und eine **kleine Wasserflasche** dabei haben. Das alles lässt sich am besten in einer **Umhängetasche** verstauen. Und wer es besonders praktisch liebt, legt sich noch einen kleinen, leichtgewichtigen **Klapphocker** zu. Denken Sie auch an dem Wetter angemessene Kleidung!

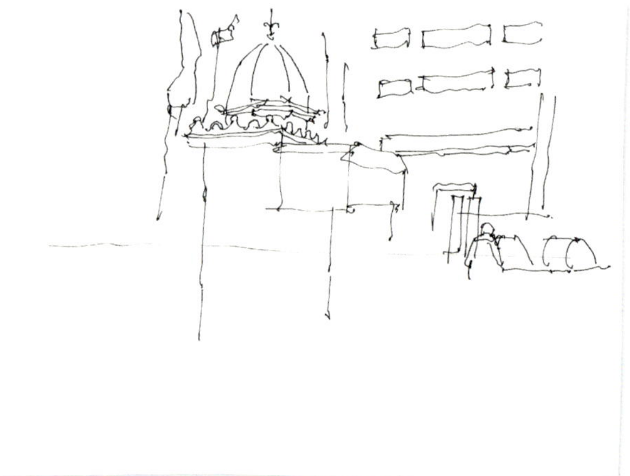

Auf hauchdünnen Bleistiftlinien richte ich mit Tinte die Form des Kioskes und der dahinter liegenden Bebauung ein.

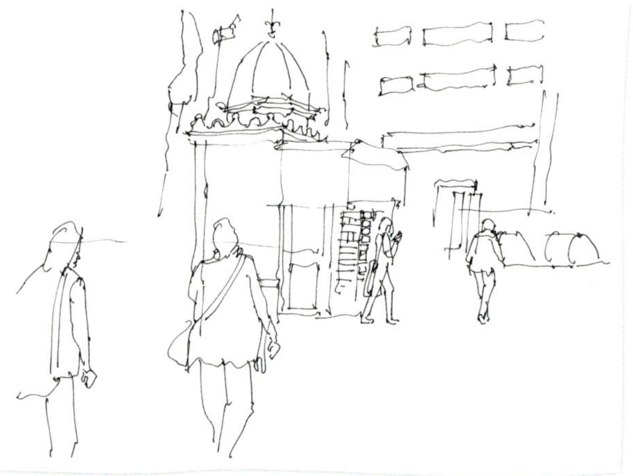

Die Andeutung von Personen im Vordergrund vermittelt Tiefe im Raum.

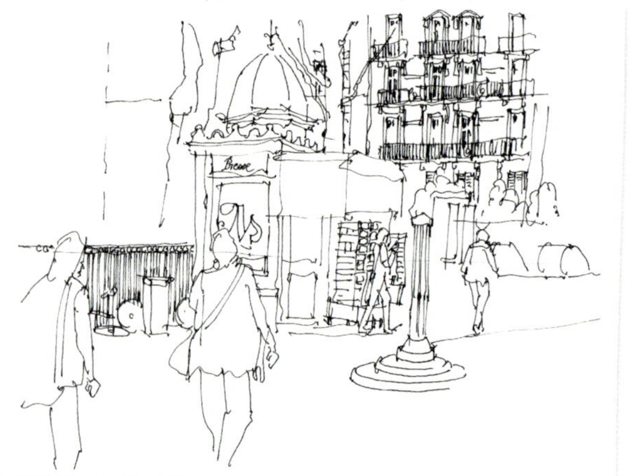

Nun folgt die Ergänzung von verschiedenen Details, auch im Bildhintergrund.

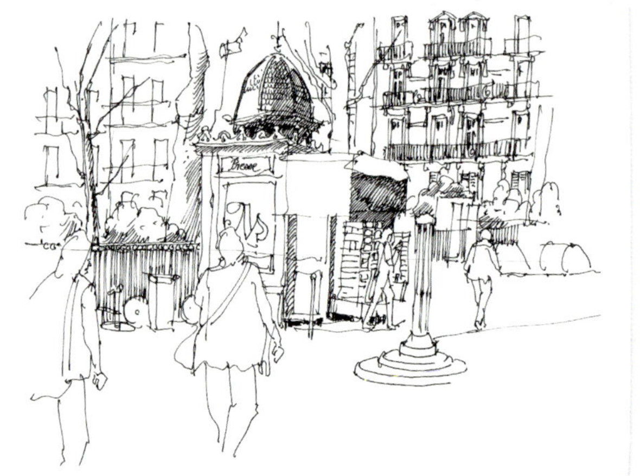

Zum Schluss wird das kleine Gebäude durch mehr oder weniger dichte Schraffuren und Texturen plastisch.

Alter Kiosk in Paris

Nicht zu Unrecht wehren sich die Pariser gegen den Austausch ihrer charakteristischen Zeitungskioske, die an ihrem umlaufenden Zierstreifen und der kleinen Kuppel zu erkennen sind und über das gesamte Stadtgebiet aufgestellt wurden. Bewusst habe ich die Gebäude im Hintergrund nur spärlich angedeutet, um mit mehr Grafik und Schatten das Objekt zu betonen. Die über die Straße laufenden Menschen habe ich vorher aus der Beobachtung heraus auf einem gesonderten Blatt skizziert, um sie in aller Ruhe auf dem Bild zu platzieren. Dabei sollten die Köpfe der erwachsenen Personen entsprechend ihrer jeweiligen Proportion auf annähernd einer horizontalen Linie gezeichnet werden. Voraussetzung dafür ist, dass die Menschen sich auf ebenem Boden bewegen.

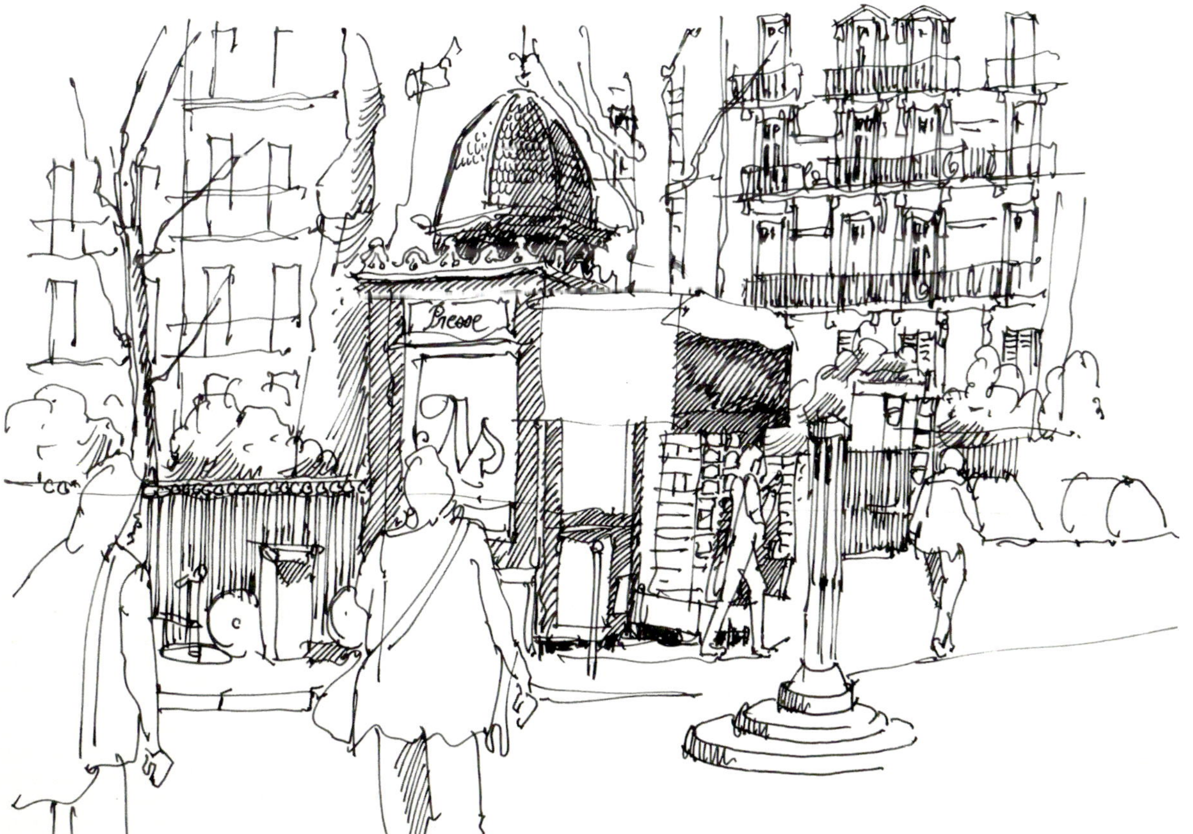

„Alter Kiosk in Paris". Bleistift 3B, Tinte, Füllfederhalter, Skizzenbuch mit leicht getöntem, glattem Papier.

Zeichnen mit Stiften und Pinsel

Wesentliche Voraussetzung für das Gelingen einer Skizze ist ein angenehmes Verhältnis zwischen dem Zeichenträger und dem Zeichengerät. Dies sollte man zunächst auf vielen unterschiedlichen Papieren mit dem Bleistift und Füllfederhalter ausprobieren. Hat man das passende Papier gefunden, sollte man darauf mit Farbstiften, Kreiden und schließlich Wasserfarben experimentieren. Mit der Zeit werden sich die für Sie geeigneten Materialien herauskristallisieren.
Manchmal findet man an dem Ort, wo man sich gerade aufhält oder zeichnet, ein altes Zeitungsblatt, einen bedruckten Karton, eine Serviette oder etwas ähnliches. Zeichnen Sie auch öfter einfach auf solchen Fundsachen, die gleichzeitig Erinnerungsstücke sind.

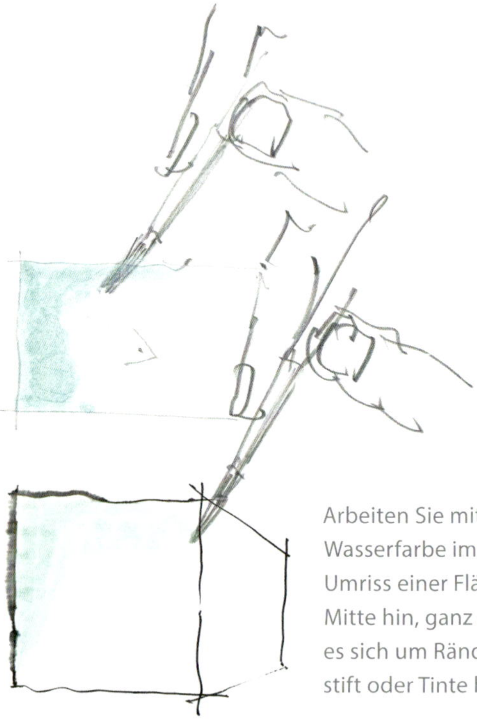

Arbeiten Sie mit Pinsel und Wasserfarbe immer vom Umriss einer Fläche zur Mitte hin, ganz gleich, ob es sich um Ränder aus Bleistift oder Tinte handelt.

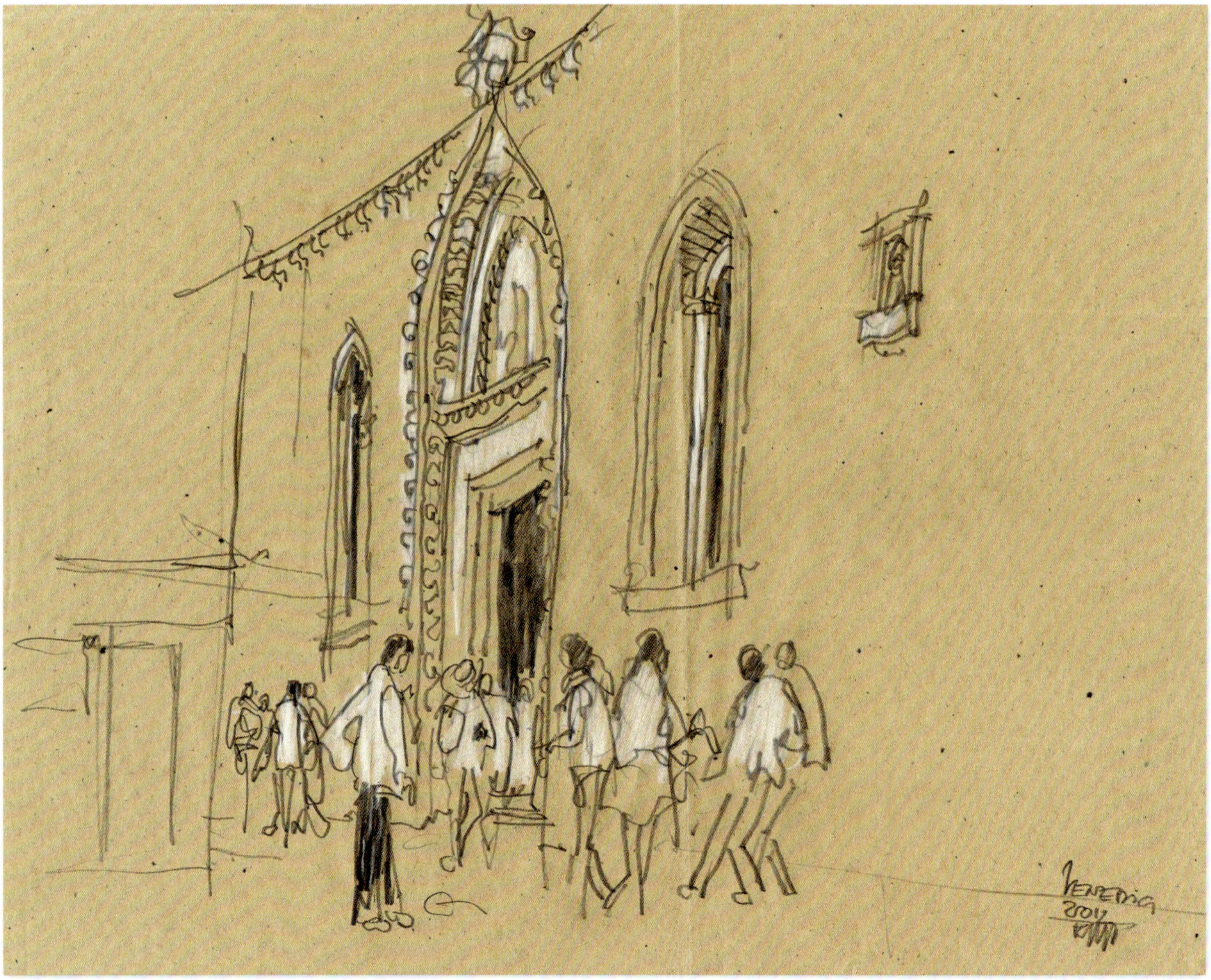

Nebeneingang der Frari-Kirche in Venedig, vom Lokal gegenüber gezeichnet (Bleistift 3B, weiße Pastellkreide, braunes Papier)

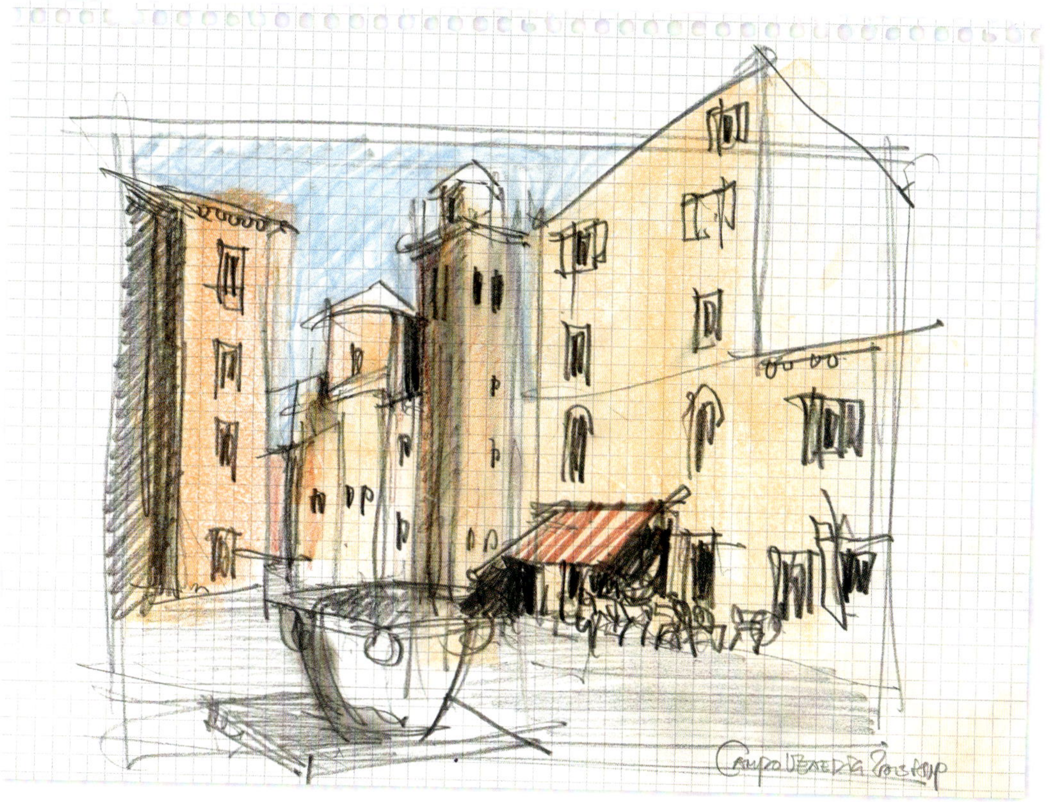

Campo in Venedig mit typischem Brunnen in der Mitte (Bleistift 3B, Farbstifte, kariertes, dünnes Papier)

Papier

Natürlich können Sie viel Geld für teures Papier oder gebundene Skizzenbücher im Ledereinband ausgeben. Für das Zeichnen, Skizzieren und Experimentieren draußen vor Ort rate ich aber davon ab. Teure Papiere bremsen die Bereitschaft, ungehemmt drauf los zu zeichnen und möglichst viel auszuprobieren. Sammeln Sie **ganz verschiedene Papiere** und legen Sie sich für Ihre Zeichenausflüge kostengünstige Zeichenblöcke oder ein preiswertes Skizzenbuch zu. Am besten eignen sich die Formate DIN A4 und DIN A3.

Das Papier sollte zum Zeichnen möglichst eine **glatte Oberfläche** haben. Grobkörniges Papier behindert die Stiftführung und hinterlässt weiße Lücken auf dem Papier.

Braunes, ockerfarbenes, aber auch blau getöntes und mit Rechenkästchen bedrucktes Papier darf in der Sammlung der verschiedenen Papiere, die in eine Sammelmappe mit fester Kunststoffunterlage geheftet werden, nicht fehlen.

Glattes, dünnes, leicht getöntes Papier eignet sich hervorragend zum Skizzieren sowohl mit dem Bleistift als auch mit Tinte. Auch Kreide und Farbstifte vertragen sich gut mit dieser Papierart. Das Verwischen gelingt auf glattem Papier besonders gut. Je feiner die Linien und Flächen hervortreten sollen, desto glatter muss die Oberfläche des Papiers sein. Wenn Sie aber mit flüssigen Farben oder auch Kohlestiften arbeiten, entfaltet **raues Papier** eine besondere Wirkung. Auch glatter, saugfähiger Karton in Postkartenstärke (150 g) gehört zur Grundausstattung beim Arbeiten mit Wasserfarben.

Bildformate

Benutzen Sie bei großen Bildformaten einen relativ weichen Bleistift mit dem Härtegrad 3B bis 6B. Auf einem DIN A5- bis DIN A4-Format sind Bleistift-Härtegrade von 2B bis 3B zu empfehlen. Meistens versuche ich, einen bestimmten Bildgegenstand oder eine Szene intuitiv außerhalb der Mitte des Formats anzuordnen. Auch muss nicht immer das ganze Format grafisch gefüllt werden. Leerstellen dürfen, ja müssen sogar, manchmal sein, um auf Bestimmtes hinzuweisen.

Blick auf Porte Saint-Denis in Paris

Die großen Boulevards von Paris sind sehr belebt und man muss schon nach einem geeigneten Standpunkt suchen, von dem aus man einigermaßen ungestört zeichnen kann, da immer wieder Passanten den Weg queren. Insofern ist es ratsam, mit wenigen Linien ein Grobgerüst zu erstellen, um gegebenenfalls ein paar Meter weiter, an einer Häuserwand lehnend, das Motiv zu vollenden.
Die großen Pariser Straßen bieten oft ein abwechslungsreiches Repertoire an architektonisch reizvollen kleineren Einbauten, wie ein Kiosk oder eine Litfaßsäule, die den Raum gliedern und zusammen mit dem großen Stadttor Porte Saint-Denis einen interessanten Blickfang darstellen. Häufig sind es gerade in Paris die verzierenden Details einzelner Elemente, aber auch die Hell-Dunkel-Kontraste, die anziehend wirken. Der Hintergrund bei dieser Szene wird nur durch wenige Linien angedeutet.

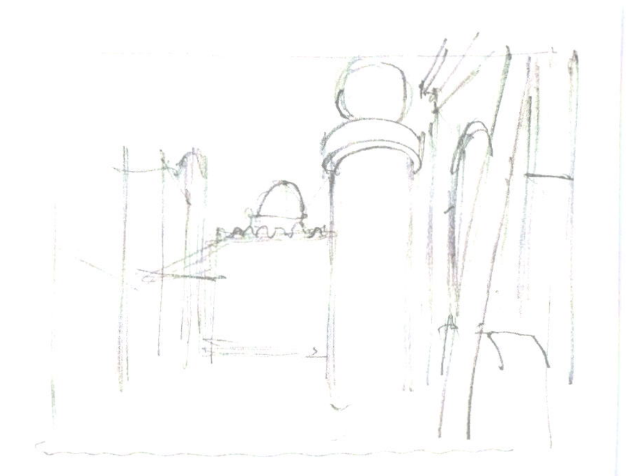

Zentralperspektivisch wird mit wenigen Linien ein Grundgerüst angelegt.

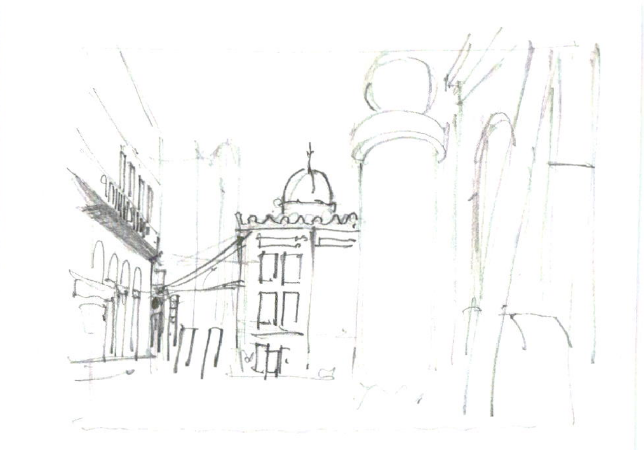

Die leeren Flächen werden mit ihren gliedernden Elementen, wie Fenstern, aber auch parkenden Autos am Rand, ergänzt.

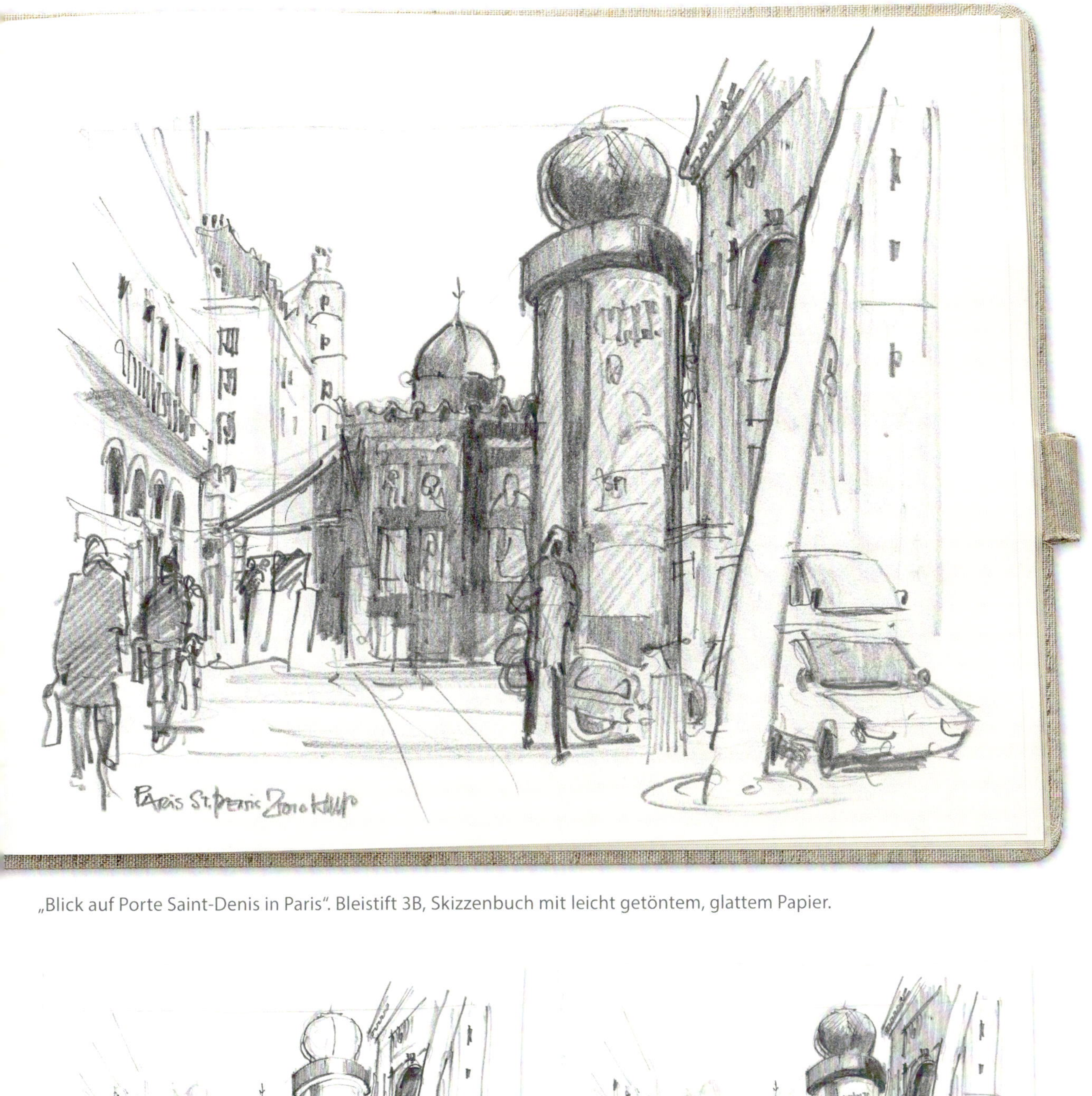

„Blick auf Porte Saint-Denis in Paris". Bleistift 3B, Skizzenbuch mit leicht getöntem, glattem Papier.

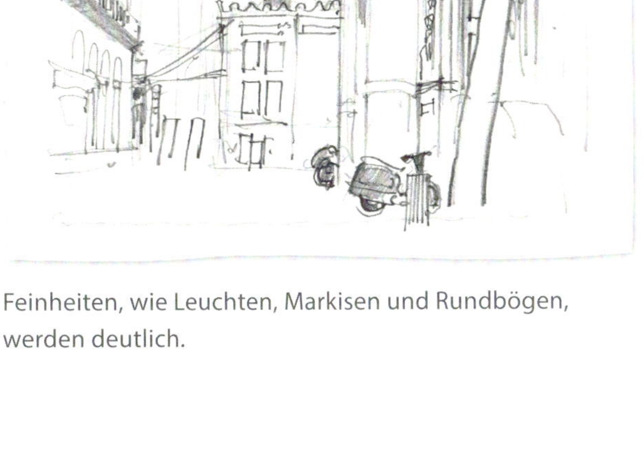

Feinheiten, wie Leuchten, Markisen und Rundbögen, werden deutlich.

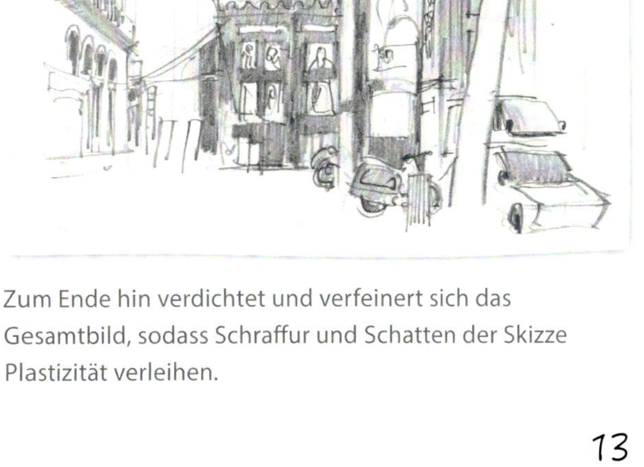

Zum Ende hin verdichtet und verfeinert sich das Gesamtbild, sodass Schraffur und Schatten der Skizze Plastizität verleihen.

Häuserzeile in Camden, London

Der Stadtteil Camden, ganz in der Nähe des großen Flohmarktes und Little Venice gelegen, besticht durch seine Lebendigkeit, insbesondere, was die bunten Fassaden der Häuser mit ihren Geschäften und Auslagen im Erdgeschoss betrifft. Zusammen mit den vielen Passanten, dem ruhenden und fahrenden Verkehr bietet dieser Teil Londons besonders bei einem strahlend blauen Himmel ein reizvolles Zusammenspiel.
Bei diesem Motiv einer zusammenhängenden Häuserzeile sollte man nicht allzu genau hinschauen. Kneifen Sie ruhig die Augen ein wenig zusammen, um besser die grobe Form, das Farbenspiel und die Hell-Dunkel-Partien ohne die vielen kleinen Details wahrzunehmen. Dann beginnen Sie, mit viel Farbe und wenigen gliedernden Linien das Blatt aufzuteilen. Diese Skizze habe ich bewusst relativ schnell skizziert, damit man sich nicht in Einzelheiten verliert und die Lebendigkeit der Szenerie zum Ausdruck kommt.

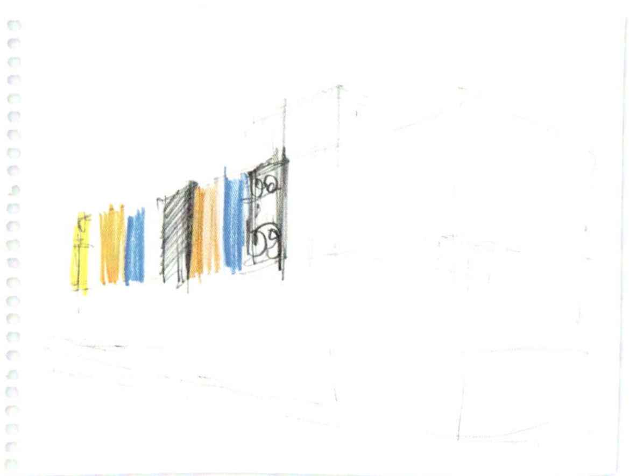

Links neben dem Bildrand lege ich einen „gedachten" Fluchtpunkt fest, auf den sich die richtungsweisenden Bleistiftlinien der Häuserzeile beziehen.

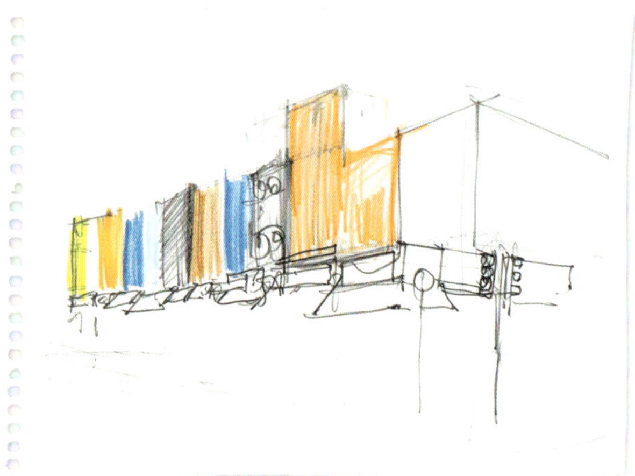

Schon wie beim vorherigen Schritt hilft das Anlegen verschiedener Farbtöne, die Häuserzeile zu gliedern und besser ablesbar zu machen.

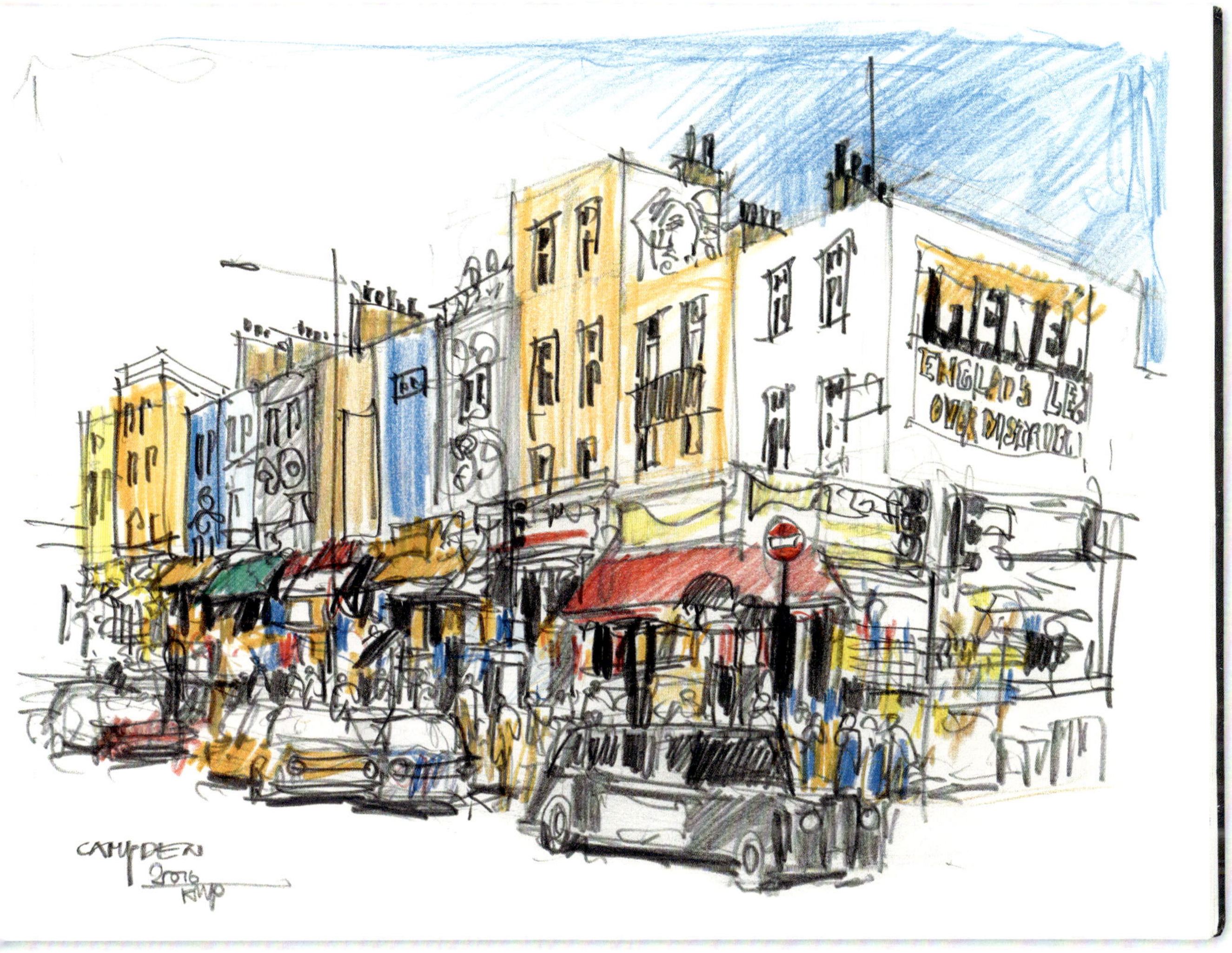

„Häuserzeile in Camden, London". Bleistift 3B und Farbstifte, Skizzenbuch mit leicht getöntem, glattem Papier.

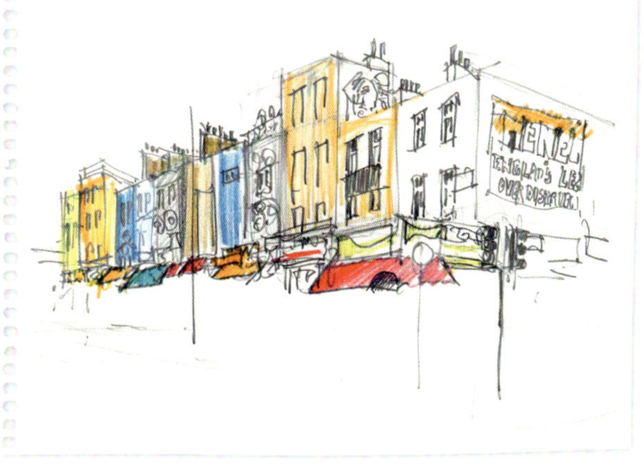

Nun kommen grob die Fenster- und Türöffnungen sowie einzelne Elemente, wie Markisen im Erdgeschoss, dazu. Die Fahrzeuge im Vordergrund werden schon angedeutet.

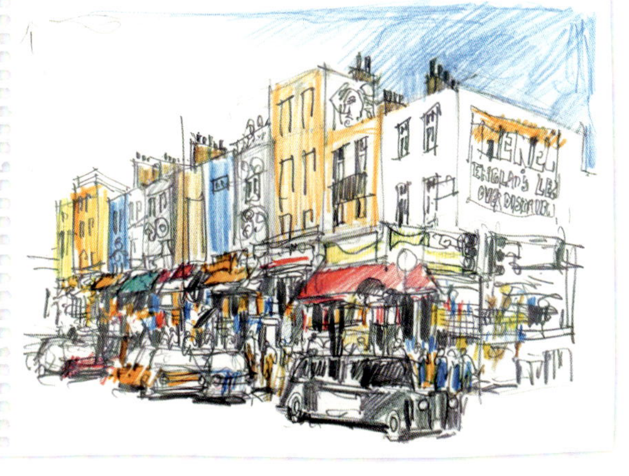

Mit Bleistift und Farbstiften im Wechsel werden zum Schluss schnell einzelne Details, die Menschen und Autos, sowie Hell-Dunkel-Bereiche herausgearbeitet.

Bleistift und Tinte

Einen scharf angespitzten **Bleistift** sollten Sie nur für Feinheiten im Bild verwenden. Je kleiner das Format, desto spitzer muss die Mine sein. Ansonsten erweist sich fast immer eine eher stumpfe Spitze als ideal für schnelles Arbeiten. Durch ein spitzes oder flaches Aufsetzen der Mine und unterschiedlichen Druck können viele verschiedene Wirkungen und Strichstärken auf dem Papier erzielt werden.
Halten Sie den Stift kaum fühlbar zwischen Daumen, Mittel- und Zeigefinger, und führen Sie die Mine zu Beginn leicht übers Papier. Erst später, mit zunehmender Sicherheit, wird der Druck erhöht.

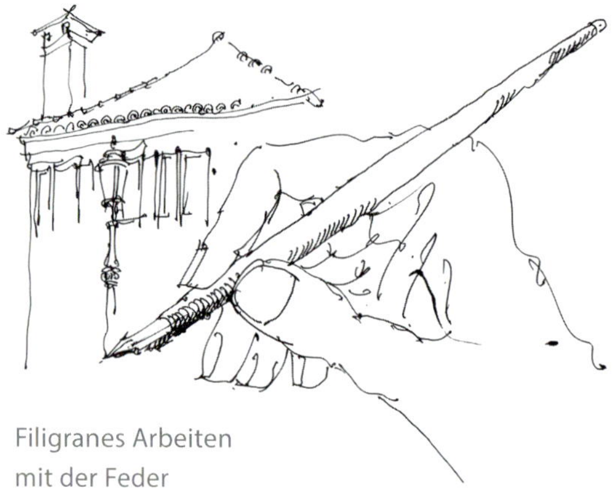

Filigranes Arbeiten mit der Feder

unten: Blick und Skizze von einer Anlegestelle auf den Canale Grande (Bleistift 3B, Tinte, Skizzenbuch mit dünnem, liniertem Papier)

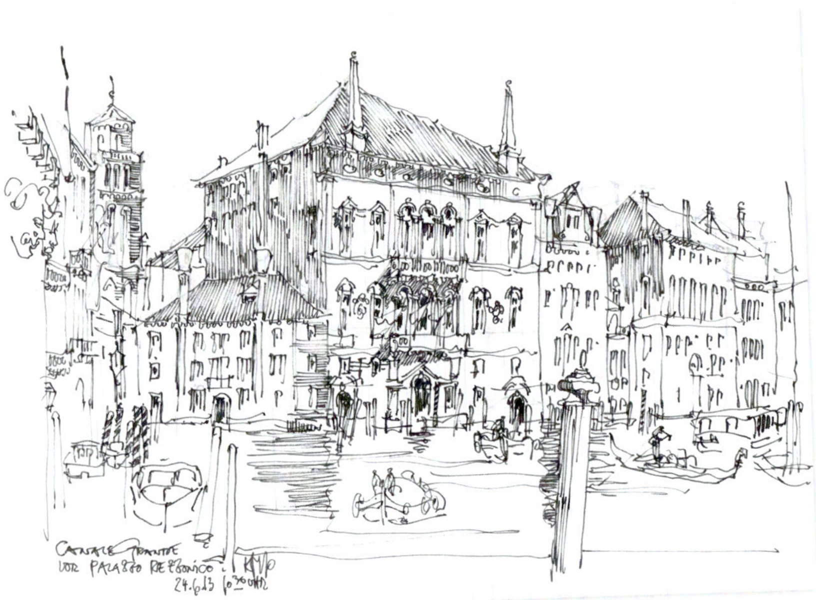

Halten Sie den Stift nicht verkrampft und zu nah an der Spitze fest, sondern ein Stück davon entfernt. Dies gilt grundsätzlich auch für das Zeichnen mit dem **Füllfederhalter**, das vor allem vom Wechselspiel variierender Druckausübung geprägt ist. Die 180°-Drehung der Feder bewirkt einen dünnen zarten Strich. Mittlerweile gibt es sehr gute Fineliner mit auffüllbarer, lichtechter Tinte auf dem Markt. Jedoch ist die Dynamik und Variation der Linien nicht vergleichbar mit denen, die mittels Feder, Pinsel oder eines weichen Bleistifts gezeichnet werden.

Kreide

Bei der Kreide benutzen Sie vor allem die Längsseiten des Kreidestücks. Brechen Sie die langen Kreiden in etwa ca. 2 cm große Quader. Dies bewirkt eine gleichmäßige, schnelle und tonige Füllung der Papierfläche. Gehen Sie behutsam vor und arbeiten Sie von Hell nach Dunkel. Schattenpartien eines Grundtones lassen sich am besten mit Blei verwischen, indem man mit ganz weicher Mine leicht über die farbige Fläche schummert und anschließend mit dem Finger verreibt.

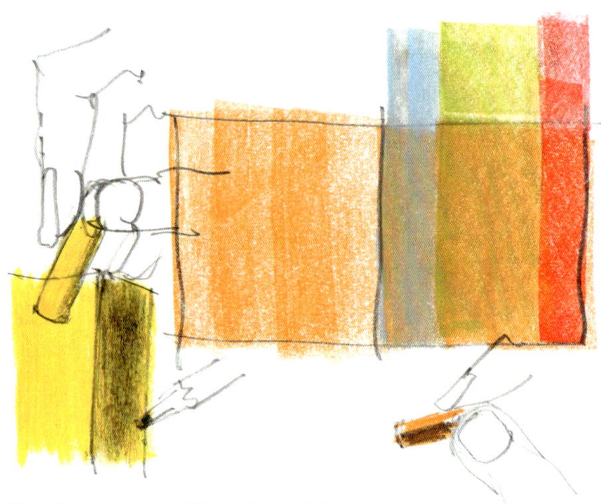

Das Arbeiten mit Bleistift und Kreiden

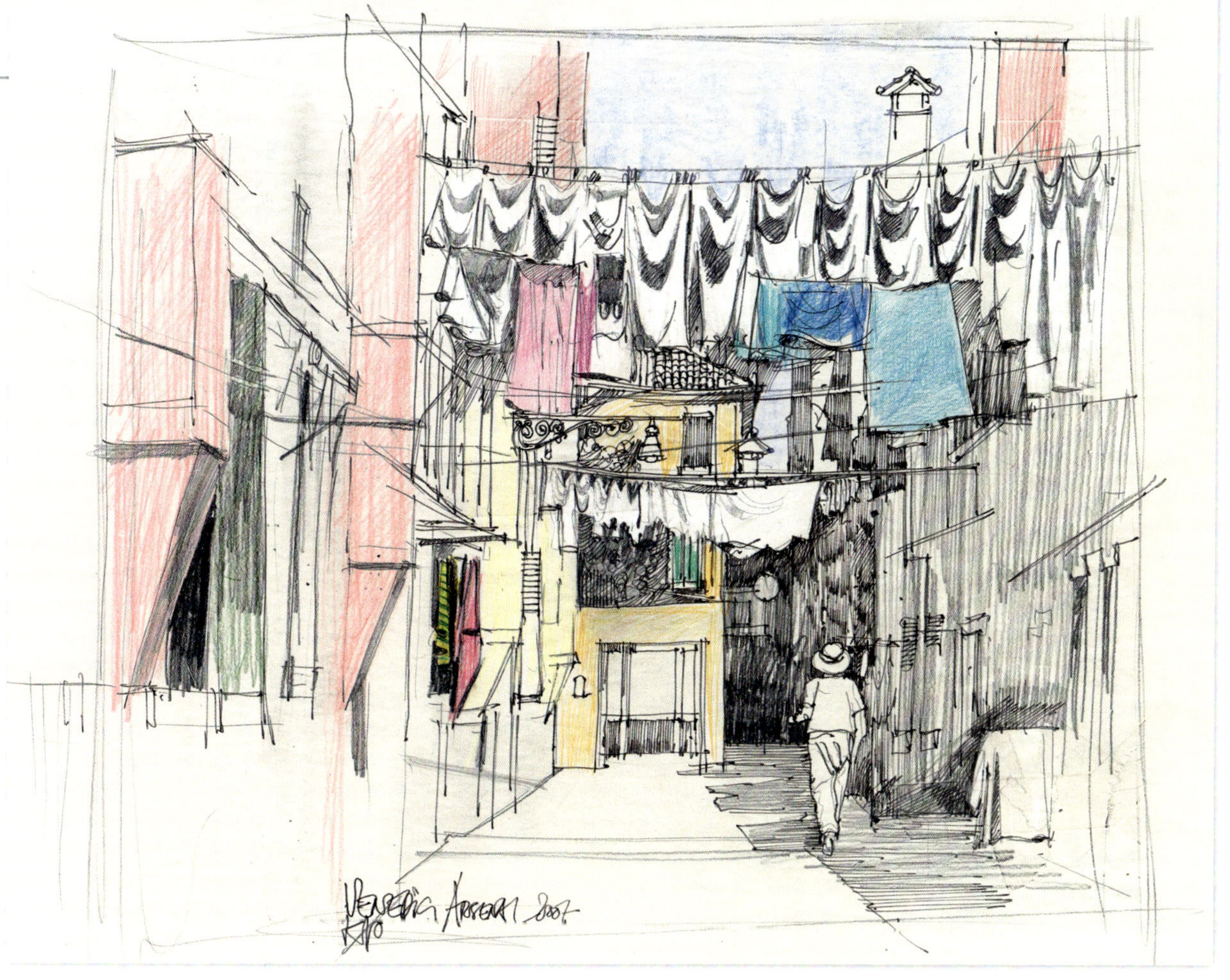

Gasse mit Wäsche an zwischengespannten Leinen im Stadtteil Arsenale in Venedig (Bleistift 3B, Farbstifte, weiße Kreide, Tinte, Skizzenblock mit getöntem, dünnem Papier)

Buntstift

Bei Buntstiften verwendet man am besten nur wenige Farbtöne, die überzeichnet werden können. Manchmal genügen bereits zwei Farben.
Um einen Farbton abzuschwächen bzw. zu neutralisieren, wird mit dem Bleistift nachgearbeitet, bis der gewünschte Ton erreicht ist.
Überlagert man Blau mit Gelb, so schimmert plötzlich ein Grün hindurch. Die Komponenten Blau, Rot und das Grafit des Bleistiftes fusionieren beispielsweise zu einem gebrochenen Violett.
Versuchen Sie, bei Ihren Farbkompositionen komplementär zu arbeiten. Blau und Gelb sind dabei die wichtigsten Zusammensetzungen. Ich empfehle Ihnen, beim Kauf von Buntstiften nicht zu sparen. Vorrangig sind meiner Meinung nach die Farbtöne Siena gebrannt, Himmel- und Kobaltblau, Chromgelb und Ziegelrot.

Wasserfarbe

Kaufen Sie zu Beginn keine teuren Aquarellkästen. Zum Ausprobieren reicht ein einfacher Deckfarbenkasten. Benutzen Sie stets viel Wasser, besonders zu Beginn, weil ein gutes Aquarell leicht und luftig, ja fast durchsichtig wirken sollte.
Lassen Sie besonders viel Papier hindurch scheinen, d. h. dass besondere Lichtstellen im Motiv frei bleiben. Ein Aquarell sollte zwar mit Bedacht, aber ebenso schnell und spontan ausgeführt werden. Achten Sie darauf, die Farbe mit dem Pinsel immer vom linearen Rand einer begrenzten Fläche nach innen aufzutragen und nicht umgekehrt. Benutzen Sie ein Spektrum von wenigen Farben, ähnlich wie bei den Buntstiften.

Schnelles Skizzieren als unverzichtbares Training

Schon Goethe äußerte in einem seiner theoretischen Texte aus „Der Sammler und die Seinigen" großen Respekt und Wertschätzung beim Betrachten von hingeworfenen, schnellen Skizzen. „Das kühn Hingestrichene, wild Ausgetuschte, Gewaltsame reizte mich, selbst das, was mit wenigen Zügen, nur Hieroglyphe einer Figur war, wusste ich zu lesen und schätzte es übermäßig." Nun gilt es, das schnelle Skizzieren auf zweierlei Art und Weise anzuwenden.

Zum einen geht es darum, schnell, mit wenigen bestimmenden und das Format einteilenden Linien einen Aufriss zu bekommen, der mit dem Motiv korrespondiert. Je feiner und leichter Sie dabei skizzieren, desto mehr lässt sich an der einen oder anderen Stelle eine Korrektur vornehmen. Bei dieser Vorskizze liegt ein gewisser Reiz darin, eine Bildidee mittels eines skizzenhaften Gerüsts zeichnerisch grob zu veranschaulichen, um diese Skizze dann sukzessive zu komplettieren.

Zum anderen ist die schnelle Skizze an Ort und Stelle gemeint, die das Objekt reduziert, aber prägnant mit wenigen Details (und ohne nachträglicher Bearbeitung oder Korrektur) bildhaft festhält. Diese Ausführung bedarf allerdings viel Erfahrung und steter Übung.

Diese Hinweise können Ihnen beim Skizzieren hilfreich sein:

1. Versuchen Sie, eine **Linie in einem Zug** von Anfang bis zum Ende zu ziehen. Vermeiden Sie das Aneinanderreihen einzelner Striche, auch wenn dies zu Beginn sehr schwierig erscheint. Übung macht den Meister!
2. Skizzieren Sie zuerst immer **die gesamte Form** bzw. das Gerüst, um anschließend die gliedernden Details und zuletzt die Licht- und Schattenpartien hinzuzufügen.
3. Vermeiden Sie eine unbestimmte Linienführung. **Die Senkrechte ist die wichtigste Linie** im Formgerüst, insbesondere wenn es darum geht, Architektur und bauliche Details zu zeichnen. Kippt die Linie nach links oder rechts, dann entstehen schiefe „Pisatürme", die nicht beabsichtigt sind.
4. Vermeiden Sie ungenaue, nicht parallel verlaufende Schraffuren. Setzen Sie **parallele Schraffuren**. Diese können diagonal, senkrecht oder waagerecht verlaufen und sollten nach Möglichkeit nicht gestrichelt werden.
5. Verwenden Sie meist dünne Linien für die Umrandung, während Schattenflächen ganzflächig ohne Freistellen mit dicken, satten Strichen (Bleistift) aufgefüllt werden.
6. Ein Überreißen der Ecken und der Begrenzungslinien ist durchaus erlaubt.

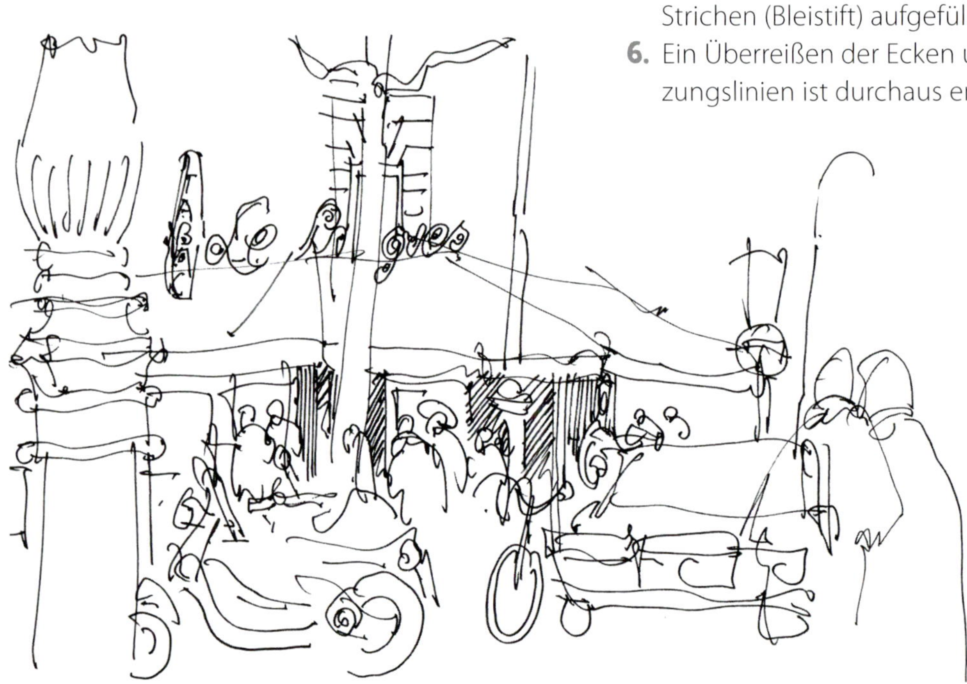

Ob alles passt und proportional richtig erscheint, wurde bei dieser spontan hingeworfenen Federskizze vollkommen ausgeblendet.

Vorskizze

Meist empfiehlt es sich beim Skizzieren vor Ort, eine Vorskizze anzufertigen, um alle bildtragenden Details auch richtig zu platzieren. Ein Beispiel zur Verdeutlichung: ein prägnantes Abschlussteil, z. B. ein Turmaufsatz oder eine malerische Brandmauer mit Kaminen, die sehr reizvoll erscheint, kann ohne Vorskizze leicht an den oberen Rand des Blattes rücken. Unwillkürlich ist man dann geneigt, die ganze Zeichnung zu stauchen, sodass ein proportional völlig falsches Bild entsteht. Um dies zu vermeiden, fertigt man eine Vorskizze mit dünnen Linien an, die später bei der Ausarbeitung meist überzeichnet wird. Die Vorskizze und auch eventuelle Korrekturen bleiben auf dem Papier. Der Radiergummi sollte nur in ganz wenigen Ausnahmen zur Anwendung kommen. Vorgezeichnete Hilfslinien, die das Blatt aufteilen, helfen dabei, das Motiv passgenau einzurichten. Es wäre doch allzu ärgerlich, wenn durch Verzicht auf eine Vorskizze wichtige Bildteile entweder verzerrt oder gar nicht mehr auftauchen.

Ein kleiner mitgeführter **Rahmen** kann ähnlich wie beim Zoomen mit einer Kamera für die Auswahl des richtigen Bildausschnitts gute Dienste leisten. Die exakte Reihung mehrerer Fenster in einer Wandfläche wird zeichnerisch am besten durch ein achsiales Hilfsgerüst gelingen. Auch bei der perspektivischen Verkürzung baulicher oder landschaftlicher Details, wie beispielsweise der Darstellung einer Allee, ist es sinnvoll, Hilfslinien einzurichten, die auf den Fluchtpunkt ausgerichtet sind.

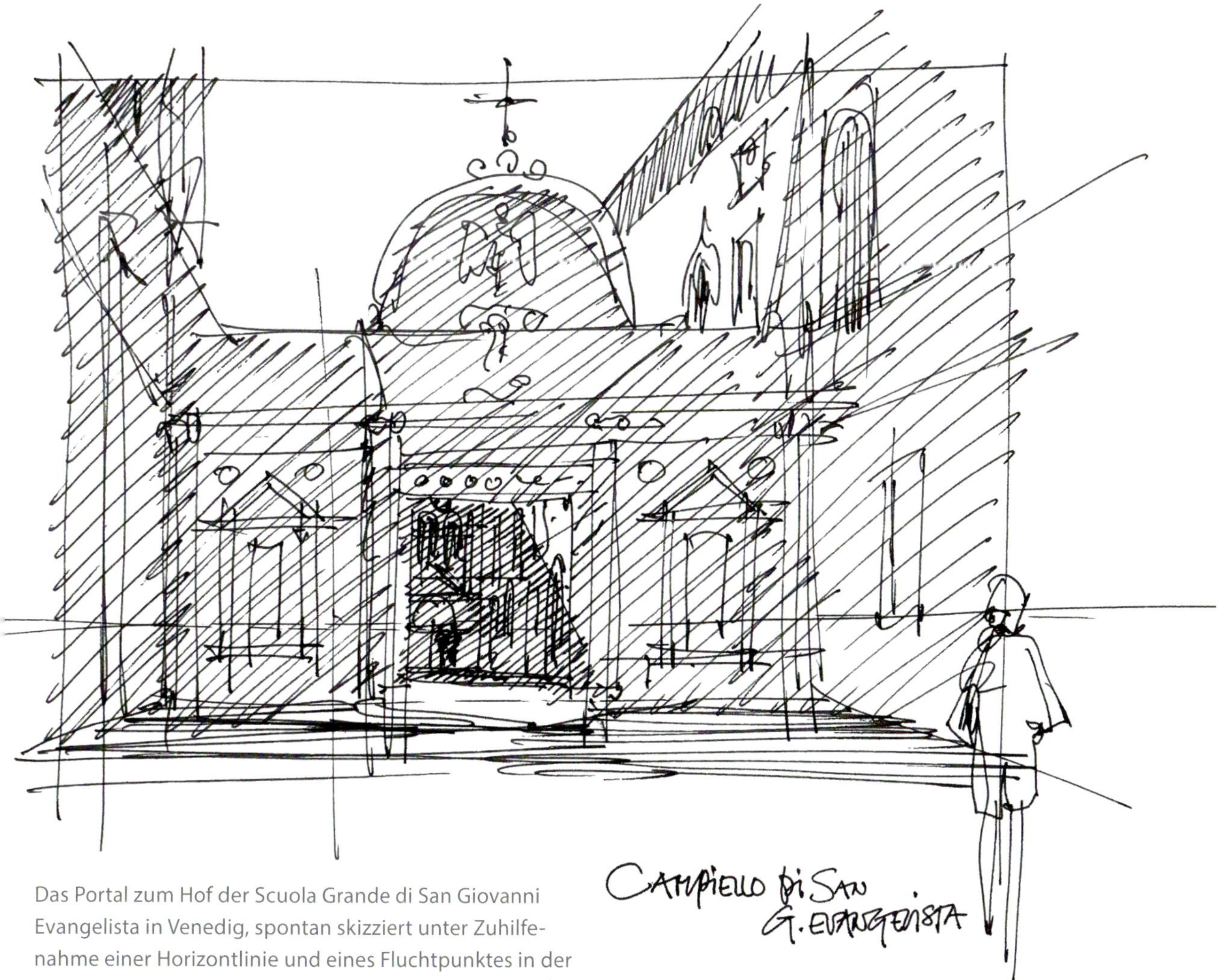

Das Portal zum Hof der Scuola Grande di San Giovanni Evangelista in Venedig, spontan skizziert unter Zuhilfenahme einer Horizontlinie und eines Fluchtpunktes in der Mitte (Tinte und Füllfederhalter, weißes, glattes Papier)

Blick auf die Kirche Saint-Sulpice in Paris

Die übermächtige, alles überragende Doppelturmkirche Saint-Sulpice im 6. Arrondissement nimmt auf der kleinen Freifläche des Platzes so viel Raum ein, dass man sie eigentlich nur aus der Entfernung zwischen zwei Häuserzeilen erfassen kann. Die Kirche ist als zweitgrößte Kirche von Paris nur wenig niedriger als Notre-Dame und besticht durch die westliche Doppelturmfassade, die ich, zumindest teilweise, als Blickfang einer belebten Geschäftsstraße in Paris skizziert habe. Das Motiv beginnt rechts bei einem übereck gelegenen Café und setzt sich entlang typischer Pariser Häuserzeilen mit Markisen und Schaufenstern bis zur Kirche hin fort. So habe ich den vorderen Bereich bei dem Café und die Kirche selbst zwischen den relativ unscheinbaren Fassaden farblich und auch plastisch hervorgehoben.

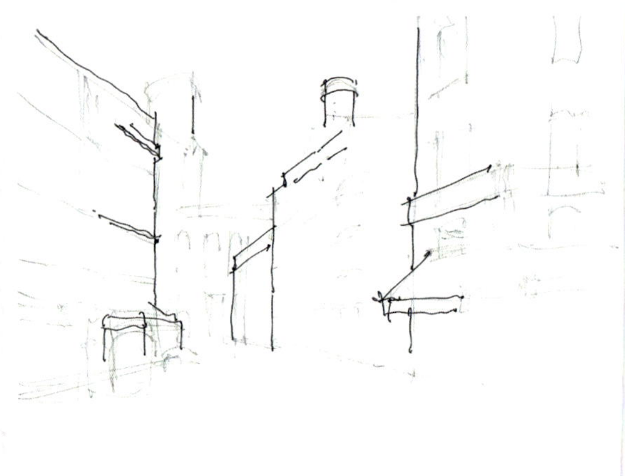

Zunächst entsteht mit Bleistift und Tinte eine zentralperspektivische Vorskizze.

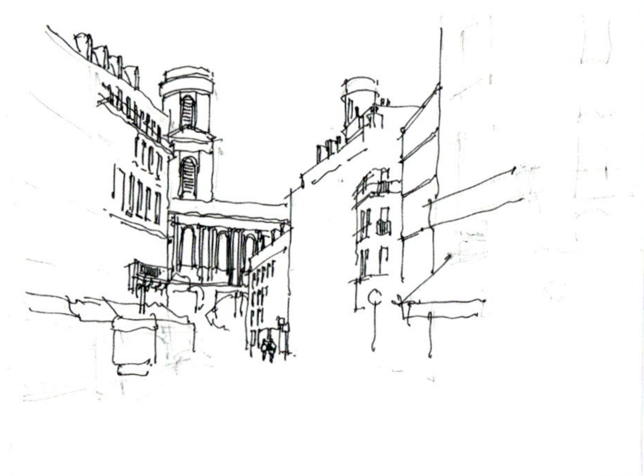

Anschließend werden gliedernde Details zum Teil ergänzt und zum Teil weiter ausgeführt.

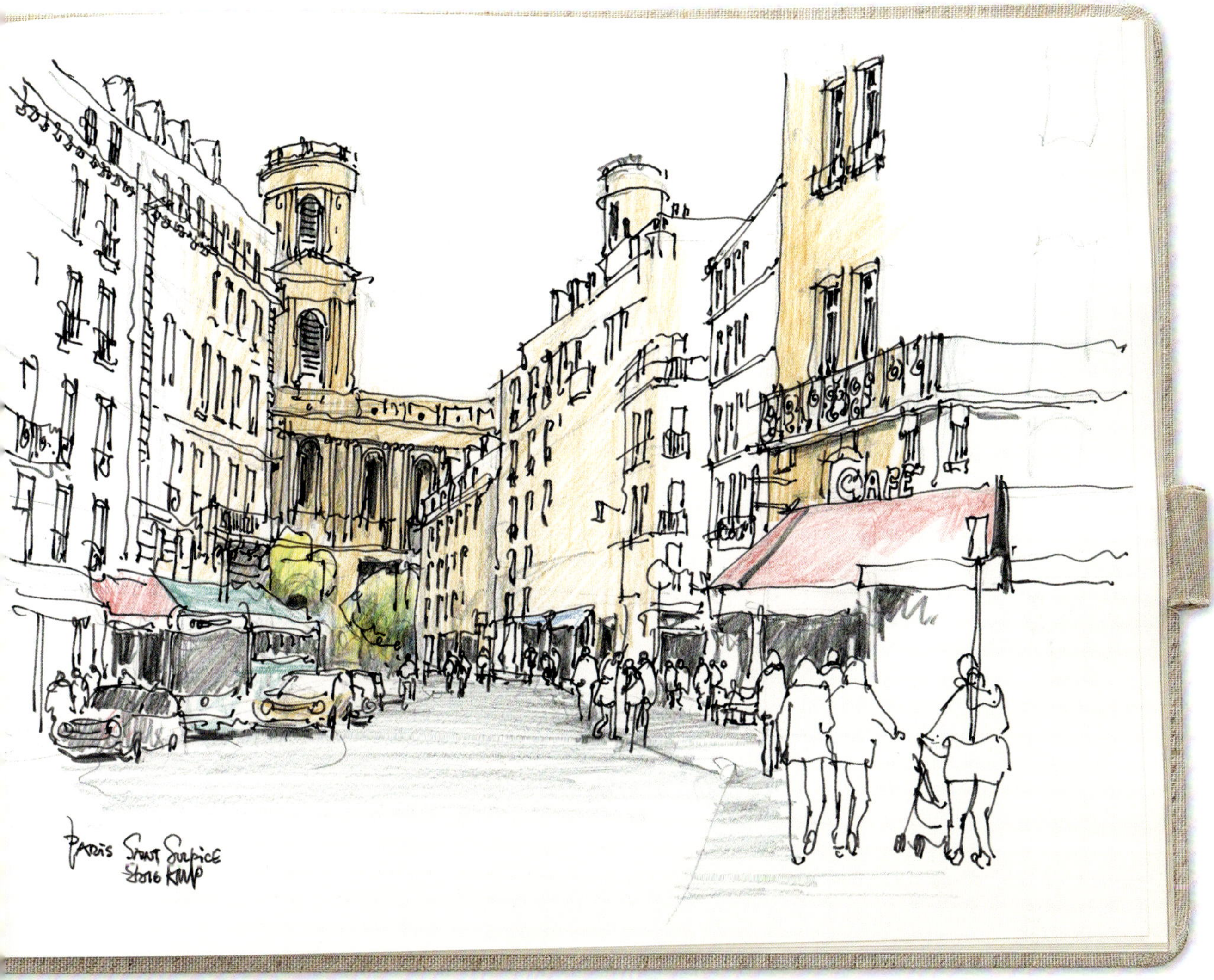

„Blick auf die Kirche Saint-Sulpice in Paris". Bleistift 3B, Tinte, Farbstifte, Skizzenbuch mit leicht getöntem, glattem Papier.

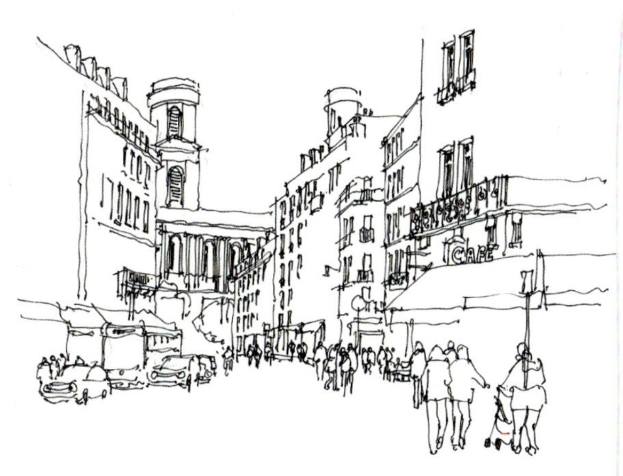

Noch in Tinte werden insbesondere im unteren Bereich des Bildes Menschen, Autos und Fassadendetails skizziert.

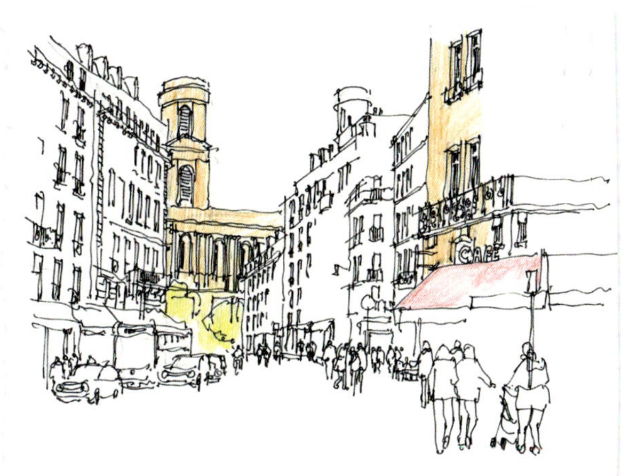

Abschließend werden vorderer und hinterer Bildgrund durch Bleistift und Farbe deutlicher betont.

Linie und Fläche in der Zeichnung

Linien

Es gibt verschiedene Möglichkeiten, den Stift zu führen: Zum einen gibt es die bewusste, disziplinierte Art. Dabei werden ruhig und bedacht Linien auf das Papier gesetzt. Manchmal setzt man den Stift dabei ab, unterbricht die Linie kurz, um sie dann wieder in derselben Richtung fortzuführen. Oder man wackelt ein wenig mit dem Stift hin und her, um leichte Richtungsänderungen sofort wieder auszugleichen. Schließlich soll jedoch eine Klarheit der Linien oder des Linienmusters das Ergebnis sein.

Zum anderen gibt es die spontane, schnelle Linie. Die Linien werden quasi in Windeseile auf das Blatt Papier gebracht, was jedoch eine gewisse Übung voraussetzt.

Der Anfänger wird in der Regel zu der bedachten Linienführung tendieren, wohingegen der Fortgeschrittene die spontane Strichführung bevorzugt. Ich kann Ihnen versichern: Beide Wege führen zum Ziel und damit zu einem guten Ergebnis.

Ähnlich wie ein Sportler sollten Sie sich auch **lockern**, bevor Sie mit dem Zeichnen beginnen. Machen Sie einstimmende Drehbewegungen und ziehen schnelle, senkrechte und waagerechte Linien. So werden Ihnen bald Kreise und rechte Winkel gelingen.

Auf einem großen Papierformat sollte der Stift kreisend oder linear, möglichst aus dem ganzen Armgelenk heraus, über die Papierfläche bewegt werden. Keine falsche Zurückhaltung. Seien Sie beherzt!

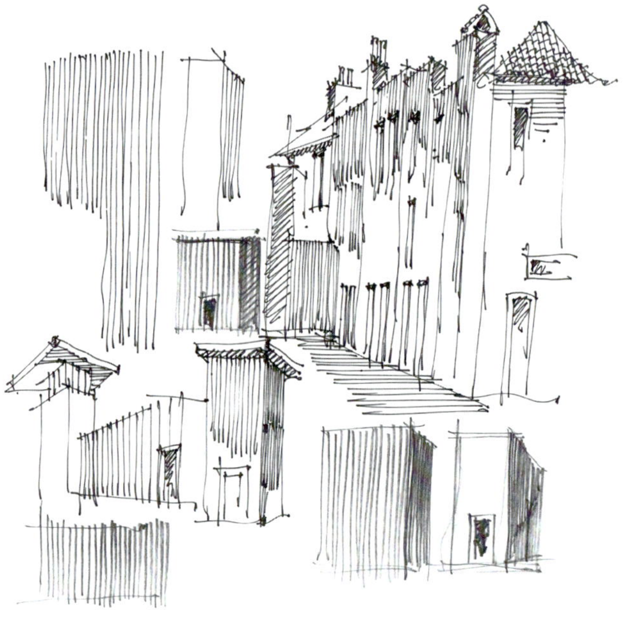

Übung mit Bleistift und Tinte

Achten Sie auf den Druck, den Sie beim Zeichnen von Linien oder Schraffuren auf den Stift ausüben. **Der Druck bestimmt den Tonwert.** Umrisslinien sollten dünn und zart sein, wohingegen die Schraffuren mit satten, parallelen Strichen kräftiger ausgeführt werden. Die Richtung kann je nach Wunsch senkrecht, schräg oder waagerecht sein.

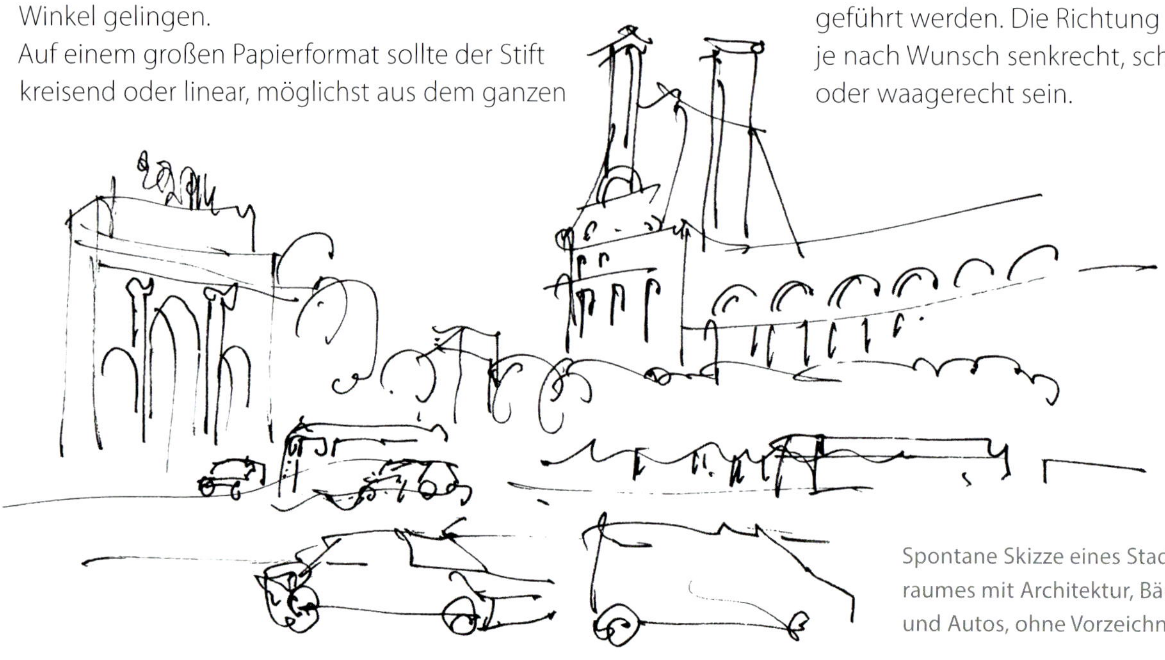

Spontane Skizze eines Stadtraumes mit Architektur, Bäumen und Autos, ohne Vorzeichnung

Übung Flächen, Schraffuren, Körper, mit Tinte

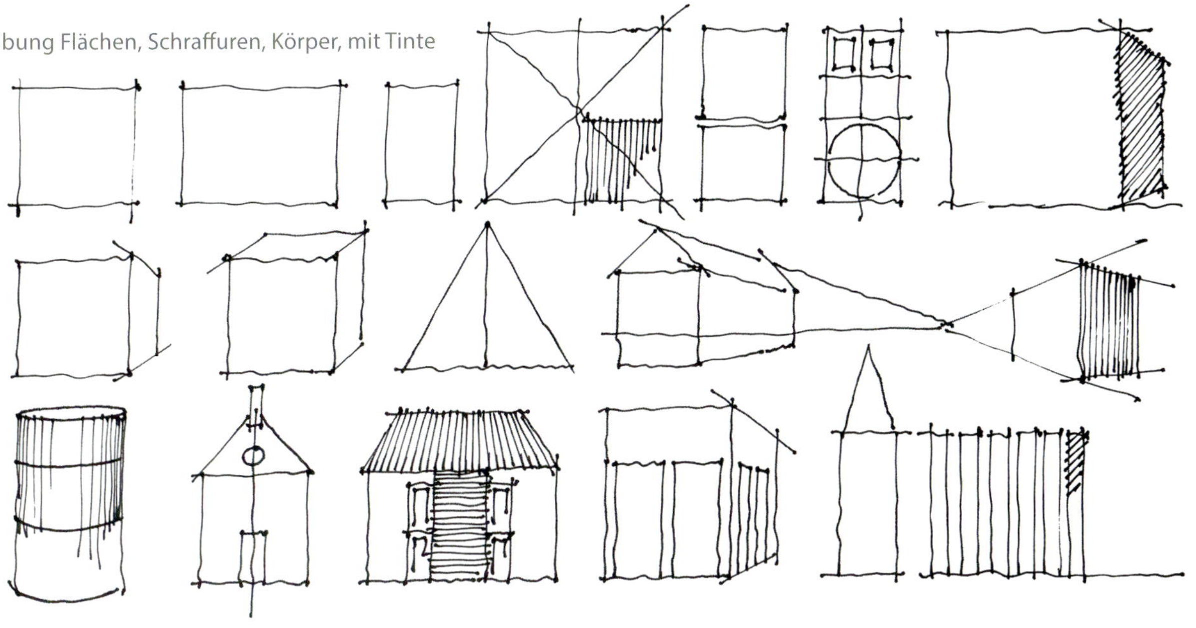

Flächen, Grundformen und Räume als Erlebnis im Alltag

Die Kunst einer ansprechenden und gelungenen Zeichnung ist es, den betrachteten dreidimensionalen Raum in seinen Proportionen und Maßverhältnissen mit Linien, Flächen und Formen plastisch zu erfassen. Außerdem gilt es, durch die Illusion von Licht und Schatten und die Darstellung der im Raum befindlichen Personen, der Vegetation und des Stadtmobiliars eine Atmosphäre zu erzeugen, die dem oft lebendigen Alltagsgeschehen gerecht wird. Gleichzeitig vermag aber auch gerade das bewusste Weglassen oder das zeichnerisch reduzierte Andeuten des Gesehenen die Fantasie des Betrachters anzuregen. Beachten Sie, dass in der Zweidimensionalität des Blattes die Linien und Flächen eines in der Realität dreidimensionalen Raumbildes auf eine ganz bestimmte Weise Ausdruck finden:

1. Linien, die draußen senkrecht erscheinen, z. B. die Kanten einer Häuserwand, bleiben in der Zeichnung immer senkrecht. Alle anderen Linien können sich in ihrer Lage bzw. Richtung auf dem Papier verändern.
2. Befindet man sich als Zeichner direkt gegenüber einer rechtwinkligen Häuserwand, dann wird diese Fläche auch als rechtwinklig begrenzte Fläche gezeichnet.
3. Flächen, die in die Tiefe des Raumes gehen, also sich vom Betrachter entfernen, verjüngen sich zum Fluchtpunkt hin (s. a. Perspektive: Blickhorizont, Standlinie und Fluchtpunkt, S. 32).

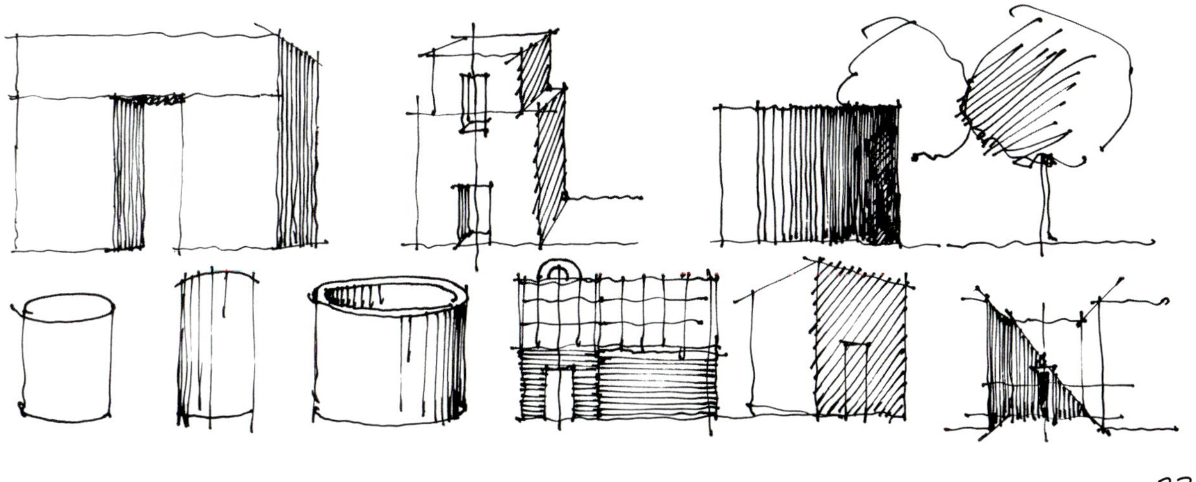

Eine wichtige Übung für Urban Sketching ist das Zeichnen von verschiedenen Flächen und Formen in den **richtigen Proportionen**. Die Architektur eines Hauses setzt sich aus einem Puzzle verschiedener Flächen zusammen. Schauen wir frontal auf die Wand eines Hauses, so ist die Fläche dieser Wand rechtwinklig begrenzt. Es handelt sich also in der Regel um ein Quadrat oder Rechteck. Sitzen wir aber gegenüber einer Ecke desselben Hauses, so bilden sich die Wände verkürzt in Richtung des jeweiligen Fluchtpunktes wie ein auf der Seite liegendes Trapez ab. Die obere Kante der Wand fällt und die untere steigt in Richtung des Fluchtpunktes. Und genauso verhält es sich auch mit den Details, wie Fenstern, Türen und Erkern des Hauses. Üben wir also, unter Berücksichtigung des soeben Beschriebenen, immer wieder die richtige Proportion von Wänden (Flächen), die wir in der Örtlichkeit wahrnehmen, zu zeichnen. Wenn wir diese Flächen zusammenfügen, ihren Oberflächen Stofflichkeit verleihen, ist das Ziel, jedes Gebäude anschaulich darzustellen, schnell erreicht.

Das Fadenkreuz einer Zentralperspektive mit Horizont- und Standlinie sowie Fluchtpunkt

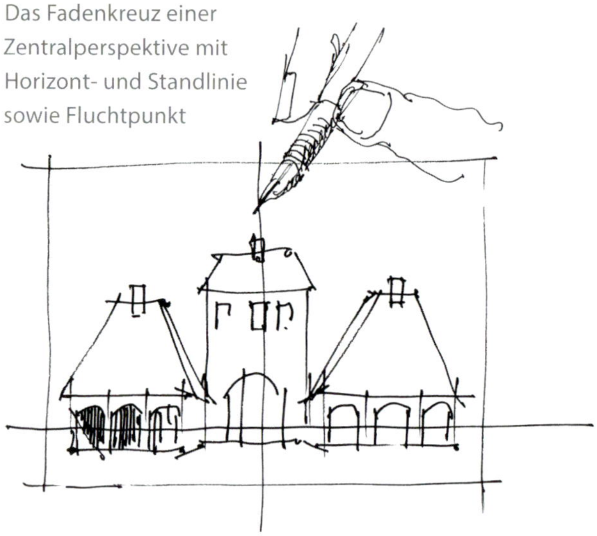

Dies gilt auch für die Darstellung von Straßen

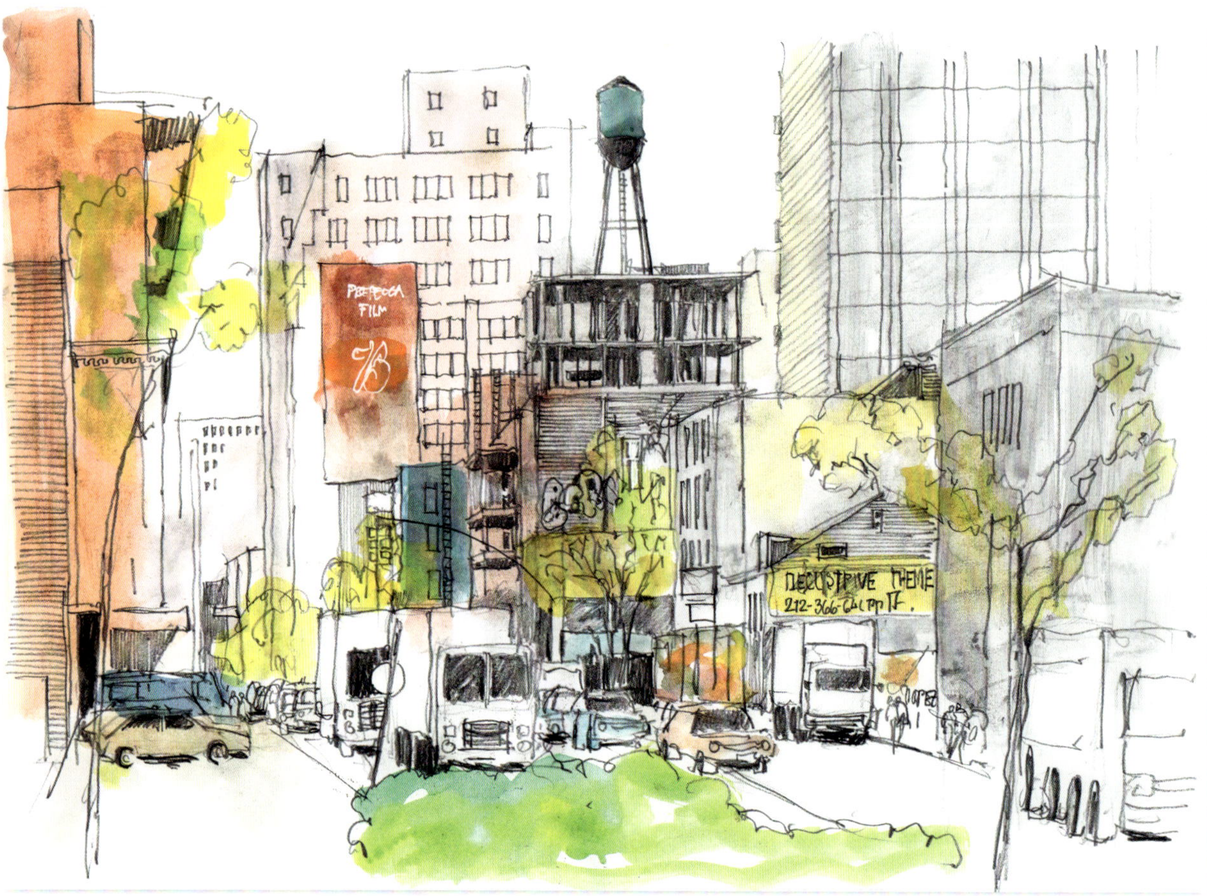

Straße in Manhattan (Bleistift 3B, Wasserfarben und weißer Permanentmarker, Skizzenblock mit weißem Karton). Bei dieser Zeichnung war der Wassertank auf dem Flachdach in der Bildmitte ein außergewöhnlicher Blickfang.

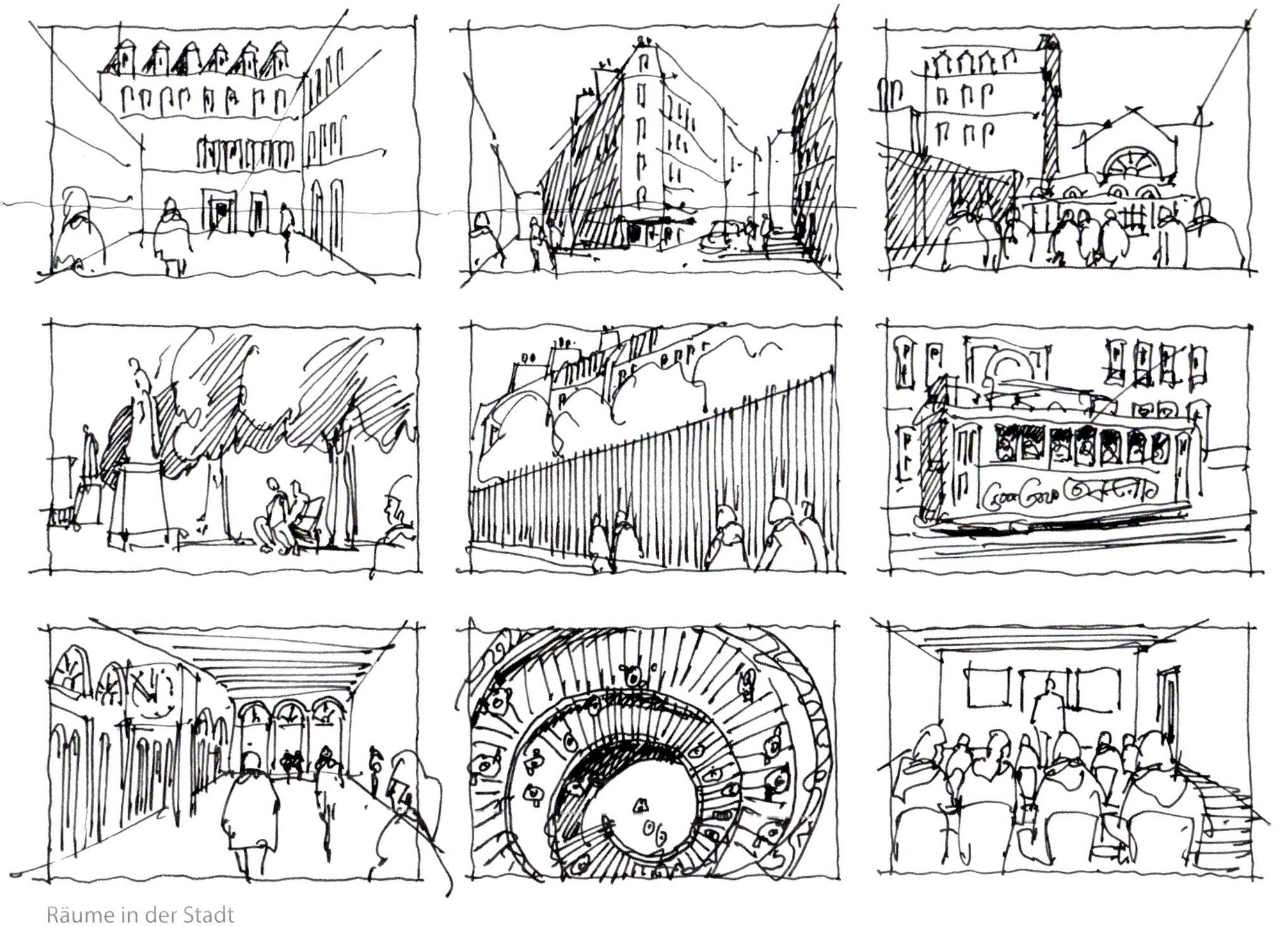

Räume in der Stadt

und Platzräumen in der Stadt. Beim Blick in einen Straßenraum mit ähnlich hohen Häuserwänden werden die oberen Kanten relativ steil zum Fluchtpunkt abfallen, wohingegen die unteren Bodenkanten fast unmerklich ansteigen und in der Regel durch Stadtmobiliar, Passanten und Autos kaum in Erscheinung treten. Platzräume sind eigentlich große Säle nur ohne Dach, die oft durch eine oder mehrere Reihen von Bäumen ergänzt werden.

Üben Sie mit weichem Bleistift oder einem Füllfederhalter das Zeichnen von Häusern, Bäumen und Stadträumen, die zunächst mit einem oder zwei Fluchtpunkten schnell zu Papier gebracht werden. Verdunkeln Sie einzelne Flächen durch Schraffur und lassen Sie andere gänzlich frei. Die schräg schraffierte oder dunkel gewischte Fläche einer Wand stellt die **Schattenseite** eines Gebäudes dar. Die leere, weiße Fläche bedeutet Licht, das auf die Wand oder den Boden fällt. Gekräuselte oder wellige Strukturen werden nur bei Besonderheiten, z. B. Bäumen und Wasser, im Bild angewendet oder sind Zeichen einer persönlichen Ausdrucksart. Mit linearen Schraffuren ist man, wenn es um die Verdeutlichung von Schatten geht, zu Beginn auf der sicheren Seite.

Ein umrissartiges **Gerüst** des wahrgenommenen Bildes, der Gebäude oder Objekte legt man am besten mittels dünner Linien an, so ist im Nachhinein immer eine Korrektur bzw. ein Überzeichnen möglich. Bei der Schraffur innerhalb eines Gerüsts oder einzelner Flächen empfehle ich, die stumpfe Kante eines Bleistiftes mit etwas Druck zu benutzen.

Tipp: Behalten Sie immer die Mine Ihres Stiftes im Auge und üben Sie das Zeichnen dünner Linien mit der scharfen Kante und das dicker Linien mit dem stumpfen Teil der Minenspitze.

Bleistift, Tinte oder Farbe?

Manchmal bestimmt das jeweilige Motiv, mit welchen Mitteln ich arbeite. Bei vielen Zeichnern hat sich aber mit der Zeit eine gewisse Vorliebe für ein Zeichengerät oder Material entwickelt. Optimal ist es, wenn man sich von beiden Handlungsweisen leiten lässt. Häufig kommt auch eine Kombination aus Bleistift, Tinte und Farbe in Betracht. Mit der spitzen Feder lassen sich Einzelheiten und kleinteilige Details, wie eine dichte Folge von Kaminen mit Tonköpfen oder der Lamellenbesatz entfernter Klappläden, genauer darstellen. Bei der Abstufung von Tonwerten allerdings tue ich mich mit einem Bleistift leichter. Insgesamt wirkt eine geschummerte Bleistiftfläche weicher auf dem Papier als eine Schraffur mit schwarzer Tinte.
Je kleinteiliger und kleinformatiger das Motiv ist, desto mehr muss der Bleistift gespitzt sein. Bei großen Formaten rate ich zu einer weichen, vorne abgerundeten Spitze. Je dunkler der Tonwert erscheinen soll, desto mehr Druck übe ich aus. Dasselbe trifft auch für den Gebrauch von Farbstiften zu. Messe ich dem Farbenspektrum oder einer bestimmten Farbe im Motiv eine Bedeutung bei, so sollte das auch in der Skizze zum Ausdruck

Tipps:

Die Feder des Füllfederhalters ist abhängig von Handhabung, Haltung oder Drehung **sehr elastisch**. Die Strichstärke kann daher durch mehr oder weniger Druck oder durch eine bestimmte seitliche Drehung beeinflusst werden und mal breiter oder dünner sein.

Eine **lockere, flüssige Linie** wirkt spielerisch und leicht. Dazu trägt auch das Überreißen der Ecken bei.

Beim **Schummern** mit Bleistift fahren Sie mit der flachen Mine in verschiedene Richtungen gleichmäßig übers Papier. So kann man sehr schön geschlossene Flächen darstellen.

Verwenden Sie bei einer **tonigen Zeichnung** nicht mehr als zwei oder drei Farben. Sonst liegt der Fokus evtl. nicht mehr auf der Zeichnung selbst.

Achten Sie darauf, dass die **Bodenschraffuren** waagerecht ausgerichtet sind. Das erdet die Skizze. Schräge Schraffuren können die Zeichnung optisch kippen lassen.

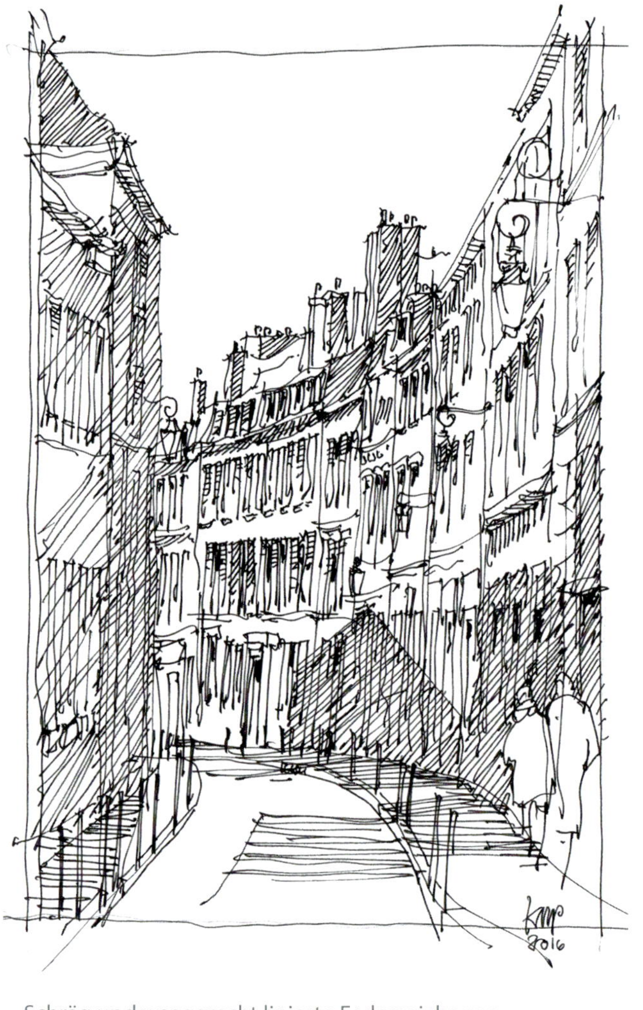

Schräg und waagerecht linierte Federzeichnung mit schwarzer Tinte

kommen. Ist mir aber gerade das Spiel von Licht und Schatten sehr wichtig, so kann Farbe auch störend wirken. Wägen Sie bei jedem Motiv ab, welche Mittel zum Einsatz kommen sollen. Im Zweifelsfall gehen Sie eher spärlich mit dem Einsatz von Farben um.
Mit Farbe auf dem Papier zu beginnen, bevor die Linie einsetzt, ist ein eher seltenes Verfahren. Im Buch sind einige wenige Beispiele aufgeführt. Meistens animiert z. B. das kräftiges Rot einer Markise oder die signalgelbe Werbung auf einer Litfaßsäule dazu, rote und gelbe Kleckse auf das Papier zu bringen, um anschließend die Form daran festzumachen.
Aber auch eine ganz normale, mit Vorzeichnung angefertigte Schwarz-Weiß-Skizze kann durch einen nachträglich gesetzten punktuellen Farbakzent einen besonderen Reiz erhalten.
Generell gilt es jedoch, ob mit oder ohne Farbe, einer bestimmten Sache, die mir wichtig erscheint, Ausdruck zu verleihen. So können, wie bei diesem Beispiel, die Kamine nicht nur durch überhöhtes Zeichnen, sondern auch durch besondere Schraffur, Tonwerte und Farbe besonders auffallen.

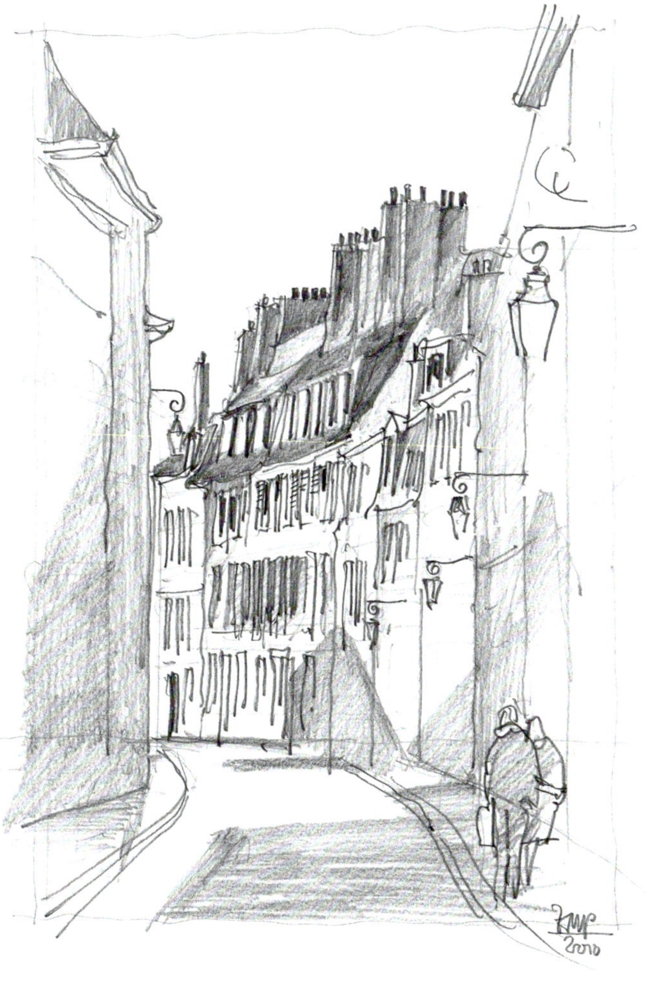

Leicht geschummerte und schraffierte Bleistiftzeichnung (3B)

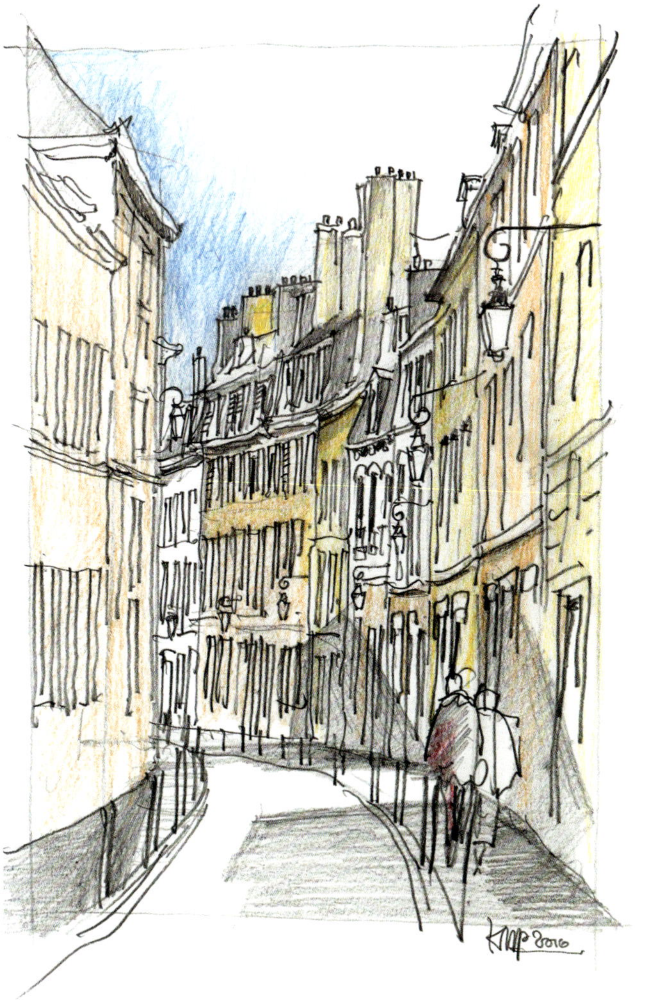

Leicht geschummerte und schraffierte Farb- und Bleistiftzeichnung (3B)

Räumliche Wahrnehmung in der Stadt

Bildausschnitt im öffentlichen Raum

Eigentlich bietet die Vielfalt der Erscheinungsformen einer Stadt mit ihren Gebäuden, Straßen, Plätzen und Parks eine Menge an Motiven. Hinzu kommt die Dynamik der Menschen und ihrer Verkehrsmittel, wie Autos, Busse, Bahnen und Fahrräder. Mit unserem Skizzenblock unter dem Arm ist es oft schwierig, angesichts dieses komplexen Konstrukts einen Ausschnitt zu finden, den es sich zu zeichnen lohnt. Insbesondere machen uns oft die örtlichen Gegebenheiten einen Strich durch die Rechnung, weil einfach kein Sitzplatz in der Nähe ist oder uns zu viele Menschen oder Fahrzeuge den Blick verstellen. Es gehört schon eine Menge Mut und Erfahrung dazu, sich einfach in einer belebten Zone der Stadt an eine Häuserwand zu lehnen und zu zeichnen. Im Allgemeinen und besonders zu Beginn rate ich dazu, sich einen Platz zu suchen, der relativ frei von unliebsamen Störungen ist. Dies ist im besten Fall eine Sitzbank oder eine niedrige Mauer, ein Bordstein, eine Treppe, ein Hauseingang oder ein Stück Rasen. Gewöhnen wir uns zunächst wie beim Umgang mit einer Kamera an, uns einen **Bildausschnitt** vorzustellen. Dabei kann der Blick schweifen und mit jeder Bewegung der Augen einen neuen Bildausschnitt erfassen. Ein kleiner mitgeführter Rahmen aus Pappe kann dabei eine Hilfestellung geben. Doch auch ohne dieses Arbeitsmittel sollten wir uns eine Begrenzung des Bildes möglichst schnell aufskizzieren. Überprüfen Sie kurz, ob Sie in der richtigen Entfernung zum Objekt alles Wichtige erkennen können. Sind für Sie relevante Bauteile eines Gebäudes nur schemenhaft zu erfassen, dann treten Sie näher heran. Sitzen Sie zu nah vor einem komplexen Objekt, dann entfernen Sie sich soweit, bis es vernünftig in seiner Gesamtheit auf das Format passt.

Überwinden Sie möglichst rasch die Scheu vor dem leeren Blatt Papier und **fangen Sie einfach an**.

Bei der Suche nach dem Motiv steht es uns frei, den Blick zu heben oder zu senken, um z. B. aus der Fußgängerperspektive nur die Dachlandschaft mit Kaminen zu zeichnen oder von einem Hügel auf dieses Dach zu blicken. Das Motiv ist zwar das gleiche, es entstehen aber zwei gänzlich andere Perspektiven.

So sind wir also beim Gang durch eine Stadt permanent auf der Suche nach dem für uns geeigneten, spannenden Bildausschnitt. Aus unmittelbarer Nähe sind Details meist gut erkennbar: Oft spielen Unebenheiten des Steinmaterials, die Kleidung einer Person oder ein bauliches Detail bei unseren Darstellungen eine besondere Rolle. Oder uns reizt die zwiebelförmige Haube einer Barockkirche.

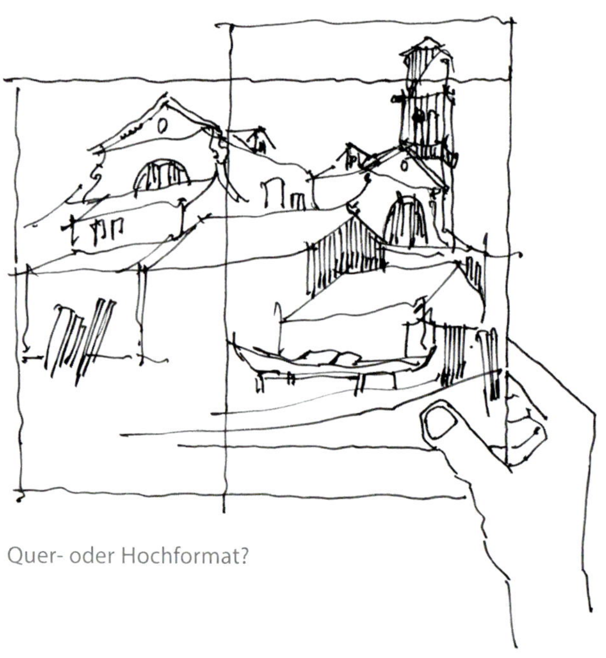

Quer- oder Hochformat?

Der Bildausschnitt kann sowohl durch die Ränder des entsprechenden Papierformats begrenzt sein, als auch durch das Zeichnen eines Rahmens auf dem Papier, der den Vorteil hat, dass Sie immer noch ein Stück über die Ränder hinaus Platz haben.
Sie werden im Laufe Ihrer zeichnerischen Erfahrung vor Ort feststellen, dass sehr oft ein **Querformat** verwendet wird. Durch unser horizontales Augenpaar sind wir es einfach gewohnt, die Welt im Breitformat zu sehen. Fernsehen und Kinoleinwand fußen mit ihren bewegten Bildern im Querformat auf dieser Erkenntnis und auch die Bevorzugung des Querformats bei Fotos untermauert diese Präferenz unserer Sicht.
Für das Erfassen von Türmen aus der Nähe oder einer mittleren Distanz bietet sich jedoch ein **Hochformat** an. Auch für eine einzelne stehende Person, ein Hauseingangsportal oder einen freistehenden hohen Baum würde man ein solches Format wählen. Dennoch können auch aus einer bestimmten Entfernung Türme und mehrgeschossige Gebäude einer Stadtsilhouette zeichnerisch auf einem besonders breiten Querformat erfasst werden. Das Format wird also einerseits durch das Motiv und andererseits durch die Entfernung des Zeichners vom Objekt bestimmt.

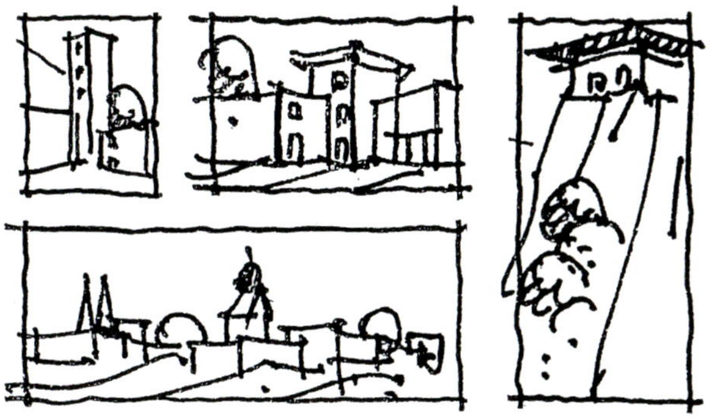

Gemäß unseres normalen Blickfeldes ist ein wohlproportioniertes Querformat (oben Mitte) das gebräuchlichste. Ein ganz normales Hochformat (oben links) wird oft durch ein entsprechendes Motiv bestimmt. Alle anderen sind eher selten und gelten als Sonderformate.

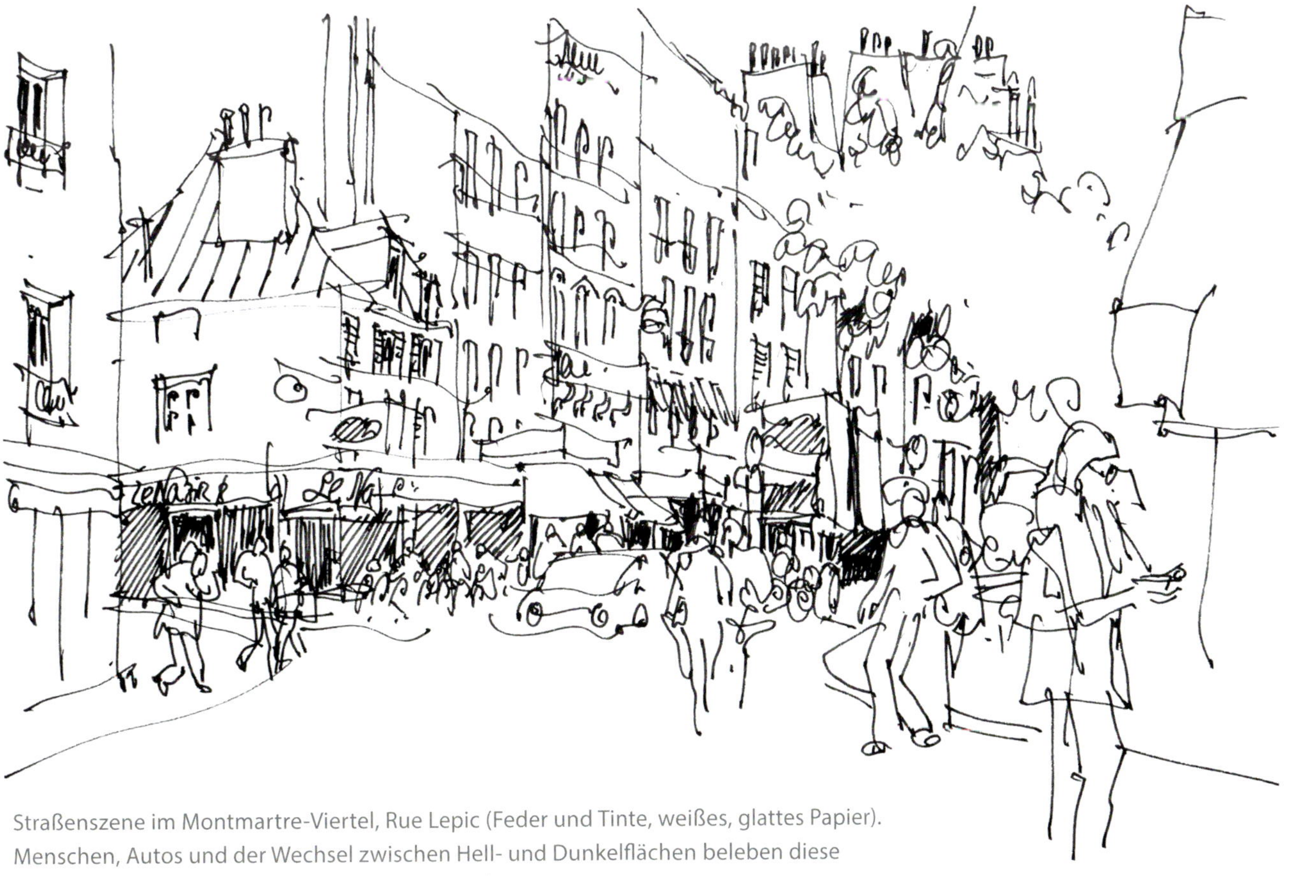

Straßenszene im Montmartre-Viertel, Rue Lepic (Feder und Tinte, weißes, glattes Papier). Menschen, Autos und der Wechsel zwischen Hell- und Dunkelflächen beleben diese spontan und ohne Vorzeichnung angefertigte Skizze.

Café am Boulevard Saint-Michel, Paris

Solange die herrlichen Platanen nicht belaubt sind, geben sie die Sicht frei auf die typischen Haussmann'schen Fassaden in Paris. Fast jede Ecke wird zumindest im Erdgeschoss mehr oder weniger farblich durch Markisen von Cafés oder Geschäften betont. Bei diesem Beispiel besticht eine vollständig übereck gehende rote Markise, die zwischen einer kleinen und einer großen umlaufenden Fensterreihung gespannt ist. Die dunklen Stämme und Äste der Bäume bieten einen malerischen Kontrast, der sowohl durch den dunklen Tonwert als auch durch die aufgelockerte Linienführung des vorgelagerten Astwerkes zum Ausdruck kommt. Eine menschliche Figur im Bildvordergrund hätte die räumliche Tiefe des breiten Boulevards noch deutlicher zum Ausdruck gebracht.
Das filigrane Geländer, sowohl entlang des Trottoirs als auch der Balkone, die Hell-Dunkel-Akzente der Schaufenster, die rote Markise und die darüber angedeutete Werbeschrift waren für mich die Besonderheiten in diesem häufig vorkommenden Motiv.

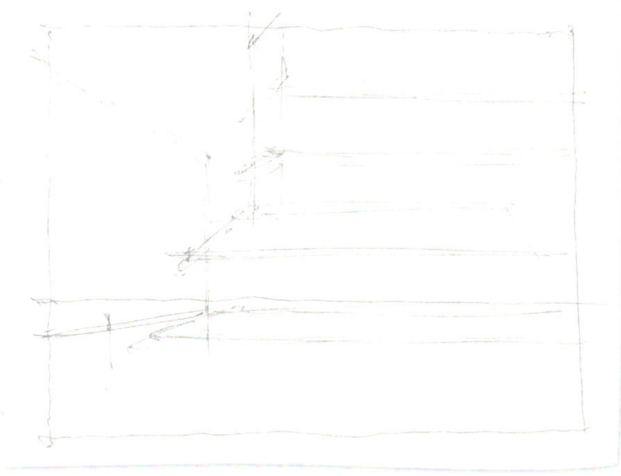

Ganz grobe, fast orthogonal angelegte Vorskizze, bzw. Bildaufteilung mit zarten, weichen Bleistiftlinien. Die Häuserzeile links stellt sich perspektivisch dar.

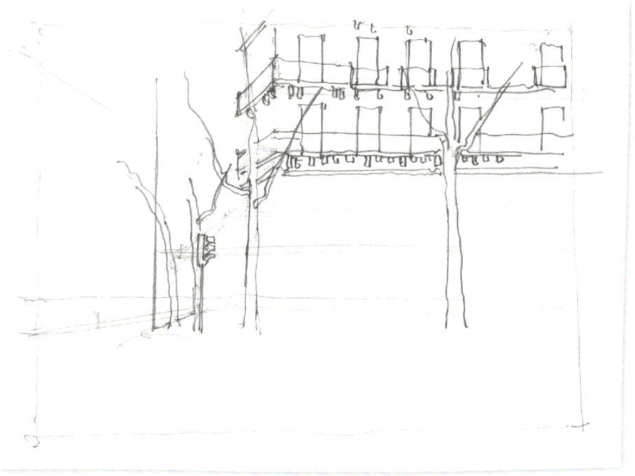

Mit etwas kräftigeren Strichen werden einzelne Partien im Bild deutlich gemacht. Die oberen Stockwerke erhalten ihre Unterteilung durch die Anlage von Fensteröffnungen.

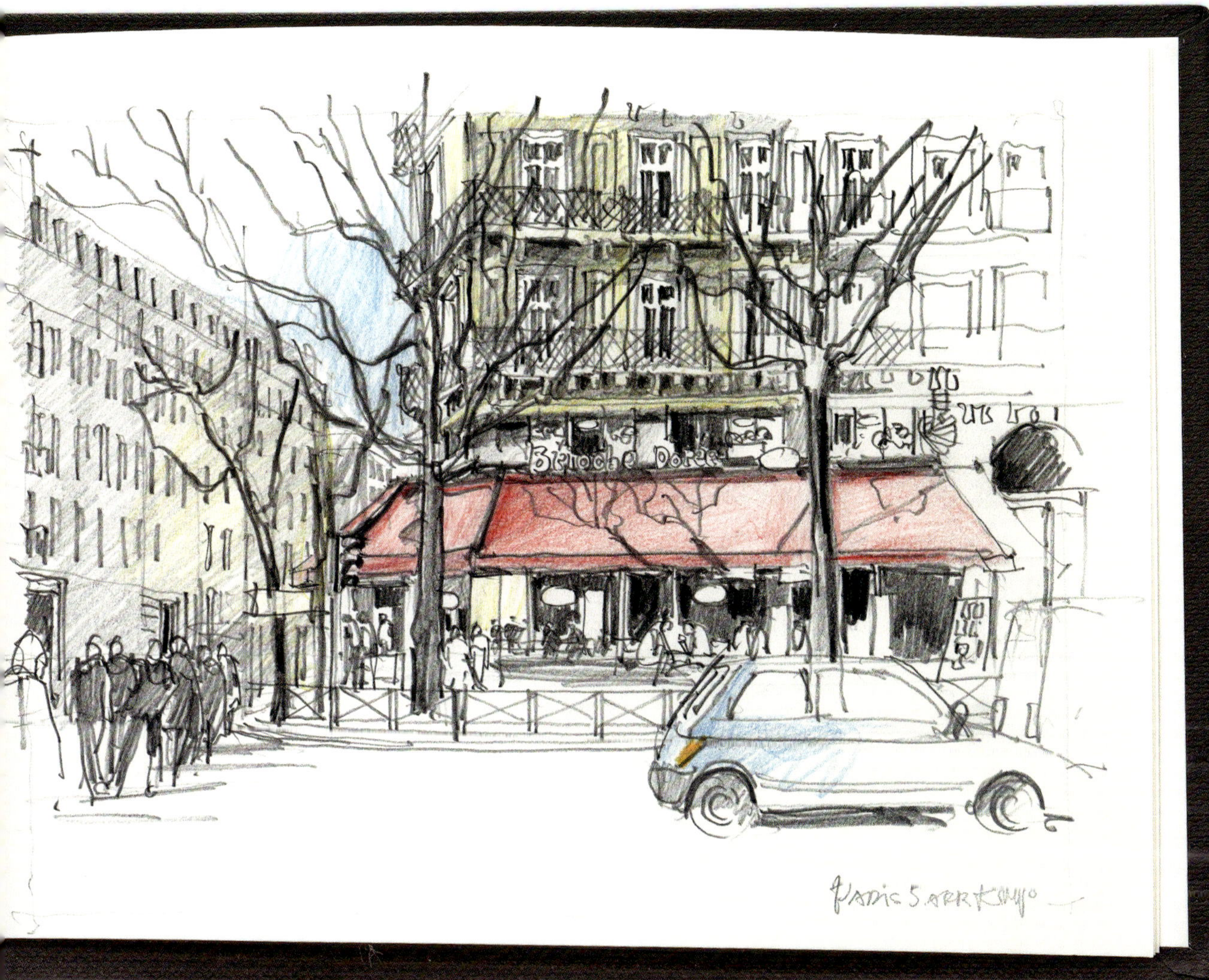

„Café am Boulevard Saint-Michel, Paris". Bleistift 3B, Farbstifte, Skizzenbuch mit leicht getöntem Papier.

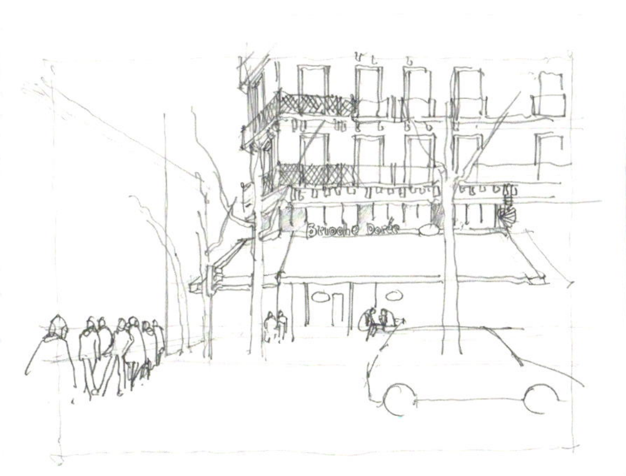

Menschen, Autos, architektonische Details, einschließlich der umlaufenden Markise, lassen deutlich werden, wohin die Reise geht.

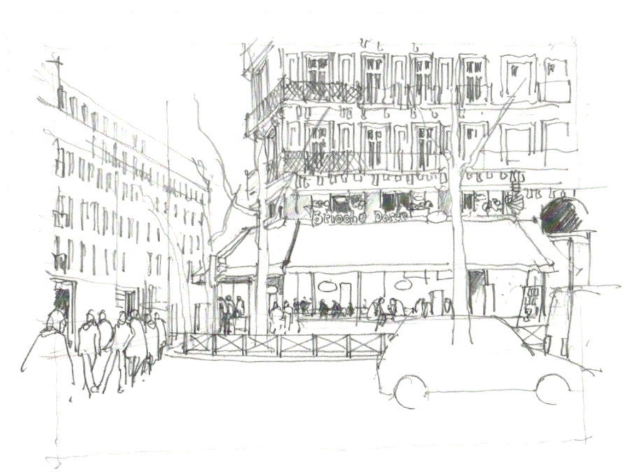

Ergänzung aller Details mit dem Bleistift, um zum Abschluss mit wenigen Farben und kräftigen Bleistift-Tonwerten dem Bild Leben einzuhauchen.

Perspektive: Blickhorizont, Standlinie und Fluchtpunkt

Der Blick eines Menschen bzw. die Höhe, aus der wir Zeichner auf ein Objekt oder in einen Raum blicken, ist im Bild immer durch eine horizontale Linie, die sogenannte **Horizontlinie**, sowie durch einen (Zentralperspektive) oder mehrere Fluchtpunkte (Übereckperspektive) gekennzeichnet.
Die Horizontlinie ist die Trennlinie zwischen oben und unten. Oberhalb der Horizontlinie werden alle Linien, die in die Tiefe des Raumes gehen, fallend, unterhalb der Trennlinie steigend gezeichnet. Wenn wir also z. B. aus 1,70 Meter Augenhöhe in ein Zimmer mit einem Tisch und Stuhl blicken, dann steigen die Tiefenlinien der beiden Möbelstücke zum Fluchtpunkt hin an, weil sie nur 80 bzw. 40 cm hoch sind. Die Köpfe von gleichgroßen Personen befinden sich dagegen überall im Raum immer auf Höhe der Horizontlinie. Die Figuren werden lediglich proportional kleiner, je weiter sie vom Betrachter entfernt sind, da der Boden perspektivisch gesehen leicht ansteigt.
Stellen wir uns hingegen im Stadtraum eine Allee mit gleichhohen Bäumen vor, so fallen die Umrisslinien der sich entfernenden Baumkronen zum Fluchtpunkt hin steil ab, weil sie weitaus höher sind als die Augenhöhe des Zeichners.
Würden wir auf Fotos, die wir im täglichen Leben von bestimmten Objekten oder Personen machen, nachträglich eine Horizontlinie einzeichnen, so läge diese in den meisten Fällen im unteren Bilddrittel. Ausnahmen stellen die sogenannten Vogelperspektiven aus erhöhter Sicht dar, beispielsweise die Sicht aus dem dritten Stock eines Hauses oder der Blick von einer Anhöhe auf die Stadt. Bei diesen Beispielen befindet sich der Blickhorizont am oberen Rand des Bildfensters.
Die Horizontlinie ist die zuerst eingezeichnete und damit wichtigste Linie im festgelegten Bildrahmen. An ihr messen sich alle Objekte und Personen im Raum. Eine Faustregel besagt: Je weiter man sich von den darzustellenden Objekten entfernt, desto niedriger ist die Horizontlinie anzusetzen.

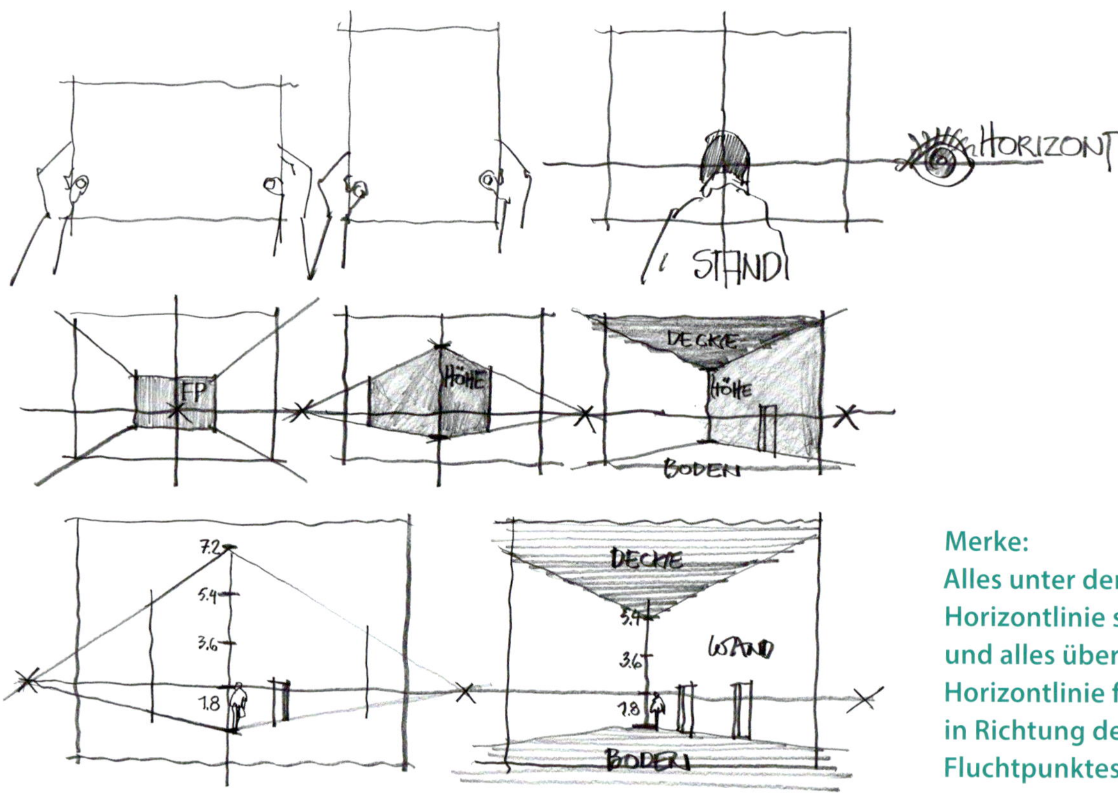

Merke:
Alles unter der Horizontlinie steigt und alles über der Horizontlinie fällt in Richtung des Fluchtpunktes.

Zentralperspektive

Die senkrechte Standlinie im Bildfenster veranschaulicht die genaue Position des Zeichners gegenüber seinem Motiv. Sie kann mittig, seitlich versetzt oder ausnahmsweise sogar außerhalb des Bildes liegen. Bei einer zentralperspektivischen Darstellung bildet der Schnittpunkt der Standlinie mit der Horizontlinie den **zentralen Fluchtpunkt**, auf den sich alle Tiefenlinien beziehen, sofern der Betrachter frontal in einen Raum blickt, der rechtwinklig begrenzte Wände hat. Beim Urban Sketching müssen Sie nicht in jedem Fall akribisch die vorausgehend beschriebene Aufteilung des Bildes machen. Sie sollten aber zumindest die Bedeutung einer zentralperspektivischen Vorgehensweise kennen und sich beim Zeichnen vor Ort an sie herantasten.

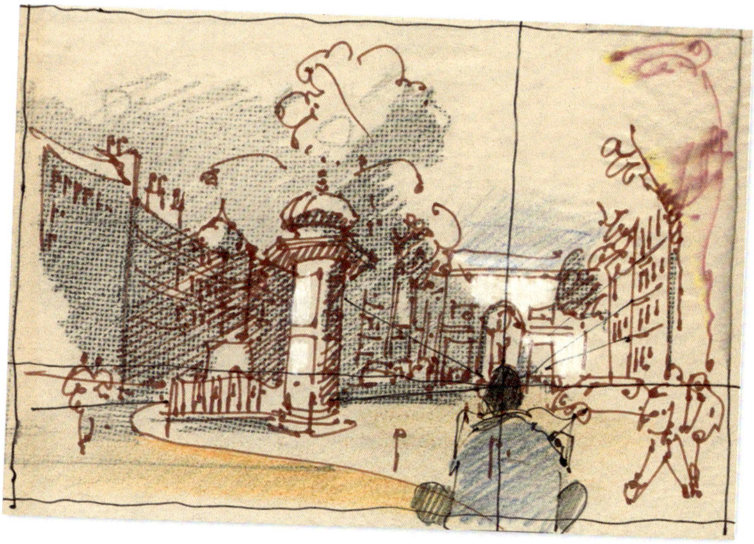

Kleinformatige schnelle Skizze mit dem perspektivischen „Fadenkreuz" (Tinte, Farbstifte und Kreide, leicht getöntes, glattes Papier)

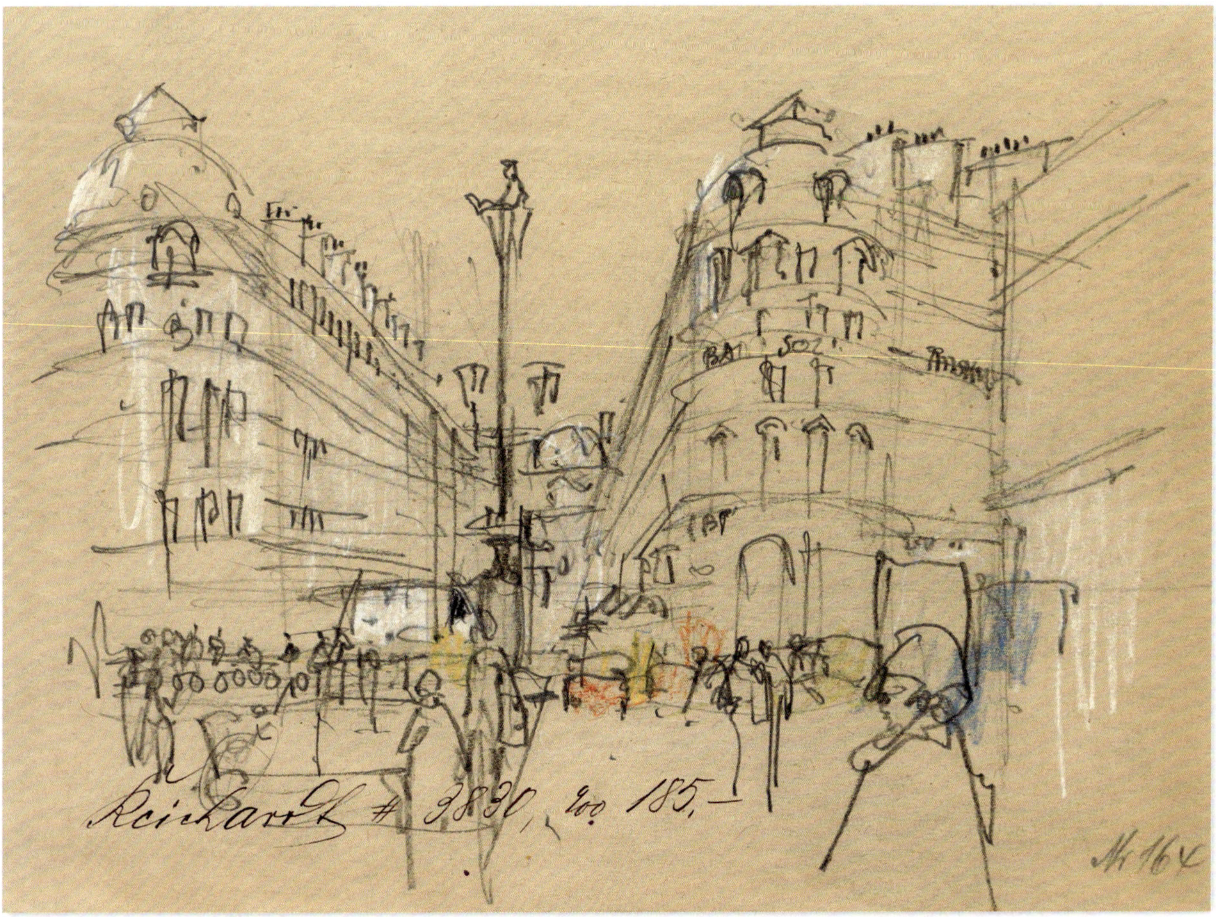

Paris. Spontane Skizze auf sehr altem, beschriftetem braunen Karton (Bleistift 3B, Farbstifte und weiße Kreide). Die Farben wurden sehr spärlich als „Tupfer" eingesetzt.

Übereckperspektive

Alles, was vorweg über die Horizontlinie beschrieben wurde, trifft auch auf die sogenannte Übereckperspektive zu. Der Unterschied besteht darin, dass wir uns mit einer vor- oder zurückspringenden Ecke konfrontiert sehen, durch die auf der Horizontlinie mindestens **zwei Fluchtpunkte** entstehen. Beim Zeichnen beziehen wir unsere Tiefenlinien auf diese beiden Fluchtpunkte. Die Standlinie befindet sich auf der senkrechten Ecklinie, die Fluchtpunkte liegen in der Regel etwas außerhalb des Bildrahmens.

Üben Sie zwischendurch, wo auch immer sich die Gelegenheit bietet, sei es zuhause vor dem Fernseher, in der Bahn oder in Wartezimmern. Skizzieren Sie Innen- und Außenräume mit Horizont- und Standlinie sowie Fluchtpunkten.

Umreißen Sie die Räume in kleinen Formaten und ergänzen Sie sie mit Personen, Mobiliar und Bäumen.

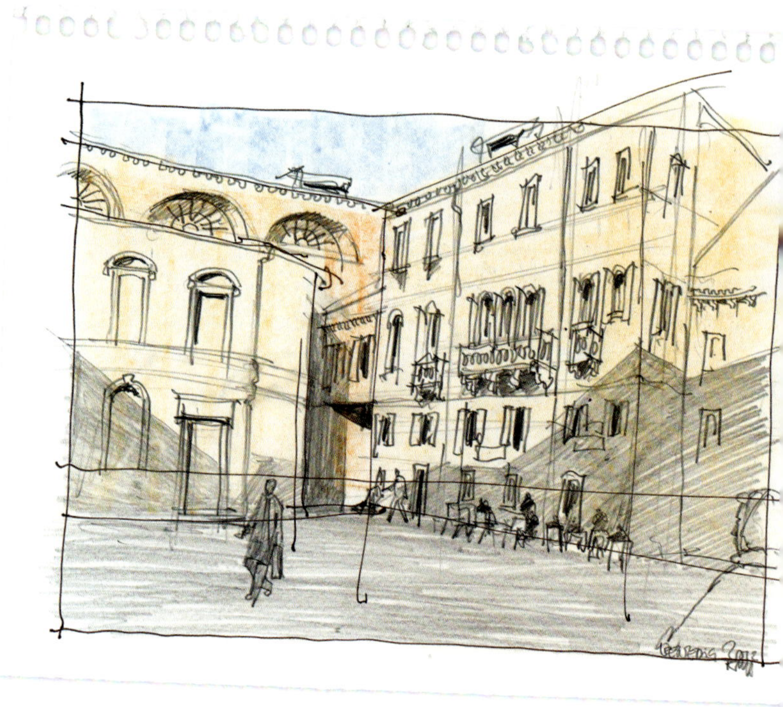

Zurückspringende Ecke eines Platzes (Bleistift 3B, Farbstifte, Skizzenblock mit weißem Papier)

unten: Étretat, Normandie, Vogelperspektive von erhöhtem Standpunkt (Bleistift 3B, leicht getöntes Papier). Ausgewogen wechseln die Hell- und Dunkelpartien, die sich in erster Linie durch den Lichteinfall von links abzeichnen.

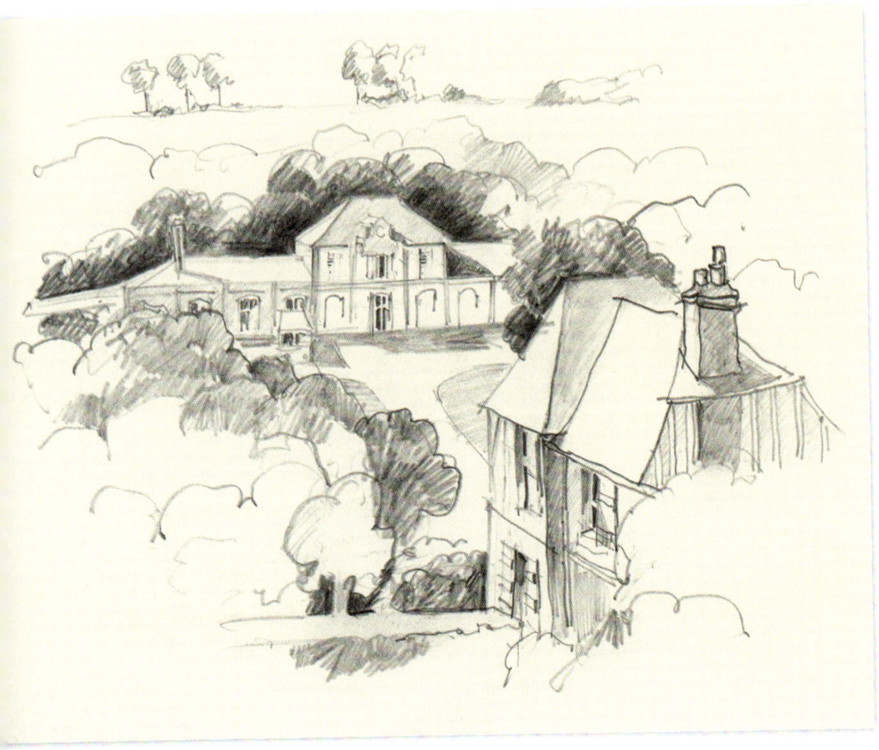

Vogelperspektive

Ein erhöhter Stand beim Zeichnen ergibt sich, wenn wir z. B. aus dem dritten Stock eines Hauses auf die Straße oder von einer Anhöhe auf eine unterhalb liegende Dachlandschaft blicken. In der Regel wählt man die Darstellung aus der Vogelperspektive, um Objekte im Kontext ihrer unmittelbaren Umgebung festzuhalten.

Die Horizontlinie legen wir am besten auf oder über den oberen Bildrand. Die tiefer liegenden Gebäudekanten werden auf die auf der Horizontlinie liegenden Fluchtpunkte ausgerichtet.

Urban Sketching in Innenräumen

Große Foyers von Museen sind ideale Räume zum Skizzieren. Meistens bieten sie bequeme Sitzgelegenheiten und verwirren uns kaum mit störenden Accessoires. Auch sind sie geeignete Orte, um Menschen zu zeichnen. Gerade lichtdurchflutete Räume bieten oft ein interessantes Wechselspiel von Licht und Schatten. Beachten Sie dabei unbedingt auch den Schatten und die Schlaglichter an den Wänden und auf dem Boden. Versuchen Sie, die lichten Flächen durch Aussparung zu verdeutlichen. Die Decken sind meist im Ton etwas dunkler als die Wände.

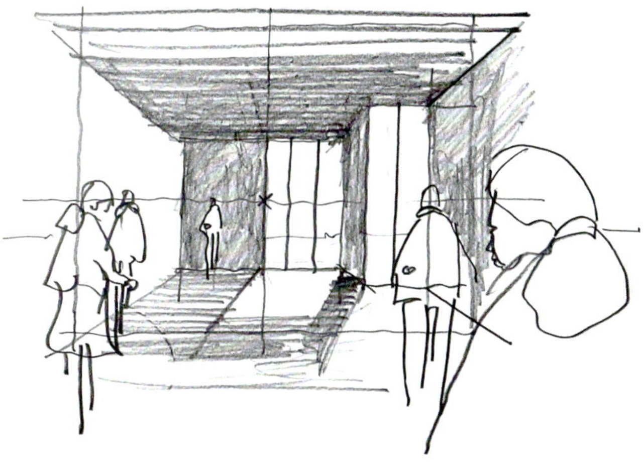

In großen Hallen bietet sich in aller Regel die zentralperspektivische Sicht an, bei kleinen Räumen hingegen die Bestimmung von zwei Fluchtpunkten, um die eine oder andere Wand in Szene zu setzen. Nichtsdestotrotz gibt es für die Wahl Ihres Vorgehens keine zwingende, unumstößliche Regel. Entscheiden Sie stets vor Ort, was Ihnen wichtig erscheint, und richten Sie dann Ihr Vorgehen darauf aus.

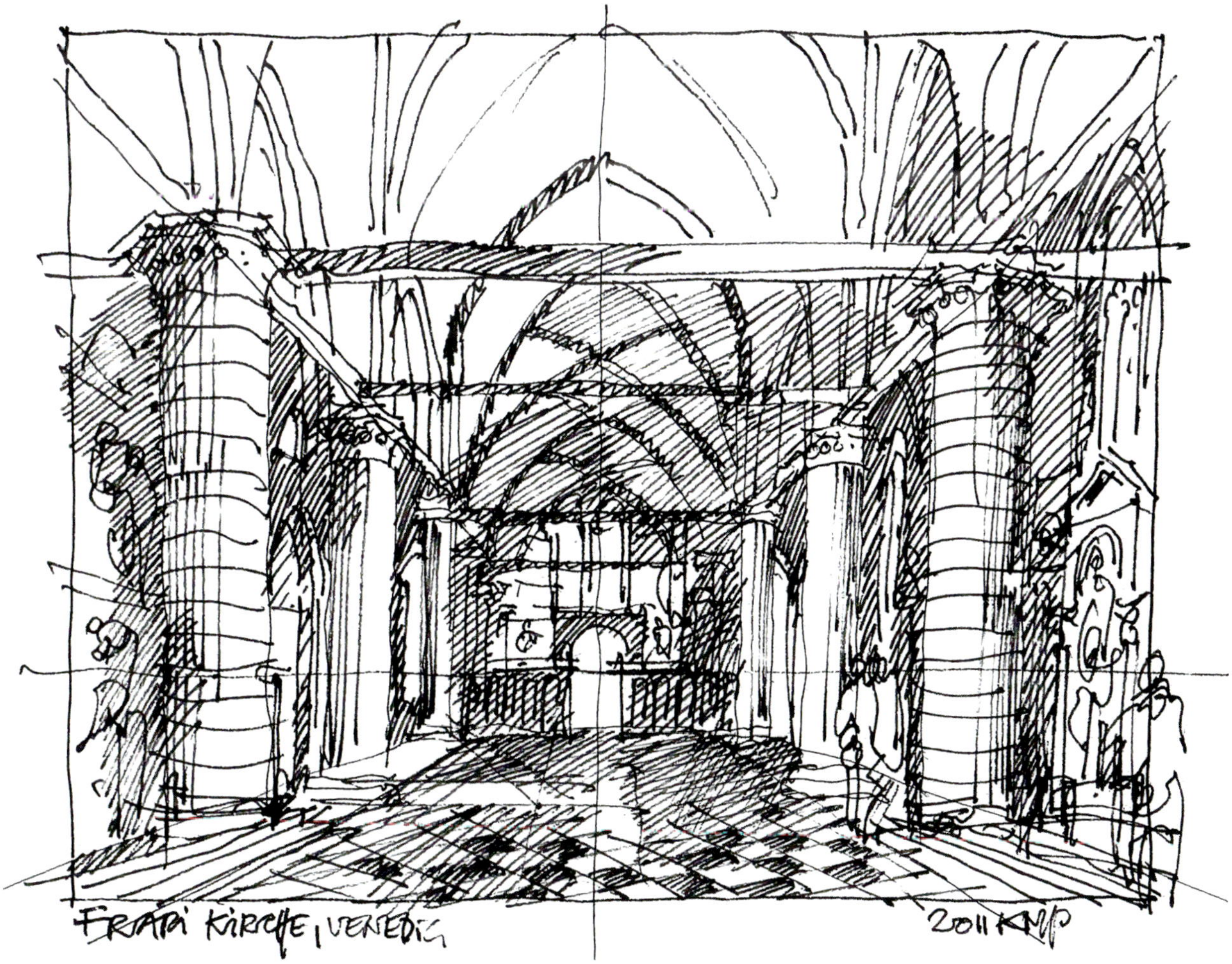

Innenraum der Frari-Kirche, zunächst perspektivisch eingerichtet (Feder und Tinte, Skizzenbuch mit weißem Papier)

Die Komposition einer stimmigen Skizze

Beim Urban Sketching sollten wir immer bestrebt sein, den Bildgegenstand richtig in Szene zu setzen. Machen Sie reichlich Gebrauch vom vollen Format und ordnen Sie das Objekt so an, dass es in einem vernünftigen Verhältnis zu der gesamten Bildfläche steht. Zeichnen Sie einerseits nicht so klein, dass man den Bildgegenstand unseres Hauptaugenmerks nur noch mit der Lupe erkennen kann. Andererseits vermeiden Sie es, Ihr bevorzugtes Bildsujet allzu platzeinnehmend in Szene zu setzen, indem Ihr Motiv allein bereits das Blatt Papier voll ausnutzt.

Lassen Sie immer noch ein wenig Freiraum und deuten Sie, wenn es angebracht erscheint, die Umgebung an. Zeichnen Sie bis zu den Bildrändern und markieren Sie auch den Boden z. B. durch Strukturen oder Schraffuren. Dies vermittelt Standfestigkeit, unterstützt die Tiefenwirkung und bewahrt vor dem Eindruck, dass das Objekt im leeren Raum schwebt.

Außer der Wahl des Formats sorgen auch verschiedene **Gestaltungsregeln** dafür, dass wir mit unserem Bild uns selbst und auch andere begeistern:

1. Das **Querformat** entspricht am ehesten unseren Sehgewohnheiten und vermittelt durch seine horizontale Ausrichtung einen Zustand der Ruhe und Harmonie.
2. Das **Hochformat** eignet sich für vertikal ausgerichtete Motive. Es erzeugt abhängig vom Motiv eine gewisse Spannung und Dramatik.
3. Das **quadratische Format** bietet sich für Einzelmotive an, deren Umfangsseiten annähernd gleich sind. Auch ein symmetrisches Sujet könnte auf einem quadratischen Bildfenster seinen Platz finden. Es ist jedoch eher ungewöhnlich und spielt für den Urban Sketcher eine untergeordnete Rolle.
4. Das **schmale Breitformat** eignet sich idealerweise für die stimmungsvolle Darstellung einer weiten Landschaft oder Stadtsilhouette.
5. Das Hervorheben des eigentlichen Bildgegenstandes durch **Weglassen oder Andeuten** der Umgebung kann insofern spannend sein, als dass der Betrachter das Bild zu Ende denken kann und nicht durch einen Nebenschauplatz zu sehr abgelenkt wird. Das Hauptmotiv springt sofort ins Auge.
6. **Haupt- und Nebenmotive** geben sich zu erkennen, wenn wir das Gefühl haben, dass in unserer Zeichnung etwas fehlt. Zu einem Hauptmotiv, beispielsweise einem pittoresken Gebäude, könnte als Nebenmotiv z. B. eine das Gebäude betrachtende Personengruppe treten oder unter unserem Hauptsujet, einem imposanten Einzelbaum, tritt als Nebenmotiv eine Boule spielende Gruppe in Erscheinung.
7. Die **Farbgebung** einer Zeichnung sollte meiner Meinung nach lediglich unterstützend und nicht allzu aufdringlich und vordergründig sein. Konkret heißt dies, dass ich durch eine Beschränkung auf zwei oder drei Farben mein Bild vor einer bunten Überfrachtung bewahren kann. Hierbei bietet sich an, mit komplementären Farbtönen zu arbeiten. Blau und Gelb/Ocker sind aus meiner Erfahrung die gängigsten Farben. Dazu kann an der einen oder anderen Stelle ein Rot hinzutreten. Grün ergibt sich durch Mischung aus Blau und Gelb. Letztendlich ist die Farbwahl jedoch immer abhängig vom Motiv, wobei das nicht zwingend bedeutet, dass die reale Farbgebung aufgegriffen und wiedergegeben werden muss.

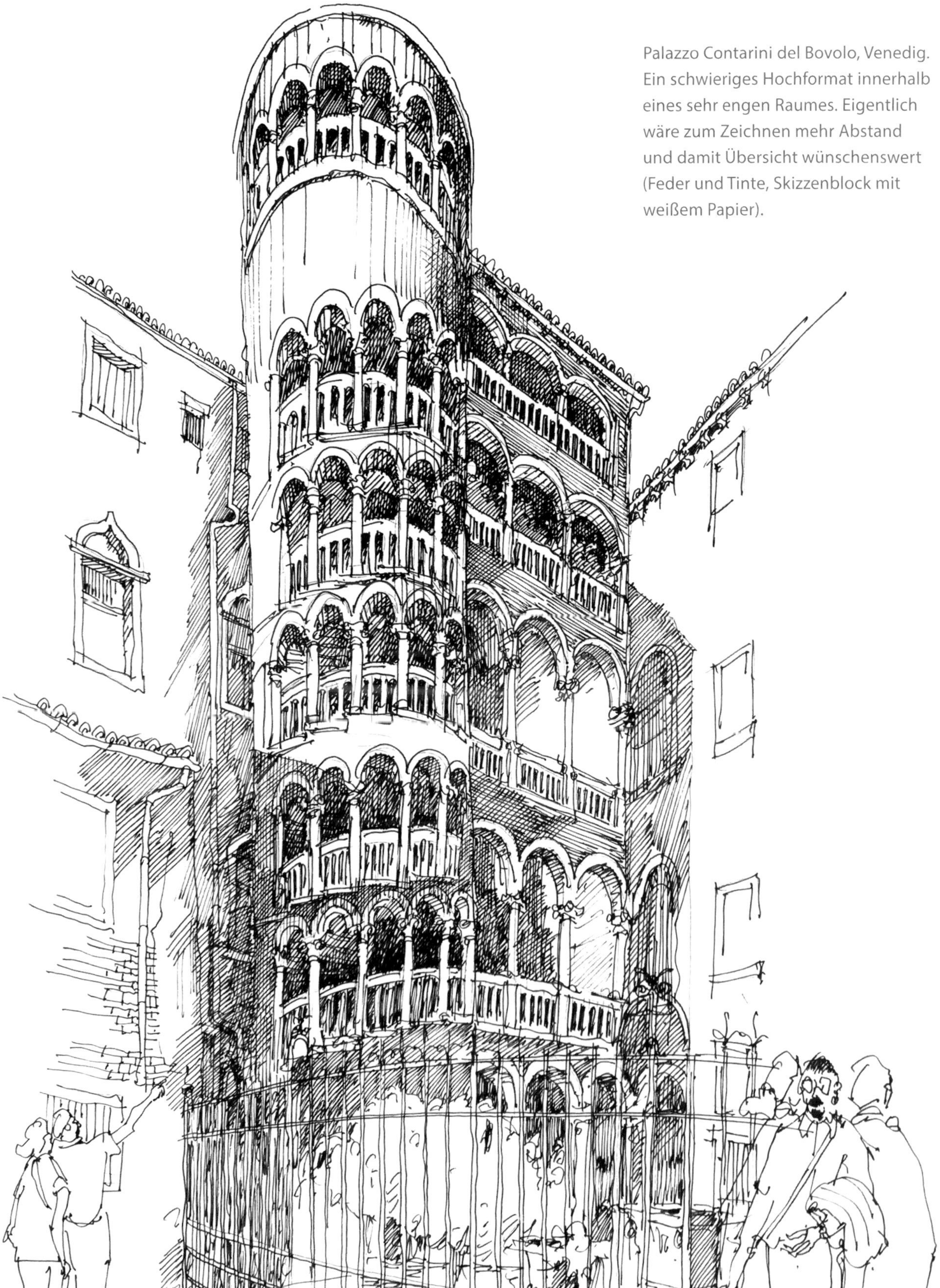

Palazzo Contarini del Bovolo, Venedig. Ein schwieriges Hochformat innerhalb eines sehr engen Raumes. Eigentlich wäre zum Zeichnen mehr Abstand und damit Übersicht wünschenswert (Feder und Tinte, Skizzenblock mit weißem Papier).

Anordnung von Objekten und Menschen im Raum

Ganz gleich, welches Format wir wählen, die Platzierung unseres Bildgegenstandes spielt eine ganz entscheidende Rolle. Sie ist abhängig von der Aussage oder besser gesagt der Geschichte, die wir erzählen wollen. Das Hauptmotiv unserer gezeichneten Geschichte kann ein Gebäude, eine Landschaft, ein Straßenzug mit mehreren Häusern, ein begrünter Platz, ein kleines Detail oder eine Person sein. Reizvoll erscheint bisweilen auch die Wahl eines Motivs mit dem Impetus des scheinbar Banalen und Alltäglichen, wie das des unscheinbaren Kiosks oder eines defekten Regenfallrohrs. Ich rate Ihnen, Ihr Einzelmotiv in den Kontext der unmittelbaren Umgebung zu stellen. Das bedeutet, mit nur wenigen Linien die Umgebung aufzunehmen, um nicht den Eindruck zu erzeugen, dass es sich um ein losgelöstes Einzelobjekt handelt. Platzieren Sie sich so, dass die Schauseite des Gebäudes fast wie eine Ansicht auf den Betrachter wirkt und trotzdem die Plastizität des Hauses durch Perspektive verdeutlicht wird. Versuchen Sie, wenn es möglich ist, Elemente des Vordergrunds, die sich direkt neben oder vor Ihnen befinden, ebenfalls zeichnerisch zu erfassen. Die Distanz zum Objekt wird durch einen Baum, einen Laternenmast oder eine Figur im Vordergrund deutlicher und spannt einen Bogen vom Hauptmotiv zum Betrachter des Bildes.

Menschen bilden durch die weichen Linien, mit denen sie zu Papier gebracht werden, einen reizvollen Kontrast zu den dahinter liegenden härter begrenzten Fassaden und Häusern.

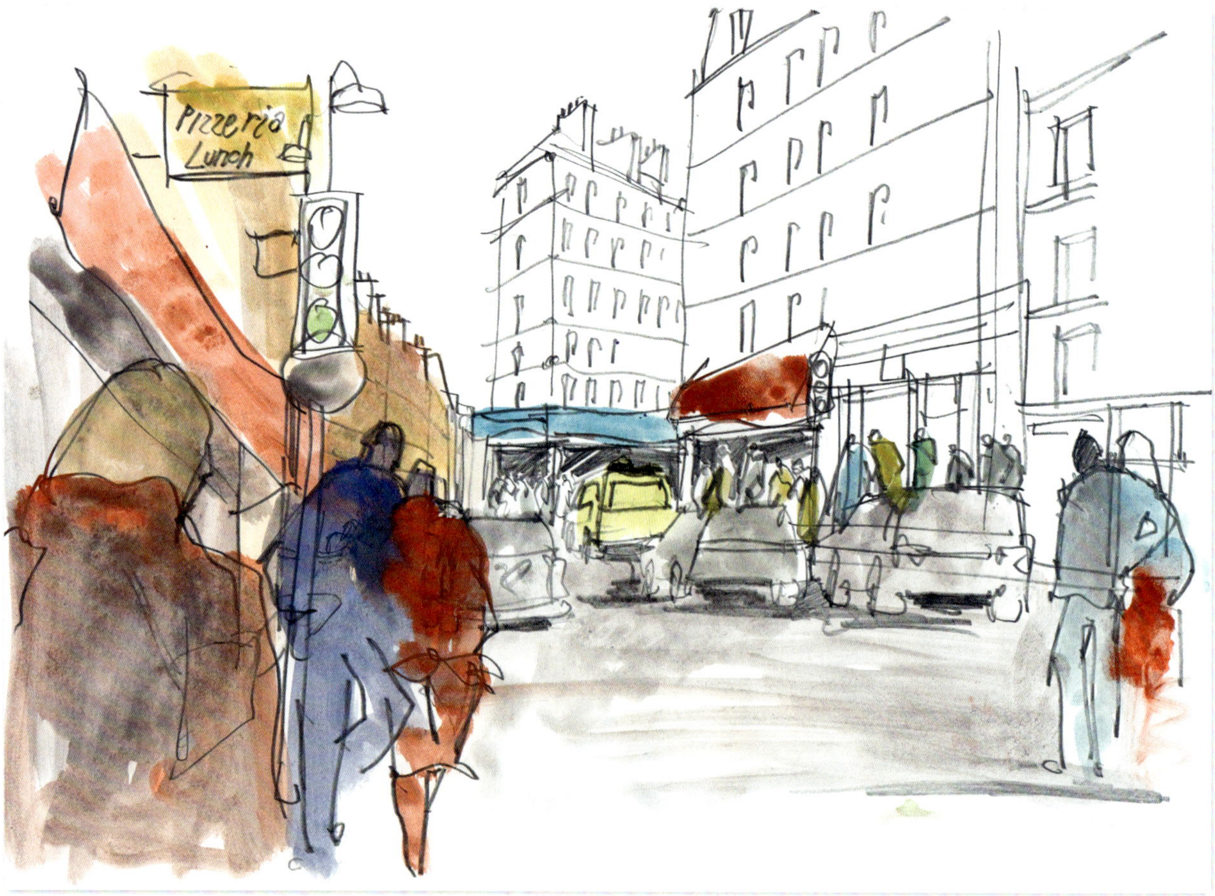

Die Menschen wurden fiktiv ins Bild „gekleckst" und anschließend mit dem weichen Bleistift konturiert. (Bleistift 3B, Wasserfarben, weißes Kartonpapier).

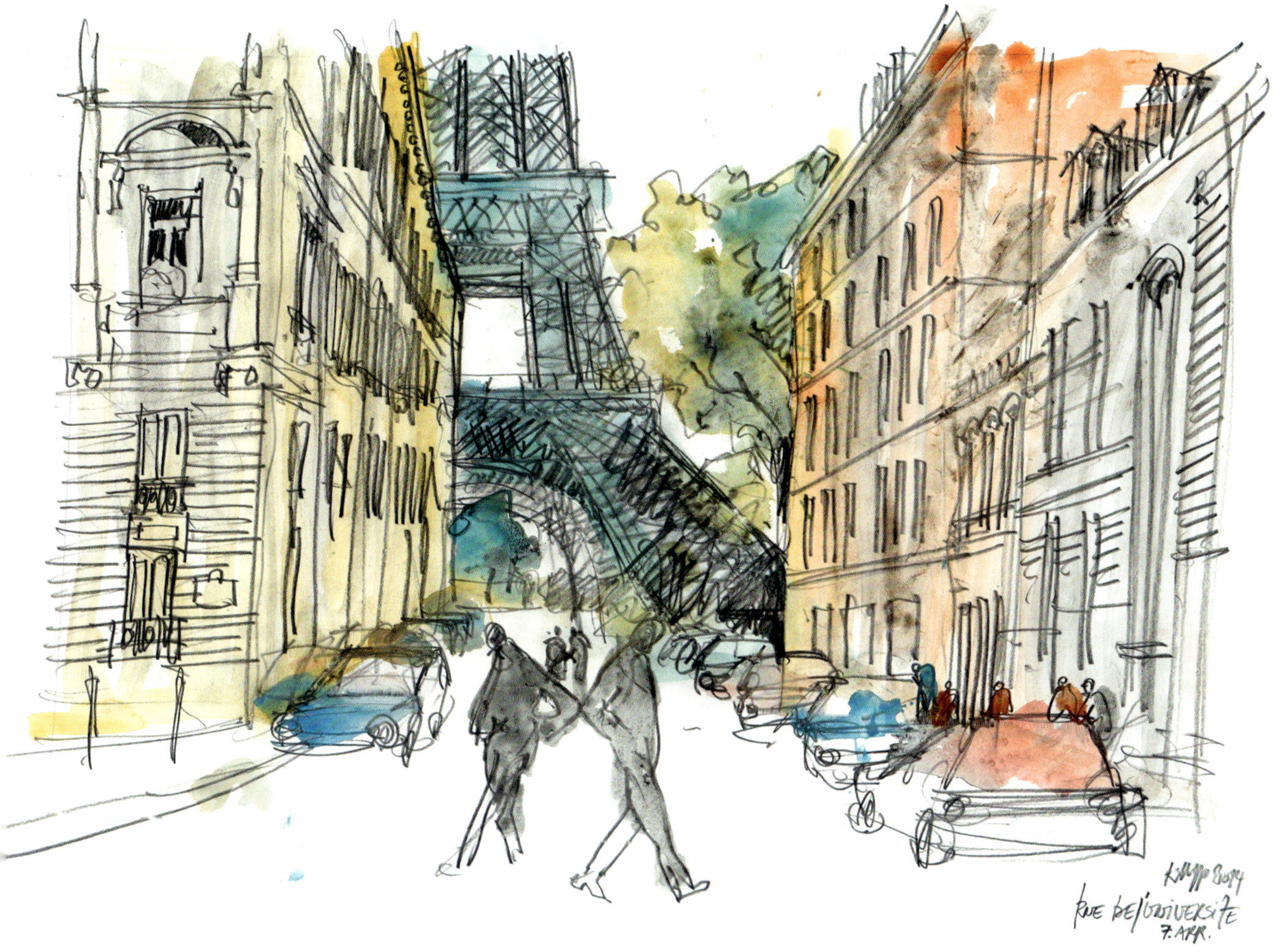

Blick auf den Eiffelturm, Paris.
Man muss schon suchen, um dieses berühmte Wahrzeichen einmal anders zu sehen, nämlich zwischen zwei Häuserzeilen der Rue de l'Université in Paris. Halten Sie Ausschau nach ungewöhnlichen Perspektiven (Bleistift 3B, Wasserfarben, Skizzenbuch mit weißem, glattem Kartonpapier).

Geben Sie Ihrem Motiv genügend Platz im Format und denken Sie daran, den Boden und den Horizont mit aufzunehmen. Bei der grafischen Erfassung eines Regenfallrohres sollte zumindest der Zusammenhang mit dem Dach oder der Wand, an der es befestigt ist, hergestellt werden.
Eine Brücke aus der Nähe wirkt spannender, wenn man sie von einem zum anderen Ufer perspektivisch verkürzt sieht. Aus der Ferne betrachtet kann die Ansicht einer Brücke mit den auf sie perspektivisch zulaufenden Uferpromenaden sehr reizvoll sein. Ein kleiner Kiosk mit all seinen bunten Auslagen und Zeitungsständern sollte das Format fast ausfüllen, damit die Details deutlich sichtbar werden. Bei einer Landschaftsskizze sind die naturräumlichen Gegebenheiten mit aufzunehmen. Das heißt, nicht nur die Vegetation wie Bäume, Hecken und Sträucher, sondern auch Wege, Rasen, Wasser und Topografie. Ein Stück vom Himmel über einer Landschaft sollte zu sehen sein sowie wenigstens grob angedeutet tierische oder menschliche Wesen, um einen Maßstab zu haben.

Kaffeerad mit Passanten

Bei dieser Szene muss man einigermaßen Glück haben, dass die Personen auch eine Zeit lang am Ort des Geschehens bleiben. Noch besser wäre es, wenn sie so verharren würden, dass sie auch lebendig erscheinen. Nachdem man alles Statische, wie das Gefährt, das Geländer und die Poller, maßstabsgetreu skizziert hat, kann man den Versuch machen, die Menschen in Bewegung zu skizzieren. Dies gelingt nicht immer, deshalb ist es durchaus legitim, am Rand oder auf einem zweiten Blatt den Bewegungsablauf der einzelnen Personen einzufangen. Dabei spielt die Beinstellung, aber auch die einzelnen Proportionen, wie das Verhältnis des Kopfes zur Figur, eine entscheidende Rolle. Zum Schluss verfeinert man die grobe Skizze und ergänzt die Bäume im Hintergrund. Das Augenmerk habe ich auf die beiden Personen am rechten Rand gerichtet, indem ich ihnen einen dunkleren Tonwert verlieh.

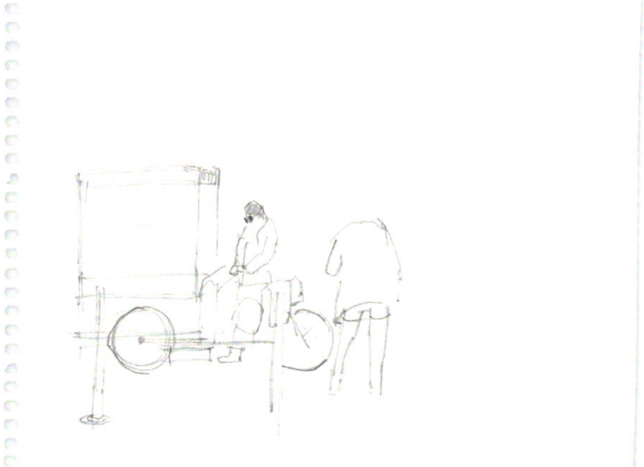

Mit dünnen Linien werden der Kaffeewagen und die zwei Personen angedeutet.

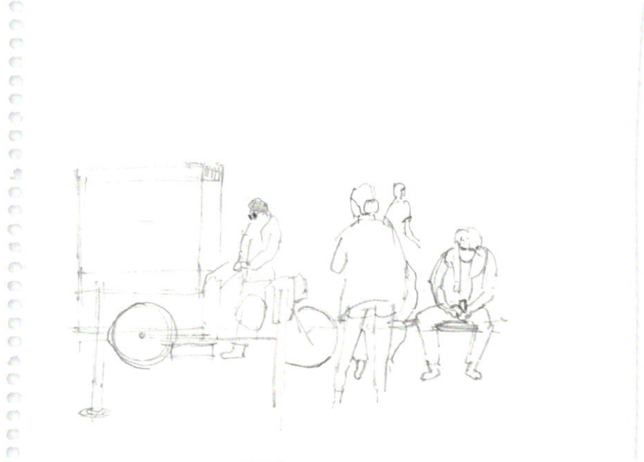

Dazu gesellen sich weitere Personen in der Bildmitte. Bei sitzenden Personen skizziere ich zuerst die schwierige Beinstellung und dann erst alles andere.

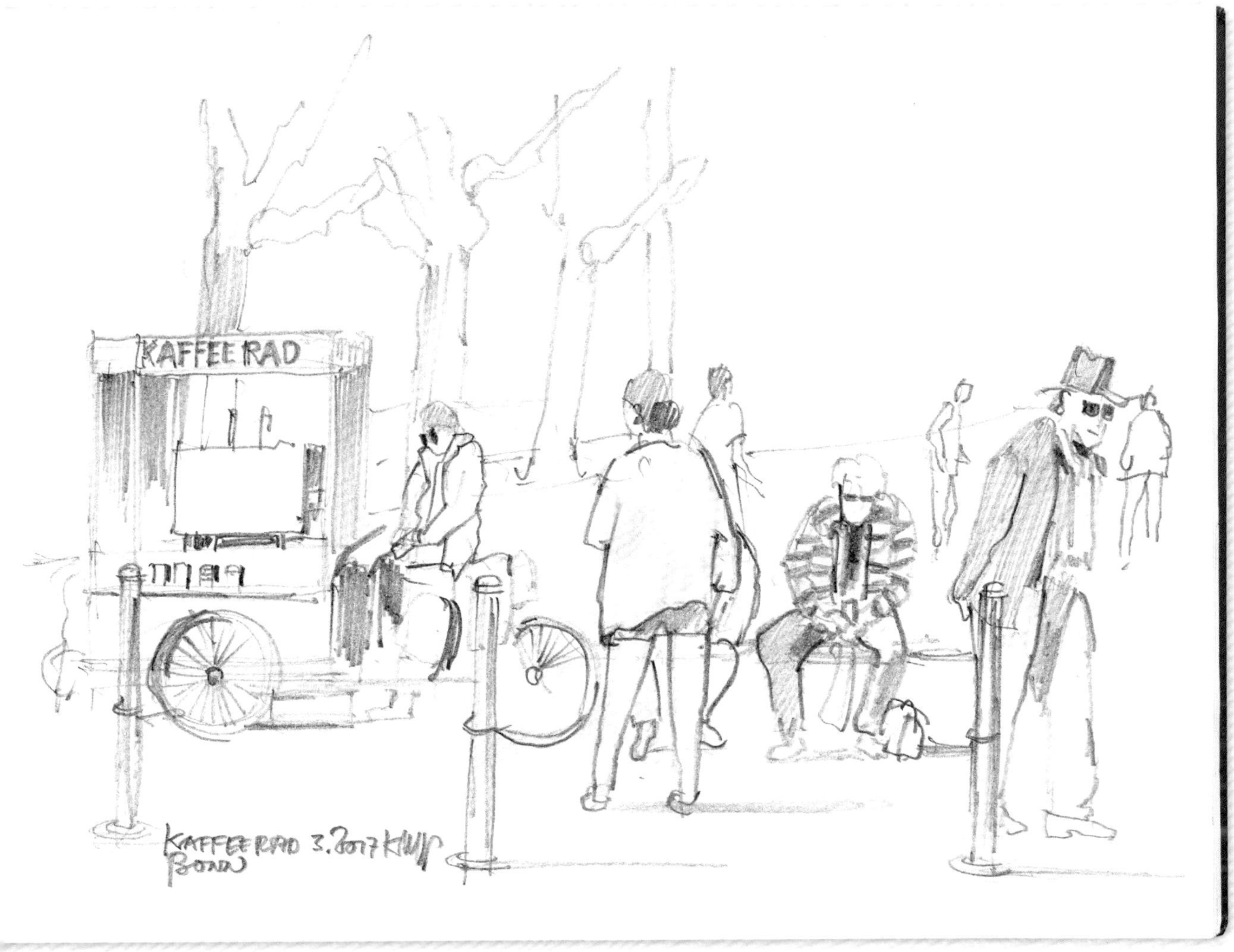

„Kaffeerad mit Passanten". Bleistift 3B, Skizzenbuch mit leicht getöntem Papier.

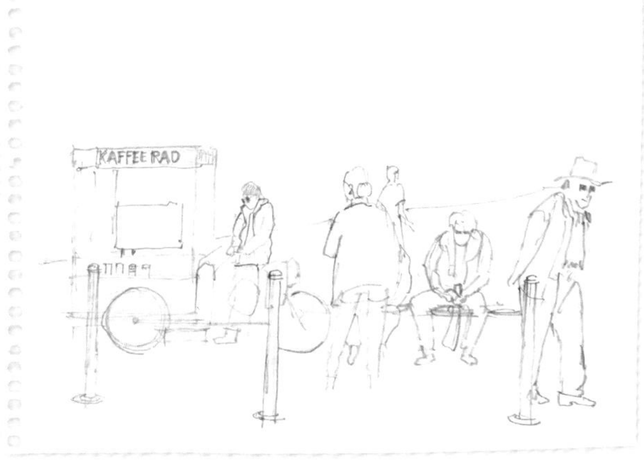

Der am rechten Rand eingezeichnete ältere Herr bewegt sich durch das Bild.

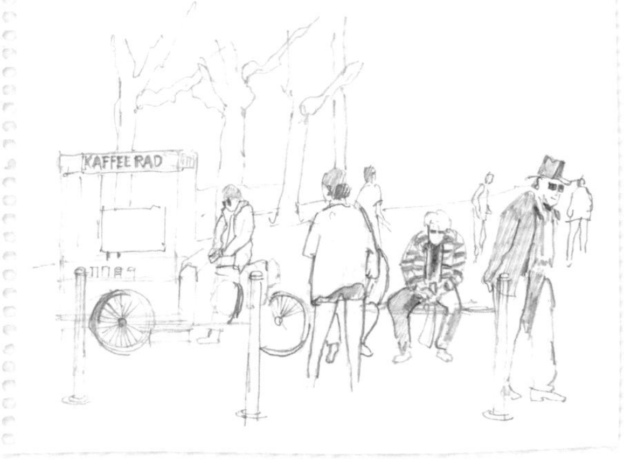

Zum Schluss werden prägende, individuelle Details, wie Kopfbedeckungen, Sonnenbrille oder bestimmte Muster, hinzugefügt.

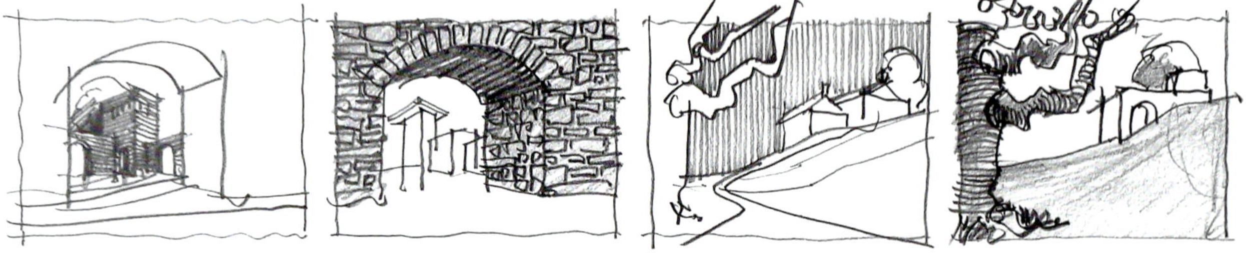

Bemühen Sie sich bei Ihren Skizzen um Klarheit der tiefenräumlichen Bereiche, indem Sie den Vordergrund grafisch vom Hintergrund absetzen.

Vorder-, Mittel- und Hintergrund

Alle drei Bildebenen – Vorder-, Mittel- und Hintergrund – können bei vielen Motiven wichtige Stützpfeiler der Bildkomposition sein. Insbesondere bei weiträumigen Landschaften und Stadtmotiven empfiehlt sich eine Gliederung in der Tiefe. Ein Baum im Vordergrund, von dem ich vielleicht nur den Stamm und etwas Blattwerk angeschnitten sehe, und mit zunehmender Ferne in ihrer Größe schwindende Bäume gliedern räumlich die Landschaft. Unterscheiden Sie die einzelnen räumlichen Bereiche auch in grafischer Hinsicht und nehmen Sie bei der Farbgebung eine Abstufung vor. Das bedeutet, wenn Sie beispielsweise vorne im Bild eine Person nur in ihrem Umriss wiedergeben, dann können Sie die Bildmitte mit Schraffur oder Textur mehr hervorheben. Der Bildhintergrund wird meist nur konturenhaft angedeutet. Infolgedessen liegt eine kräftige, kontrastreiche Ausarbeitung bestimmter Teile im vorderen Bereich und eine zurückhaltende Strichdichte im Hintergrund nahe. Oft ist eine unterschiedliche Ausführung in grafischer Hinsicht für Vorder-, Mittel- und Hintergrund angebracht, um die räumliche Tiefe deutlich zu machen.

Tipp: Heben Sie die einzelnen Elemente Ihres Bildes so hervor, dass beispielsweise durch den Kontrast einer dunklen Baumkulisse hinter einer hellen Häuserzeile die Kontur der Häuser noch deutlicher hervortritt. Durch einen Wechsel von Hell und Dunkel können im Bild einzelne Bereiche deutlicher herausgehoben werden.

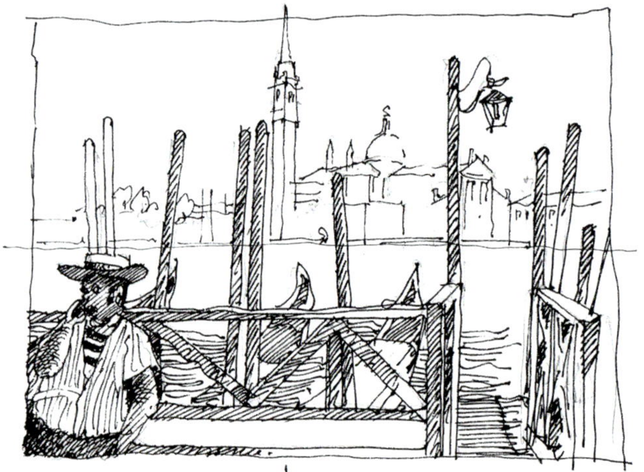

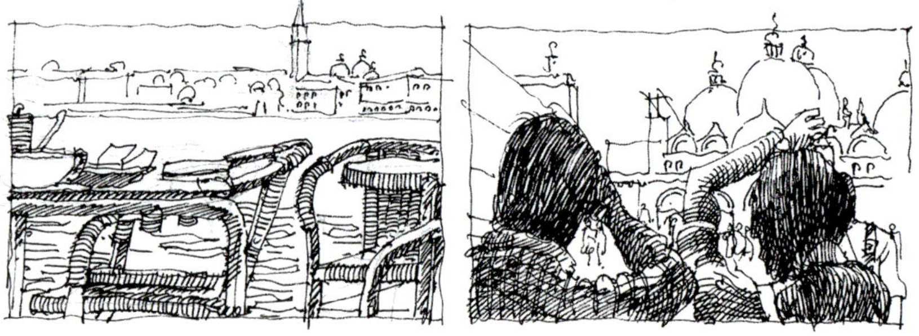

Entdecken Sie den Bildvordergrund, um die Tiefe, oder besser gesagt die Entfernung zum Objekt, deutlich zu machen. Am besten eignen sich Menschen dazu, aber auch Stühle und Tische. Setzen Sie Bildobjekte in der Ferne vom Vordergrund unterschiedlich grafisch ab.

Die Illusion räumlicher Tiefe

Die Stadt ist ein unerschöpfliches, fast undurchdringliches Gebilde von Häusern, Mauern, Zäunen, versiegelten und begrünten Flächen, Bäumen, Hecken, Büschen, Stadtmobiliar und vielem mehr. Sie ist ein kunterbuntes Konglomerat von ganz unterschiedlichen Architekturelementen und natürlichen Gegebenheiten, in denen sich Menschen, Autos, Busse und Bahnen bewegen. Insofern müssen wir uns zwangsläufig damit auseinandersetzen, wie wir den einzelnen Räumen mit ihren beweglichen und unbeweglichen Sujets, insbesondere der Tiefenwirkung von Räumen, ein Gesicht geben. Schon in der Renaissance hat man durch die Entdeckung der **Perspektive** erkannt, dass die beweglichen und veränderbaren Elemente, wie Menschen, Tiere, aber auch Bäume, Sträucher und selbst die Witterung, in wechselnder Beziehung zu den statischen Dingen stehen. Die stetige Veränderung der Sujets führt zu neuen Konstellationen und Gegebenheiten, die allesamt Alltagsgeschichten in sich bergen. Antrieb sollte uns sein, diese brach liegenden Geschichten aufzuspüren und zeichnerisch zu erzählen. Wir können uns also zum Beispiel durch die Darstellung von Nähe und Ferne in die Vorstellung von Raum und Zeit begeben. Die Perspektive hilft uns dabei, eine Entfernung aufgrund unserer Erfahrung zu berechnen. Durch die Horizontlinie schaffen wir eine Illusion von Raum. Denn wir blicken aus der Nähe in die Ferne. Das Weite schafft Distanz, die auch berechenbar ist. Wir haben die Möglichkeit, an jede Stelle im Raum Menschen zu platzieren. Beziehen Sie also die Dinge, die Ihnen wichtig erscheinen, im richtigen Maßstab ein. Achten Sie darauf, Einzelheiten in der Nähe detailliert und in der Ferne verknappt als Kontur wiederzugeben. Beim Zeichnen beispielsweise eines weit entfernten Kirchturms spielen Zeiger und Uhrzeit der Kirchturmuhr keine Rolle. Die im Vordergrund liegenden Bildobjekte werden zuerst skizziert, sie überdecken alles im Hintergrund Platzierte.

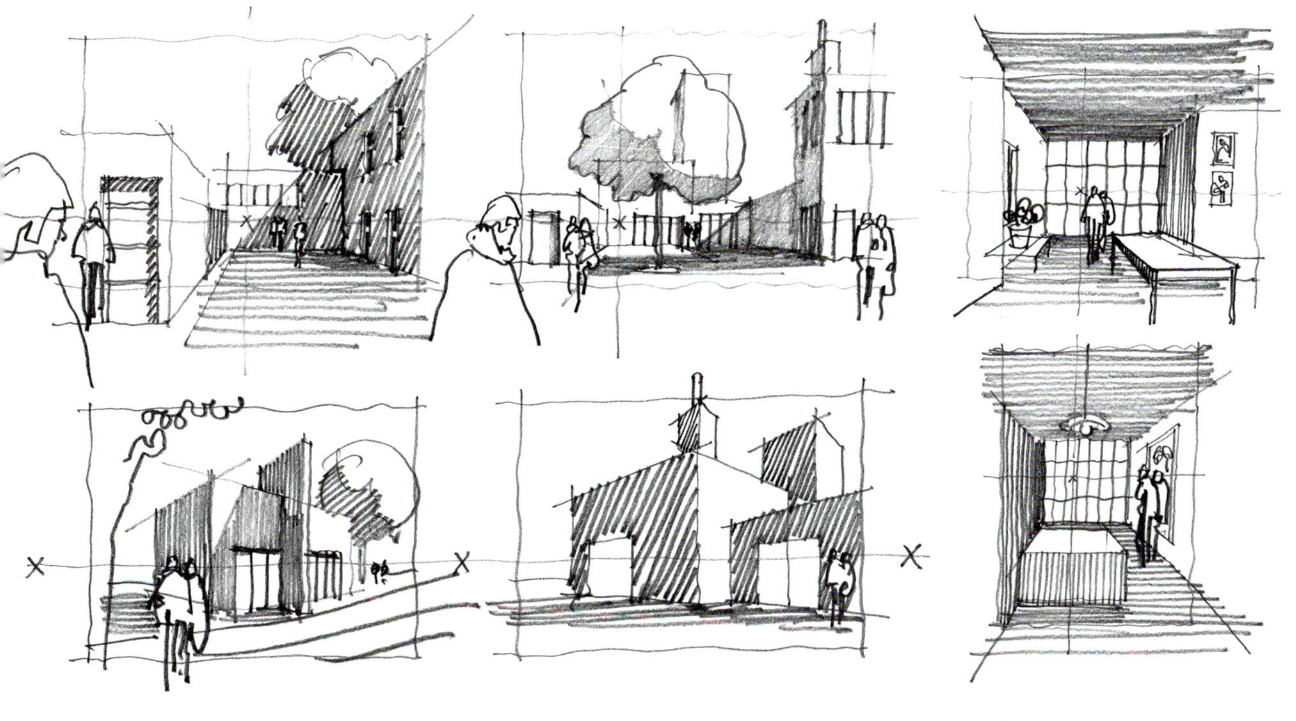

Üben Sie sich im plastischen Zeichnen von Räumen und Architektur. Achten Sie auf die verschiedenen Tonwerte, die durch Schatten und Raumtiefe erzeugt werden. Lassen Sie die lichtbeschienenen Flächen leer und achten Sie draußen und drinnen auf den Einfall von Sonnenlicht.

Die Lebendigkeit der Darstellung

Vereinfacht könnte man sagen, dass eine lebendige Wirkung unserer vor Ort erstellten Zeichnungen maßgeblich durch das Agieren der dargestellten Personen, durch eine perspektivische Darstellung und zeichnerische Umsetzung der Kontraste von Licht und Schatten, aber auch durch die Verwendung speziellen Zeichenpapiers mit geeigneter Oberfläche erzeugt wird.
Eigentlich beginnen wir schon mit der Grafik, den Grundstein fürs lebendige Skizzieren zu legen.
Ein lockerer, flüssiger und damit auch lebendiger Strich bedingt eine entspannte Haltung der Hände, Arme und des Oberkörpers. Darauf aufbauend kann sich durch zielstrebiges Training eine sichere und rhythmische Ausdrucksart entwickeln, Ihre ganz **persönliche Handschrift**. Der Strich muss nicht immer passgenau erfolgen. Er kann auch schon einmal übers Ziel hinausschießen. Wichtig ist, dass die Linien im Fluss sind. Die Fertigkeit der schnellen zeichnerischen Erfassung von Personen und Autos im Stadtverkehr ist unverzichtbar, ein immer wiederkehrendes Motiv beim Urban Sketching. Die wechselnden üppigen und bunten Auslagen der Geschäfte, ihre gestikulierenden Betrachter, Menschen verharrend – Menschen im nie ruhenden Flow der Großstadt, bunte Verkehrs- und Reklameschilder, rollendes Blech auf den Straßen – all das vermittelt dem Betrachter ein Gefühl von Dynamik und Lebendigkeit im Kosmos Stadt.
Aber auch statische Elemente, wie Gebäude oder herausstechende Details, können Lebendigkeit ausdrücken: Die abwechslungsreiche Fassade eines Gründerzeithauses, der vom Sonnenlicht beschienene, baufällige Geräteschuppen oder nur ein einzelner, herausragender Kamin können unter diesem Aspekt Gegenstand unserer Betrachtung werden.

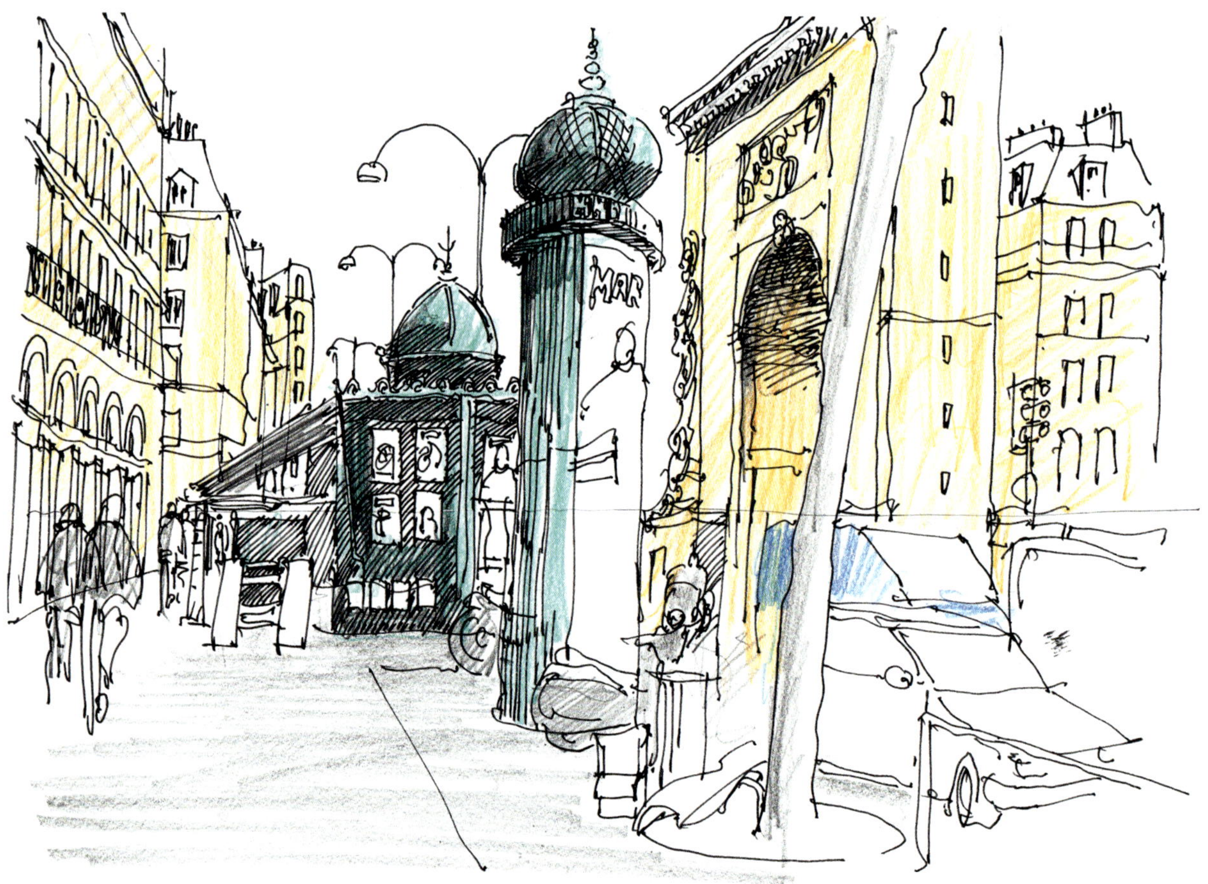

Boulevard Saint-Denis in Paris (Tinte, Füllfederhalter und Farbstifte, weißes, glattes Papier).

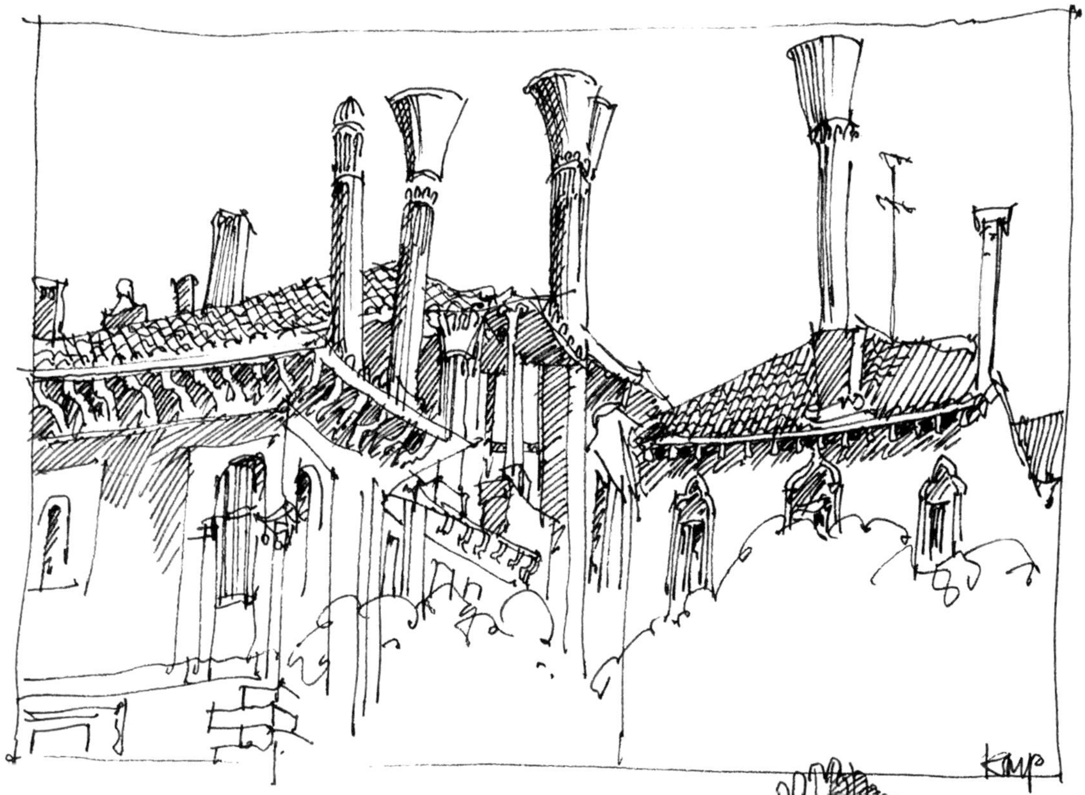

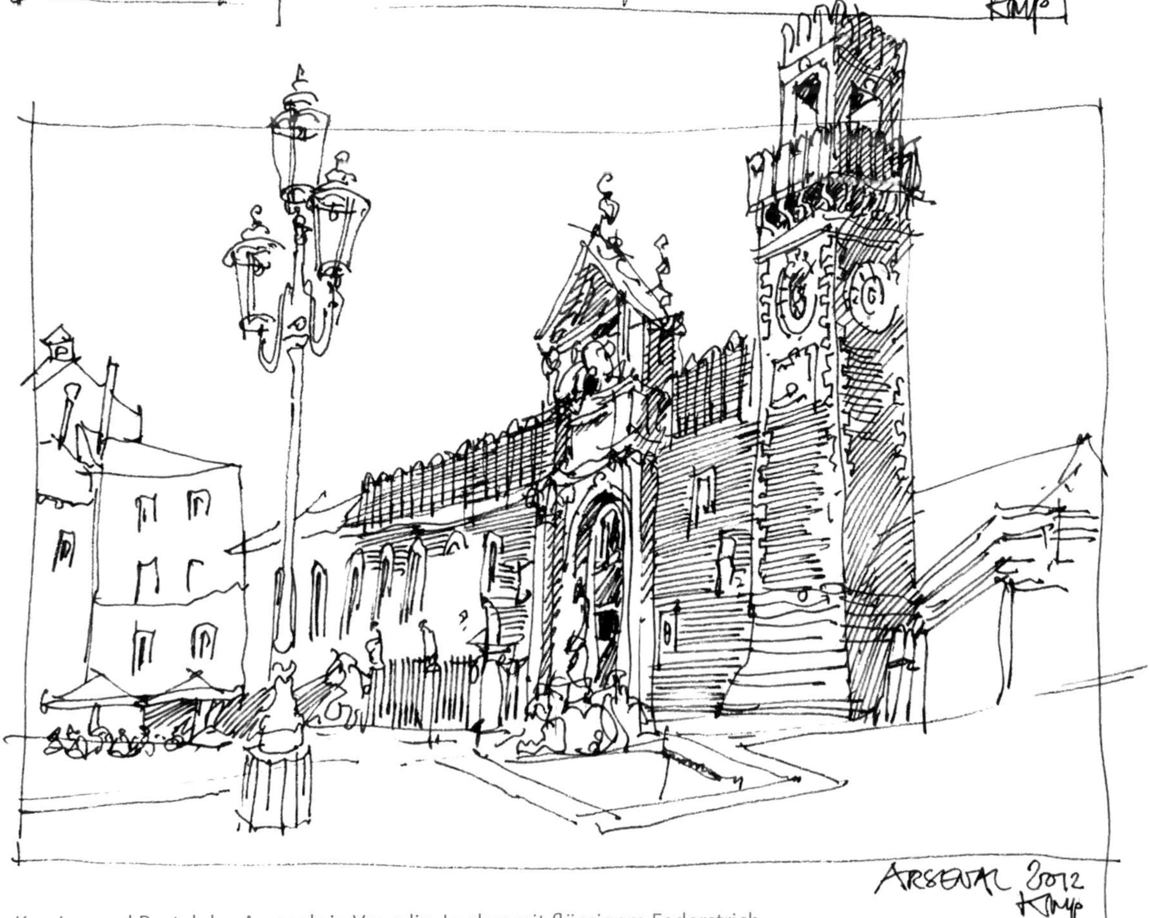

Kamine und Portal des Arsenals in Venedig. Locker mit flüssigem Federstrich ohne Vorzeichnung skizziert (Feder und Tinte, Skizzenbuch mit weißem, dünnem Papier).

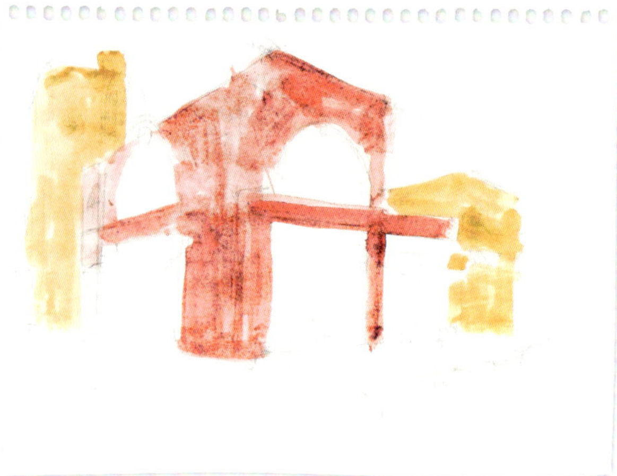

Horizontlinie und zwei Fluchtpunkte außerhalb des Bildrahmens helfen, das Motiv räumlich einzurichten.

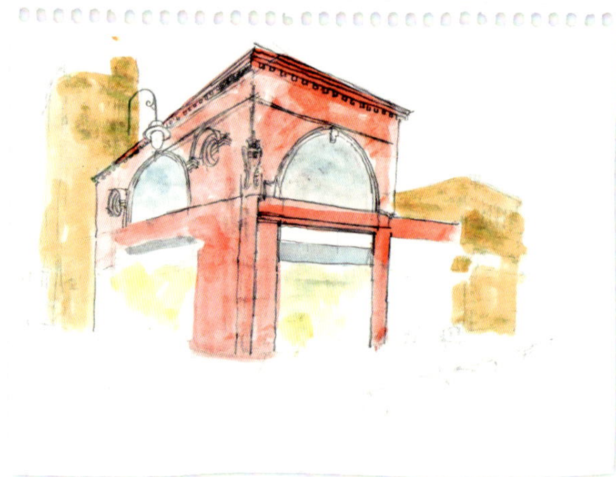

Mit weichem Bleistift lege ich die ersten Konturen an. Dann werden die großen Fensterflächen farblich ausgearbeitet.

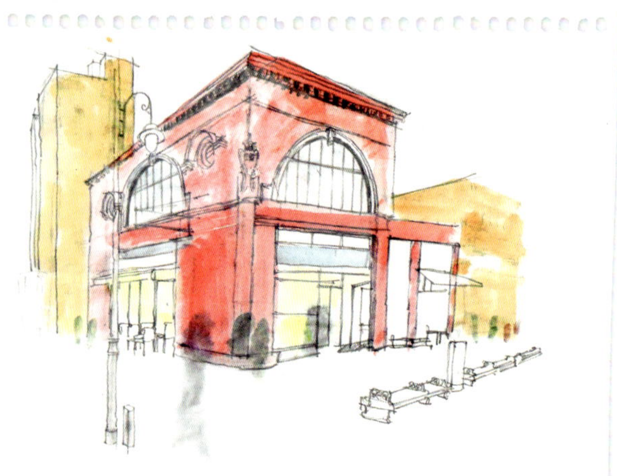

Details, wie die Gliederung der großen Glasflächen und zierende Fassadendetails, werden mit Bleistift eingezeichnet.

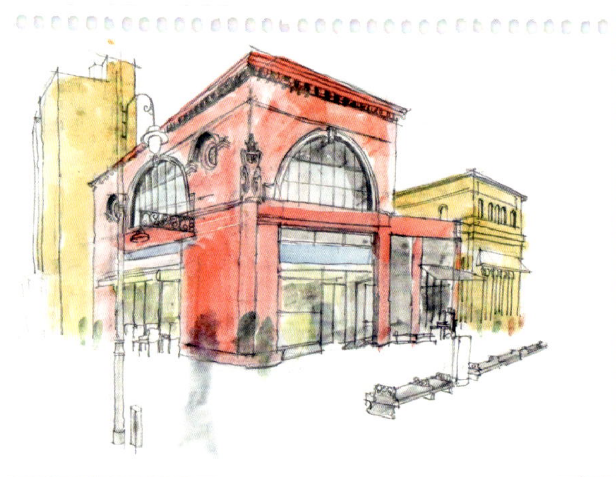

Lasierte Grautöne neutralisieren ein wenig das kräftige Rot und geben den oberen Fenstern die nötige Tiefe.

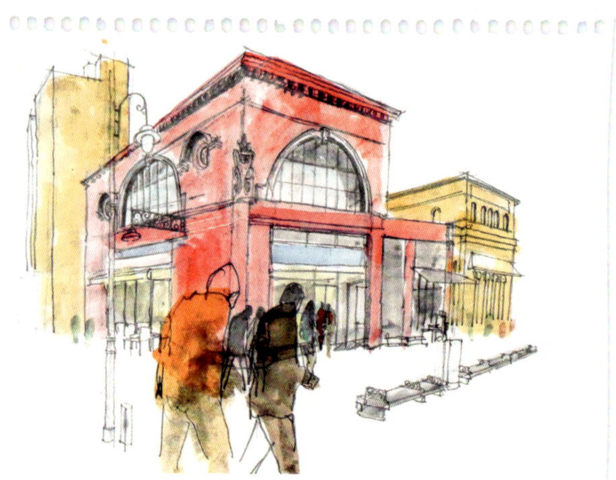

Fiktive Personen im Vordergrund beleben die Szene. Sie sind mehr gekleckst als gezeichnet.

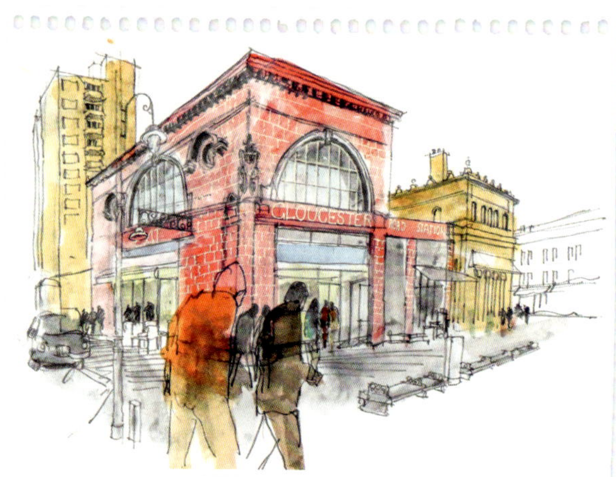

Dunkelpartien mit dem Bleistift und die Mauerfugen sowie Schriftzüge werden mit weißem Permanentmarker dargestellt.

Alte Gloucester Road Station, London

Der alte Bahnhof der Londoner Untergrundbahn springt dem Betrachter schon von Weitem durch seine außergewöhnliche Fassade ins Auge. Besonders die glasierten, blutroten Terrakottaziegel und die großen halbrunden Fenster im Obergeschoss verleihen dem Gebäude seinen einzigartigen Charakter. Mit einer Horizontlinie, auf der die zwei Fluchtpunkte außerhalb des Bildfensters liegen, habe ich den Gebäudekomplex, der aus einem älteren Teil mit braun-gelben Ziegeln im Hintergrund und dem besagten Teil vorne besteht, gezeichnet. Die städtische Umgebung mit hoher und niedriger Bebauung wurde dabei nur angedeutet. Die durch das Bild laufenden Figuren sind fiktiv und sollten eigentlich nur die räumliche Distanz zum Objekt, aber auch den Maßstab des Ensembles verdeutlichen.

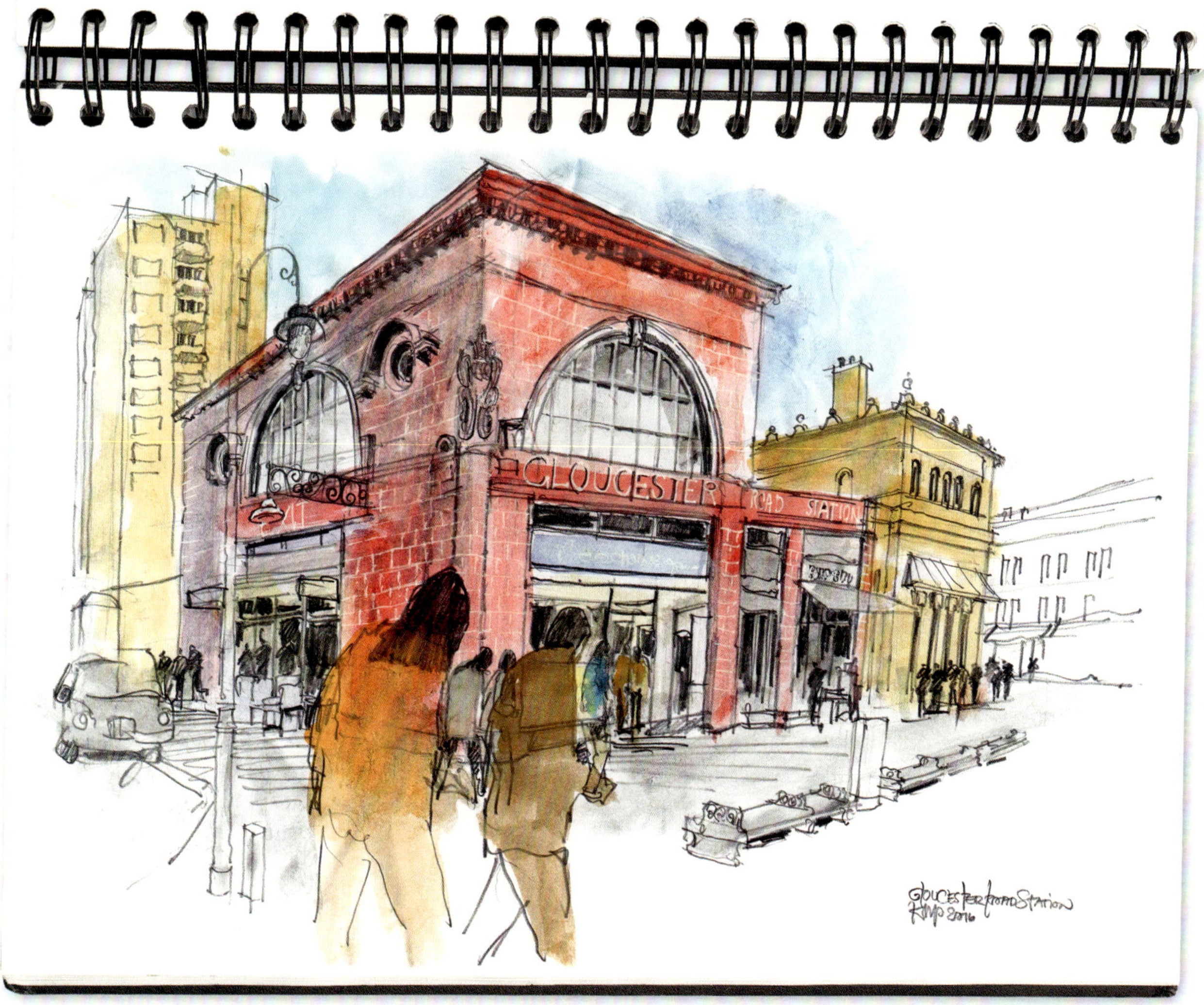

„Alte Gloucester Road Station, London". Bleistift 3B, Wasserfarben, Skizzenbuch mit weißem, glattem Kartonpapier.

Schraffuren und Texturen

Es fällt nicht immer leicht, das, was wir draußen räumlich wahrnehmen, in einer anschaulichen Skizze auf einer begrenzten, zweidimensionalen Papierfläche wiederzugeben. Es gilt also, mittels eines Repertoires an grafischen Möglichkeiten nicht nur die richtige Form des Objekts gekonnt abzubilden, sondern durch die Illusion von Licht und Schatten eine plastische und zugleich malerische Wirkung zu erzeugen. Bei der Verwendung von Farben könnte eine **Helligkeitsabstufung** der Farben eine räumlich-plastische Wirkung erzielen. Doch als Zeichner sind wir in erster Linie auf Schraffuren, Texturen und in Ausnahmefällen auch auf eine Wisch- bzw. Schummertechnik angewiesen, um bestimmten Partien im Bild einen dunklen Tonwert zu verleihen.

Achten Sie bei Ihren **Schraffuren** darauf, die Fläche, die Sie im Auge haben, auch ganz auszufüllen. Stricheln Sie nicht einfach in der Fläche herum, sondern setzen Sie die Linien möglichst parallel zueinander. Es ist zwar am einfachsten, senkrecht zu schraffieren, doch dann würden z. B. vorher gezeichnete Türen und Fenster in der Gebäudewand verschwinden. Bei einem diagonalen Linienmuster bleiben diese Details ablesbar. Dennoch können in unterschiedliche Richtungen verlaufende Schraffungen ganz gezielt angewendet werden.

Übung

Probieren Sie die Wirkung unterschiedlicher grafischer Muster und Tonwerte in eigenen kleinen Skizzen einmal selbst aus. Benutzen Sie im Wechsel Bleistift und Füllfederhalter, alternativ aber auch Buntstifte, um im Gebrauch der unterschiedlichen Zeichenwerkzeuge Übung zu bekommen. Erproben Sie sich auch in der Technik des **Schummerns** und **Wischens** mit dem Bleistift bzw. Radierer. Beim Schummern fahren Sie mit dem stumpfen, weichen Bleistift leicht und gleichmäßig in verschiedene Richtungen hin und her, bis die Fläche in einem durchgehend gleichen Tonwert erscheint. Durch ein behutsames Verwischen mit dem Radiergummi oder dem Finger erhalten Sie weichere Übergänge.

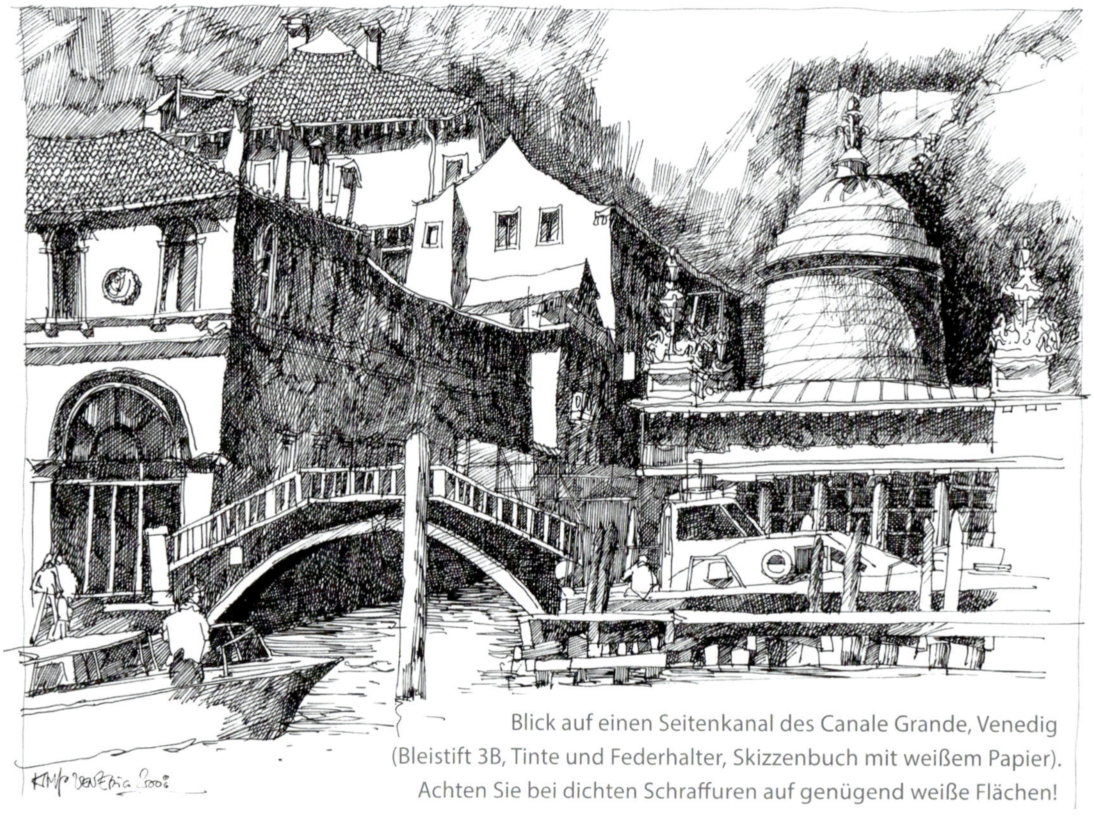

Blick auf einen Seitenkanal des Canale Grande, Venedig (Bleistift 3B, Tinte und Federhalter, Skizzenbuch mit weißem Papier). Achten Sie bei dichten Schraffuren auf genügend weiße Flächen!

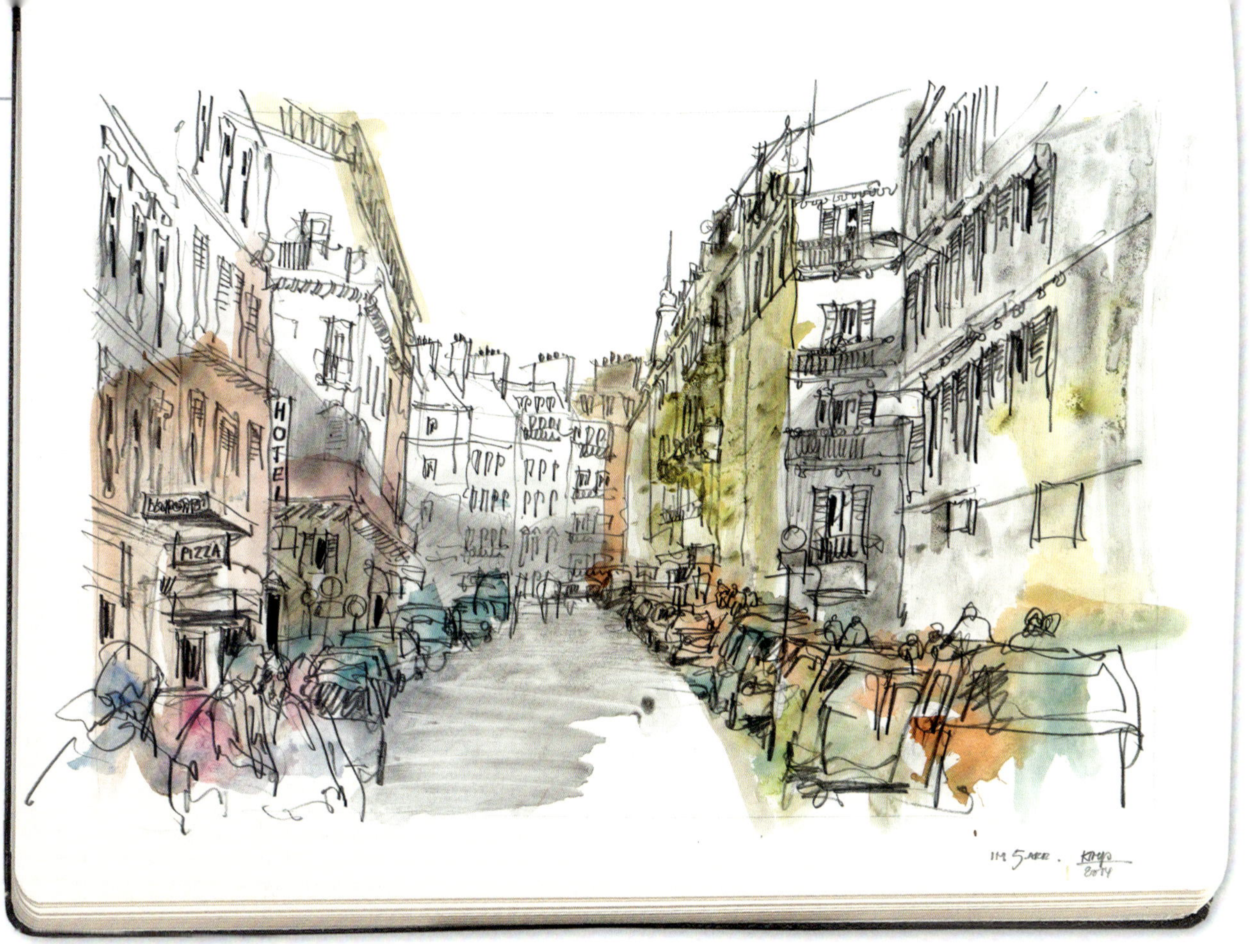

Straße im 5. Arrondissement, Paris (Bleistift 3B und Wasserfarben, Skizzenbuch mit leicht getöntem Papier). Bei diesem Beispiel sind die Schattenbereiche an den Wänden und auf dem Boden mit einem grauen Wasserfarbton gepinselt worden.

Licht und Schatten

Wenn auf unseren Stadtspaziergängen die Sonne scheint, sollten wir nicht lange zögern, ein Motiv ausfindig zu machen. Besonders am Vormittag und ab dem frühen Nachmittag bis zum Sonnenuntergang ist aus zweierlei Gründen das Zeichnen besonders lohnend: Zum einen erscheint das Licht zu diesen Tageszeiten stimmungsvoller und klarer als zur Mittagszeit, zum anderen tritt das Spiel mit Licht und Schatten deutlicher hervor. Wir sollten also beim Zeichnen genau hinsehen, wo die belichteten und verschatteten Bereiche liegen. Unsere Zeichnungen sind meist ein Wechselspiel von Hell und Dunkel. Wird eine Straßenseite vom Licht beschienen, so liegt die gegenüberliegende Seite im Schatten. Wird ein plastisches Teil seitlich vom Licht beschienen, so wirft es auf der gegenüberliegenden und der angrenzenden unten liegenden Seite einen Schlagschatten. Auch bei Menschen und Autos im Stadtverkehr haben wir es mit Hell und Dunkel zu tun. Der Bodenschatten unter Autos erscheint fast schwarz. Auch bei tiefen Wänden, engen Gassen, Untersichten von Vorsprüngen und Nischen ist der **Tonwert des Schattens** meistens etwas dunkler einzustufen. Schauen Sie also genau hin, kneifen Sie wenn nötig die Augen etwas zusammen, um die einzelnen Abstufungen der Tonwerte des Schattens ausfindig zu machen. Die Kontur einzelner Objekte, auch die von Menschen, spiegelt sich immer auch im Schatten wieder. Fällt das Licht über eine scharfe Kante ein, so erscheint auch der Schatten scharfkantig begrenzt. Besonders beim Schlagschatten skizziere ich mir oft die Fläche vor, um diese anschließend mit einer entsprechenden Schraffur auszufüllen. Der Darstellung von Licht und Schatten mit der Möglichkeit, gezielt dunkle Akzente zu setzen, widme ich mich beim Anfertigen meiner Skizze in aller Regel ganz zum Schluss.

Die Hervorhebung der Bildaussage

Möchten wir eine bestimmte Besonderheit im Bild, sei es ein Detail, eine Person, das Charakteristikum eines Ortes oder ähnliches herausstellen, so liegt es nahe, diese Besonderheit in der Skizze zeichnerisch mit großer Sorgfalt auszuarbeiten und ihr damit künstlerisch Ausdruck zu verleihen. Indem ich nicht nur allein die Form, sondern auch die Oberfläche und die Beschaffenheit erfasse sowie Licht- und Schattenakzentuierungen setze, hauche ich meinem Sujet Leben ein, während ich alles Übrige nur konturenhaft andeute.
Die Aufmerksamkeit des Betrachters wird so auf einen bestimmten Bildbereich, der mir wichtig erscheint, gelenkt.

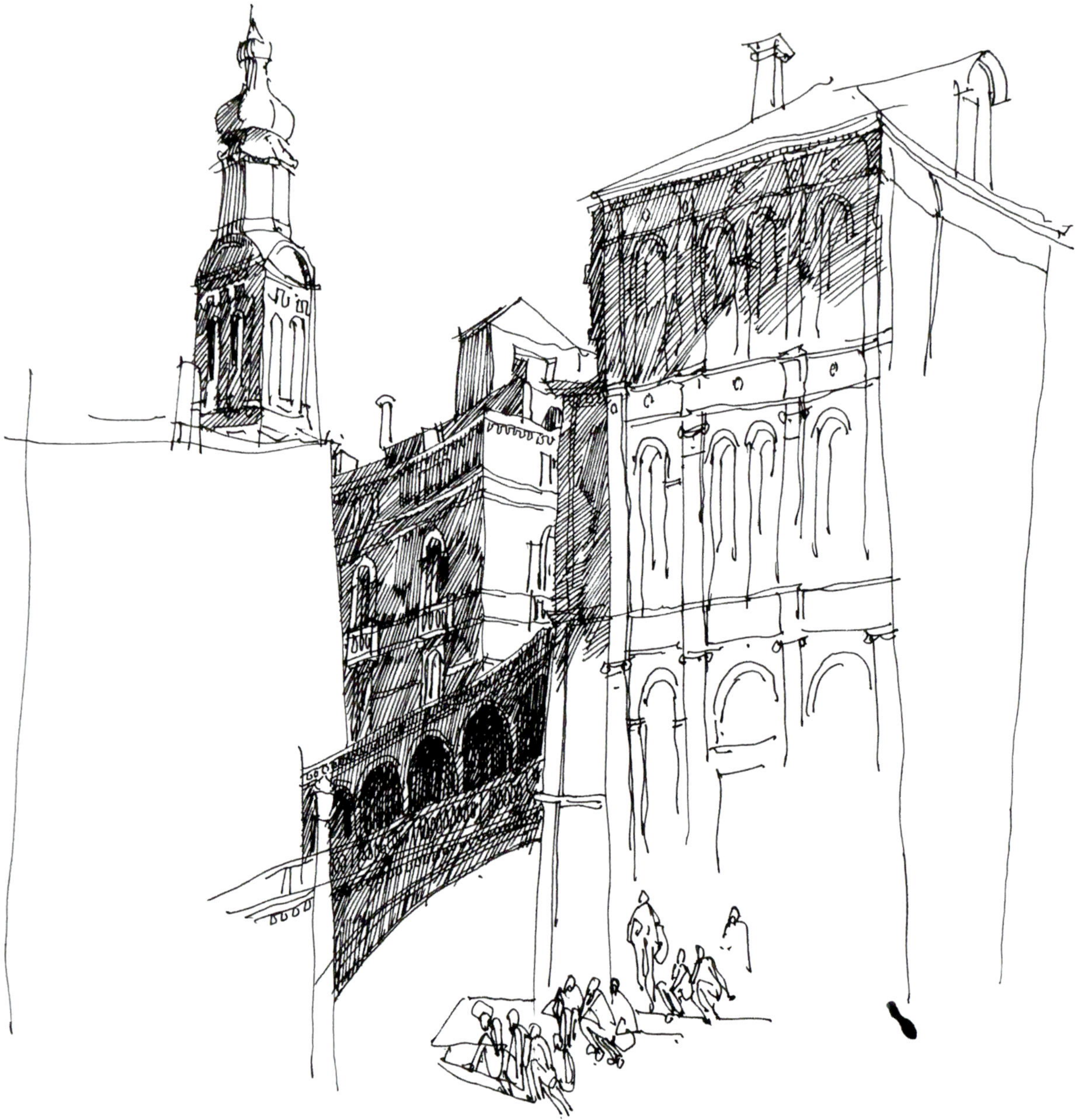

Rialtobrücke, Venedig (Tinte und Füllfederhalter, weißes, glattes Papier).
Der kleine Ausschnitt mit dem dahinter liegenden Kirchturm erschien mir aus dieser Perspektive reizvoll, sodass ich in erster Linie dieses Segment ausgearbeitet habe. Alles Weitere blieb nur angedeutet, ja fast leer.

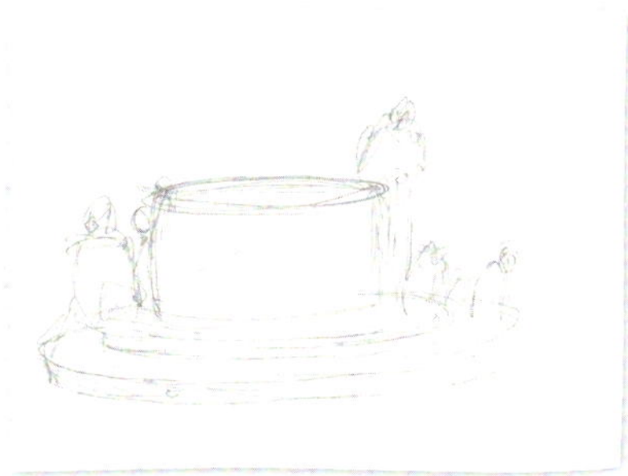

Zunächst entsteht mit weichem Bleistift zügig eine grobe, leichthändige Vorskizze.

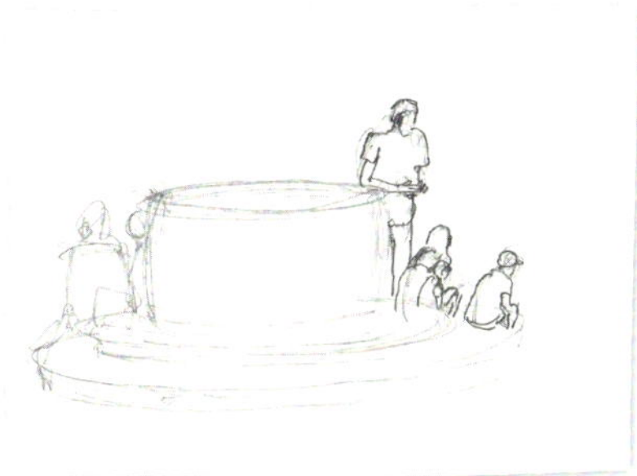

Durch eine weitere Kontur wird die Personengruppe verdeutlicht.

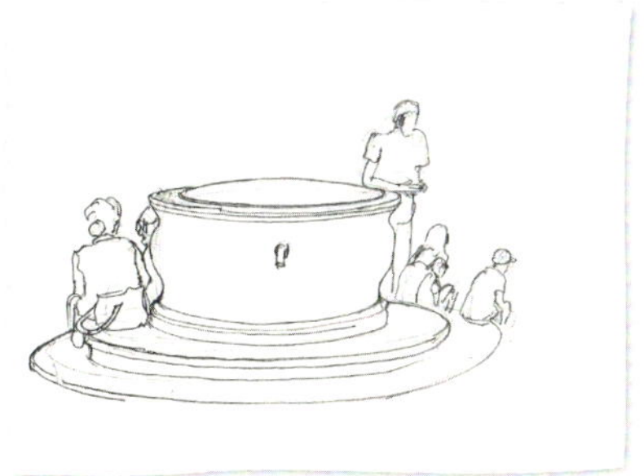

Die restlichen Konturen werden verstärkt und wenige Details hinzugefügt.

Menschen am Brunnen

Bleistift 3B, Skizzenpapier mit leicht getöntem, glattem Papier.

Bei diesem Motiv war mir wichtig, dass alle Beteiligten wie bei einem Bühnenbild in direktem Zusammenhang mit dem Brunnen stehen. Die Familie auf der rechten Seite und das Paar am linken Rand treten dabei in ganz unterschiedlicher Weise in Aktion und erzeugen eine gewisse Spannung. Am schwierigsten sind bei diesem Motiv die Ellipsen bzw. die Perspektive des Brunnens und der steinernen Stufen zu zeichnen.

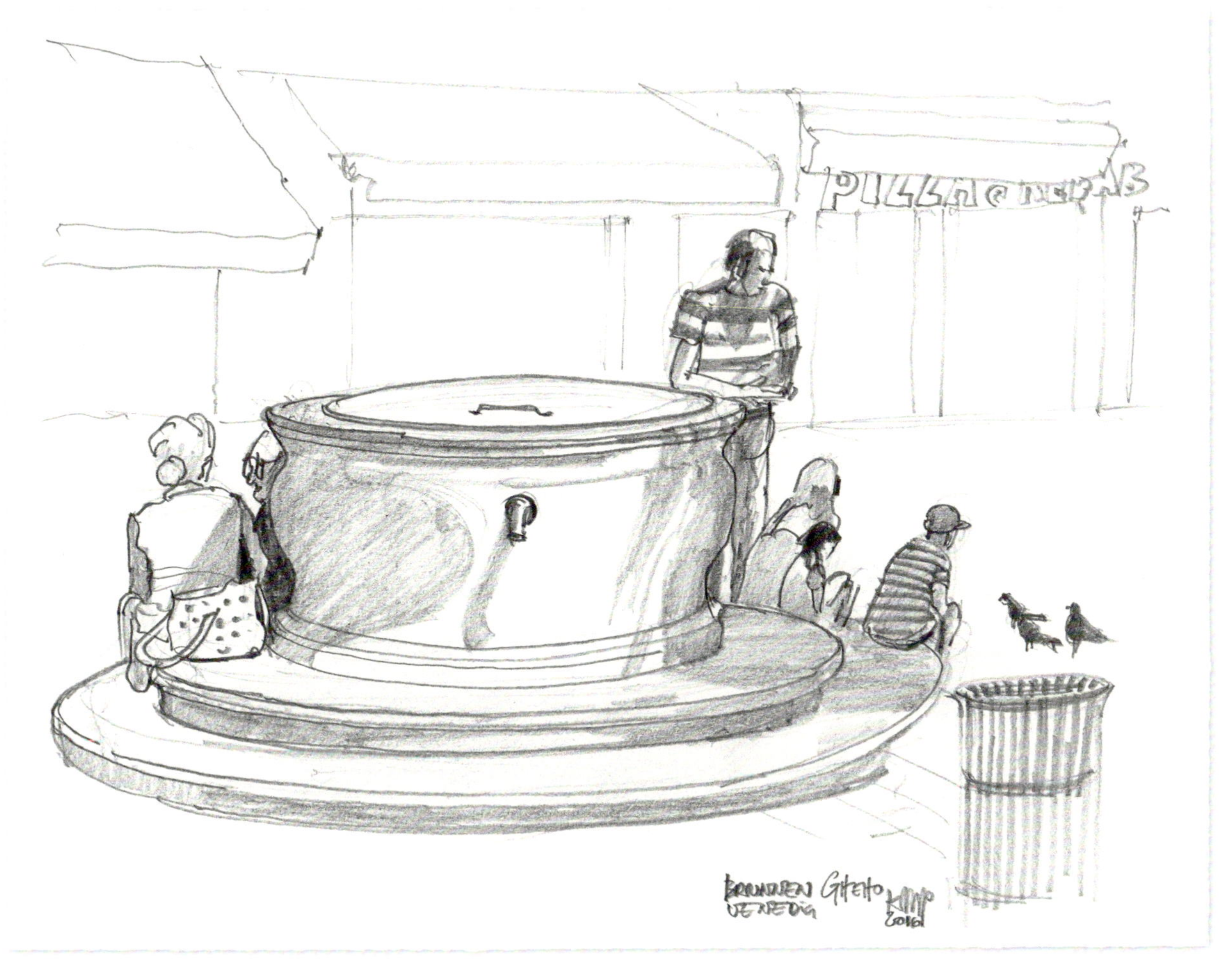

Treffpunkt Kaffeeroller

Der kleine, meist rote Kaffeeroller mit aufgespannter Markise ist aus den größeren Städten nicht mehr wegzudenken. Mich reizt dabei, die Leute zu beobachten, die sich trotz der morgendlichen Hektik die Zeit nehmen, in Ruhe einen Becher Kaffee zu trinken und dabei mit meist wildfremden, ganz unterschiedlichen Menschen ins Gespräch kommen.
Der Vorteil einer solchen Szene ist, dass die betreffenden Personen sehr gut als Modelle für das figürliche Zeichnen dienen können, da sie zumindest eine kurze Zeit innehalten. Alle Beteiligten bilden mit dem merkwürdig aussehenden kleinen Gefährt mehr oder weniger eine kompakte Einheit. Wenige Minuten später ist die Situation schon wieder anders, wenn an der behelfsmäßigen Theke unter der Markise die Personen wechseln. Die Personen, aber auch der kleine Wagen werden deutlicher, wenn Hell-Dunkel-Kontraste beachtet werden und auch zeichnerisch Ausdruck finden. Das heißt: Augen ab und zu zusammenkneifen, um die Absetzungen besser zu erkennen.

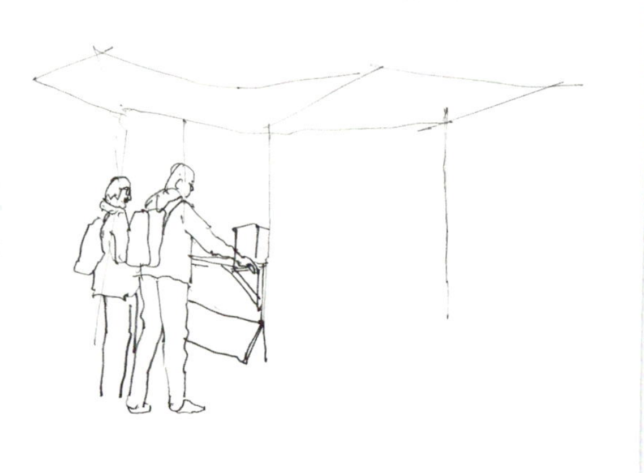

Mit wenigen dünnen Bleistiftlinien werden zunächst das Gerüst des kleinen Wagens mit der Markise und zwei Personen angedeutet.

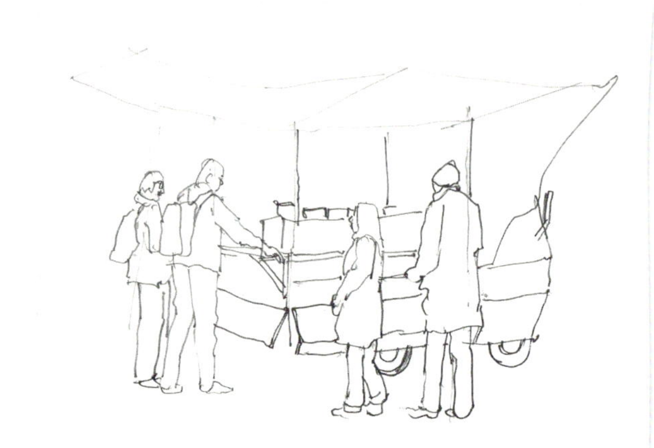

Zwei weitere Figuren und Details des Gefährts werden ergänzt.

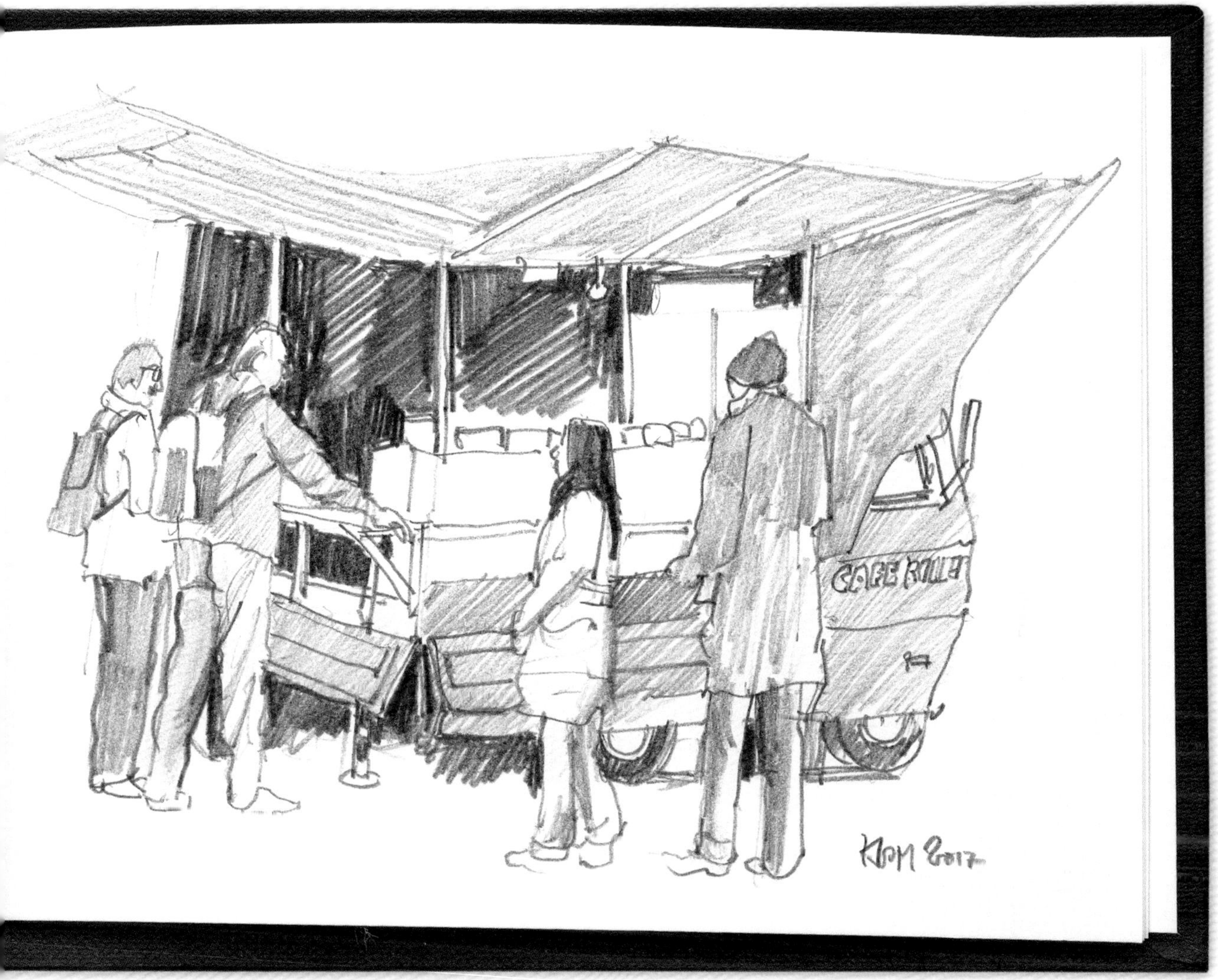

„Treffpunkt Kaffeeroller". Bleistift 3B, Skizzenbuch mit leicht getöntem, glattem Papier.

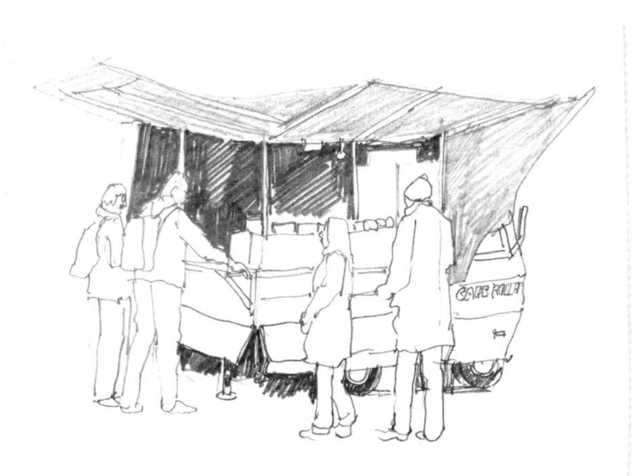

Der Innenraum und die Plane des Kaffeerollers werden durch kräftigere Tonwerte betont. Die abschließende Schraffur einzelner Kleidungsstücke verdeutlicht Licht und Schatten.

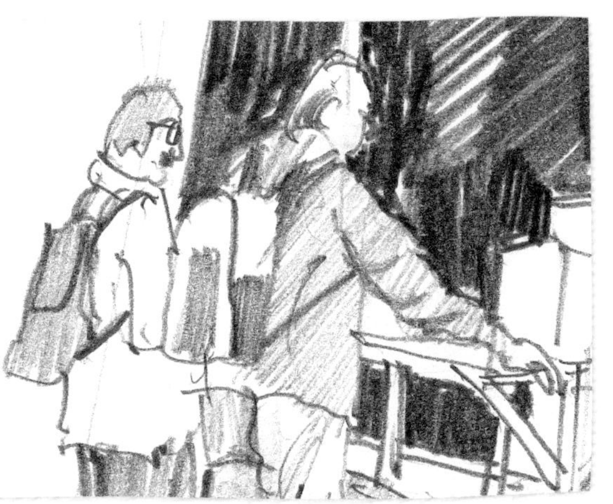

Detail: Bei näherer Sicht erkennt man, dass durch den unterschiedlichen Druck auf den Bleistift auch verschiedene Tonwerte erzeugt werden.

Spannung und Dynamik

Erst durch Lebendigkeit und Spannung werden Skizzen und Zeichnungen interessant. Für unterschiedliche Sujets bieten sich inhaltliche und formale Gestaltungsmittel an, die beim Betrachter eines Bildes Spannung und Dynamik auslösen. Perspektivische Darstellungen z. B. versprühen eine dynamische Anziehungskraft, der sich kein Betrachter entziehen kann: Wir betreten mit unseren Augen einen Raum, der suggeriert, dass wir jede Stelle, jeden Blickwinkel im Raum einnehmen können. Das räumliche Bild ist sozusagen eine Einladung, das Objekt aus der Ferne oder Nähe zu betrachten bzw. zu begehen. Dies wird verstärkt durch eine deutlich gezeichnete Figur im Vordergrund und eine in der Ferne schemenhaft angedeutete Gestalt.

Menschen in Bewegung verleihen dem Bild einen dynamisch-lebendigen Eindruck. Der Gesichtsausdruck von Menschen ist in einer schnellen Stadtskizze nur schwer erfass- und umsetzbar, und für das Urban Sketching auch nicht von so großer Bedeutung. Es genügt, Personen im Vordergrund von hinten oder im Halbprofil darzustellen, auch um den Betrachter in den Fluss der Bewegung mit einzubeziehen. Ab einer gewissen Entfernung sind Gesichter ohnehin nicht mehr zu erkennen,

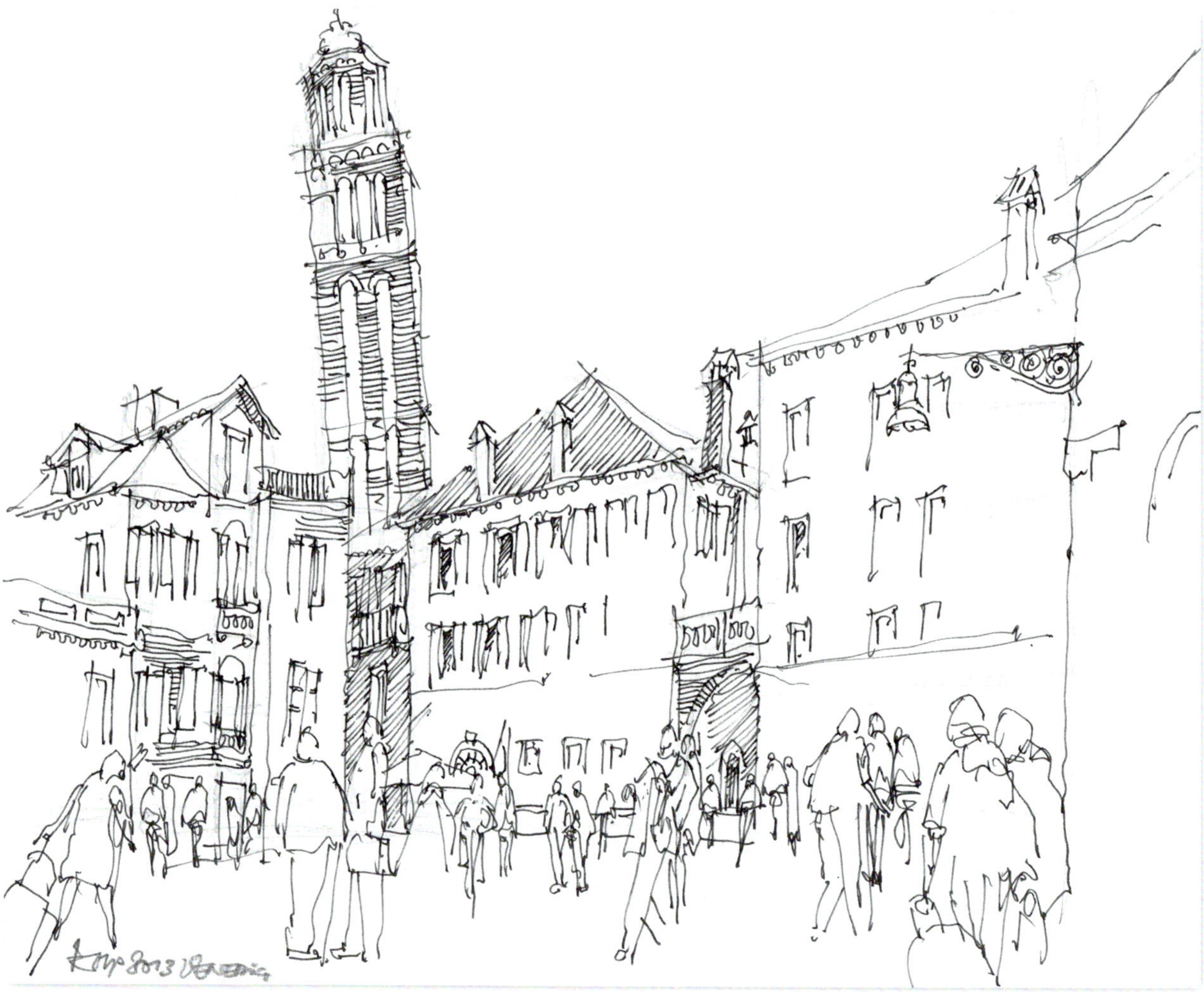

Campo San Maurizio, Venedig (Tinte und Füllfederhalter, Skizzenbuch mit weißem Papier). Der windschiefe Kirchturm und die Dynamik der Menschen auf dem Platz verleihen der Skizze einen besonderen Reiz.

weshalb im Mittel- und Hintergrund die Menschen getrost auf den Betrachter zugehen dürfen. Pflanzen, Sträucher und Bäume können durch bestimmte Witterungseinflüsse in Bewegung sein. Die zeichnerische Momentaufnahme eines sehr windigen Tags, an dem die Menschen auf der Straße mit aufgespannten Schirmen gegen den Wind ankämpfen, wäre ganz gewiss ein eindrucksvolles Beispiel für Dynamik im Bild. Zur Bildbewegung trägt aber auch die Erwartung einer Bewegung bei, wie z. B. sich zusammenbrauende Gewitterwolken, Läufer auf einer Startlinie oder Menschen vor einer verschlossenen Tür, die Einlass begehren.

Spannung und Dynamik im Bild tragen wesentlich dazu bei, sich für eine Illustration zu begeistern. Eine spannungsreiche Wirkung im Bild entsteht, indem mit einzelnen Bildelementen Gegensätze hervorgerufen werden. Manchmal gelingt dies ganz unbewusst. Eine große menschliche Figur am Bildrand und ein verschwindend kleiner Mensch in der Mitte verkörpern eindrucksvoll den Gegensatz von groß und klein. An ihre Stelle könnten auch ein Haus, ein Baum und alle denkbaren Objekte treten. Der Blick aus dem Fenster eines Hauses am Meer auf eine tobende Brandung wäre ein Beispiel für den gegensätzlichen Vergleich von ruhig und bewegt.

Aber es muss nicht immer so viel Dramatik ausgelöst werden. Einer langweiligen Hausfassade mit einer gleichförmigen Fensterfront kann durch ein aus der Reihe tanzendes, geöffnetes Fenster mit herauswehender Gardine eine gewisse Spannung entlockt werden.

Dunkle Bäume hinter einer hellen Hausfassade, ein hoch aufragender Schornstein auf einer flachen Fabrikhalle, ein großer, klar umrissener, heller Lieferwagen vor bunten und kleinteiligen Geschäftsauslagen sind nur einige wenige Beispiele für divergierende Begebenheiten.

Versuchen Sie nicht, gezwungenermaßen Gegensätze herbeizuführen, sondern überprüfen Sie nur bei Nichtgefallen Ihrer Skizze, ob Sie diesbezüglich Korrekturen vornehmen können.

Ein Paradebeispiel für eine lebendige Darstellungsweise ist das Wandgemälde „Das Abendmahl" von Leonardo da Vinci an der Nordwand des Speisesaals des Dominikanerklosters Santa Maria delle Grazie in Mailand. Jesus entfachte unter seinen Jüngern eine heftige Diskussion, als er einen von ihnen des Verrats bezichtigte. Durch die lebendig und echt wirkende Haltung, Gestik und Mimik der einzelnen Apostel hat man das Gefühl, der Diskussion beizuwohnen. Gleichzeitig wird aber durch die ruhige Gebärde von Jesus in der Mitte der debattierenden Jünger dem Bild eine ganz besondere Spannung verliehen. Lernen Sie also von den alten Meistern!

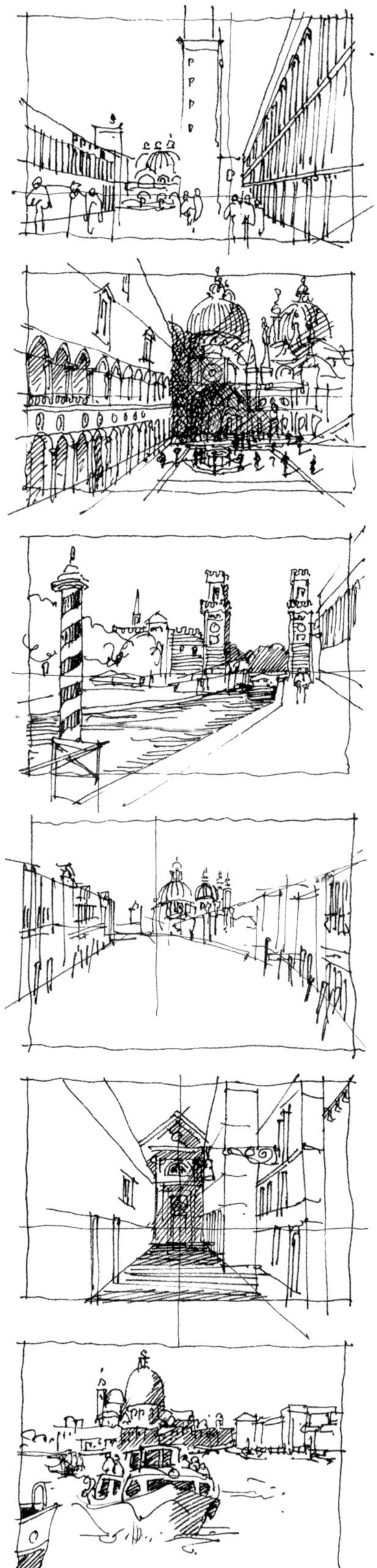

Perspektivische Darstellungen wirken allesamt dynamisch.

Straßenszene, Nähe Broadway, New York

Bei dieser belebten Straßenszene liegt der Schwerpunkt auf der unteren Ebene mit zahlreichen Geschäften, Reklameschildern, Autos und Passanten. Aber auch die Verkehrsschilder, Ampeln und Feuerleitern in der oberen Zone des Bildfensters sind wichtige Elemente, um einen typischen Ortsbezug herzustellen.
Oft fühlt man sich bei der Fülle von Ereignissen überfordert und zögert mit dem Beginn. Ich habe mir zunächst grob einen Rahmen gesteckt und schon einmal die Farben einigermaßen entsprechend der Örtlichkeit mehr oder weniger gekleckst, um diese dann mit Bleistift zu umreißen. So verdichtete sich immer mehr das zuerst fast abstrakte Muster zu einer immer konkreter werdenden Aussage.
Plakative Schriften und Zeichen im Bild bzw. auf einzelnen farbigen Flächen und Schildern beleben noch mehr den abwechslungsreichen Schilderwald der unteren Zone, ganz im Gegensatz zur oberen Bildhälfte.

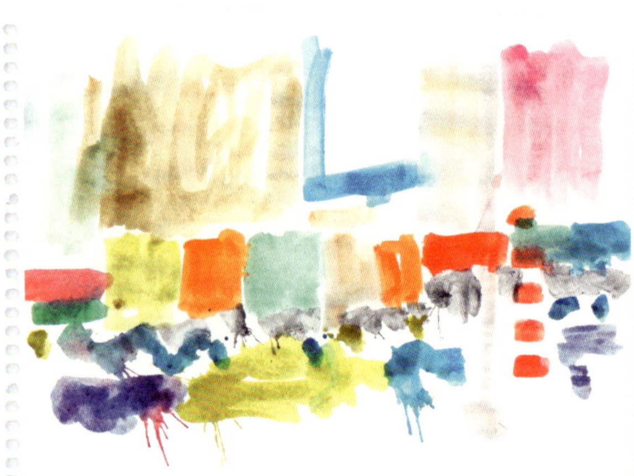

Mit Wasserfarben werden Klecks- und Farbflächenmuster gesetzt.

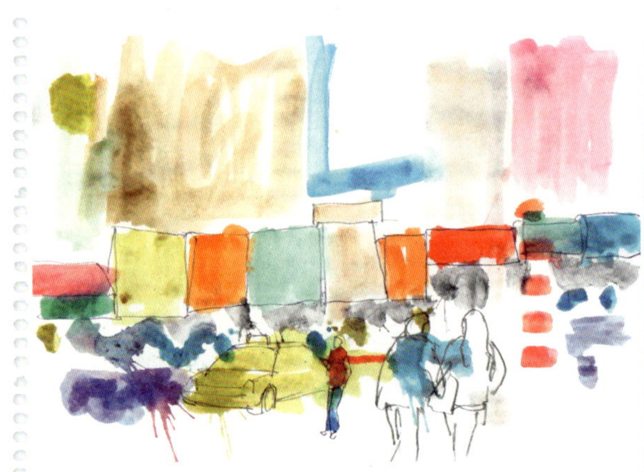

Einzelne Felder werden mit einem weichen Bleistift umrissen und langsam verdichtet sowie Personen im Vordergrund angedeutet.

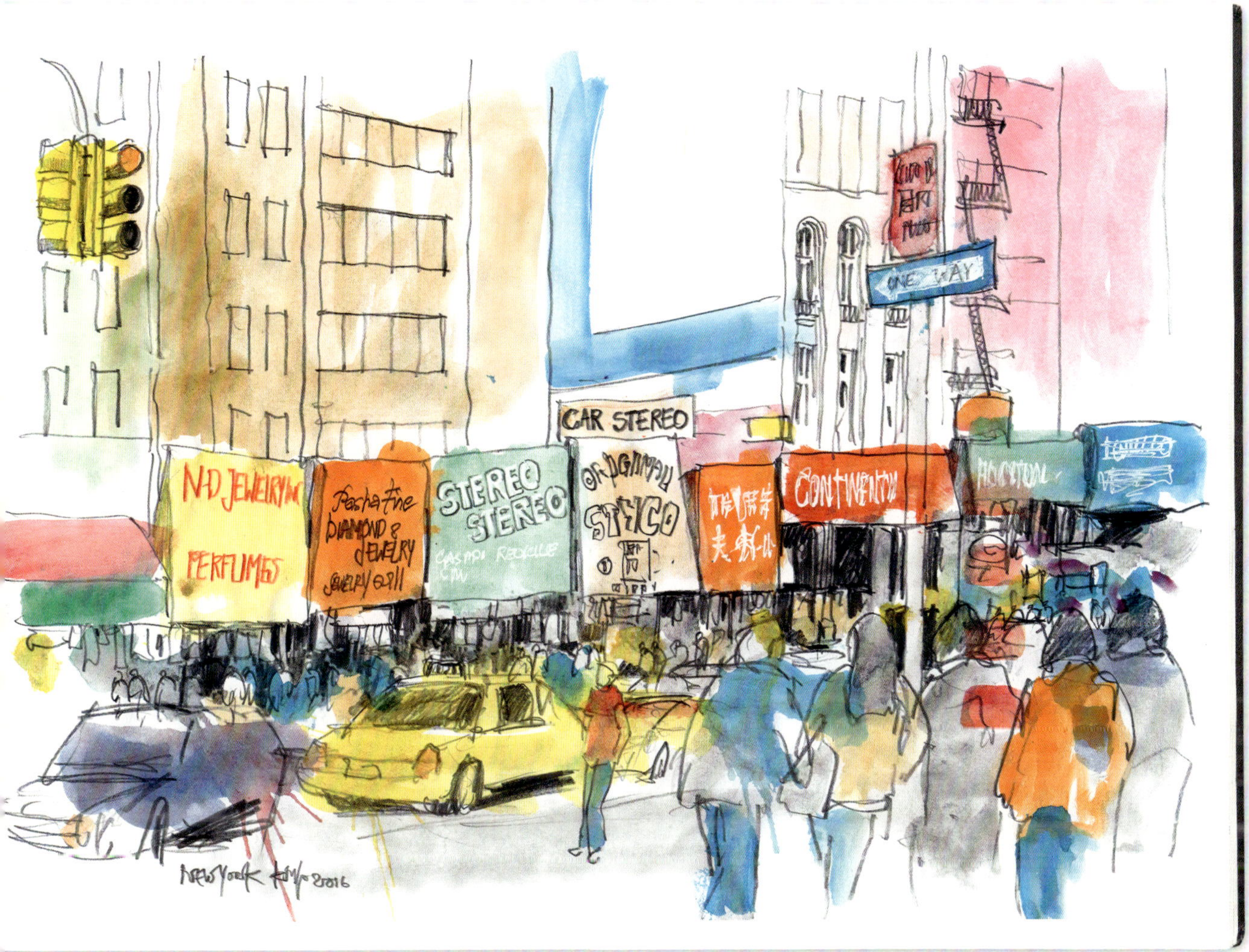

„Straßenszene, Nähe Broadway, New York". Bleistift 3B, Wasserfarben, weißer Permanentmarker, roter Farbstift, großformatiges Skizzenbuch mit weißem, glattem Kartonpapier.

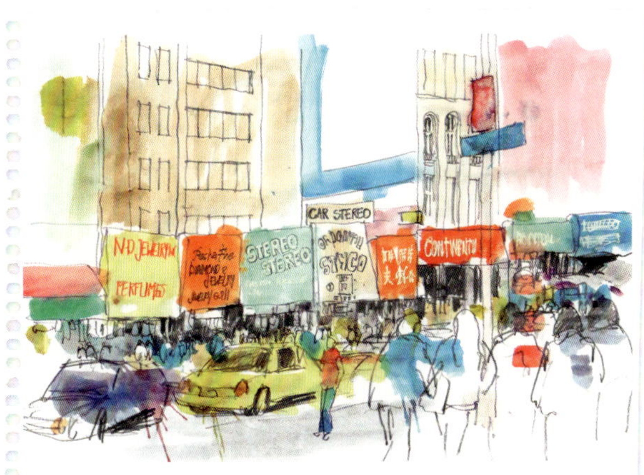

Nun wird das Bild mit Bleistift verfeinert, mal linear und mal als dichte, dunkle Schraffur. Die weiße Schrift wird mit einem weißen Permanentmarker aufgetragen.

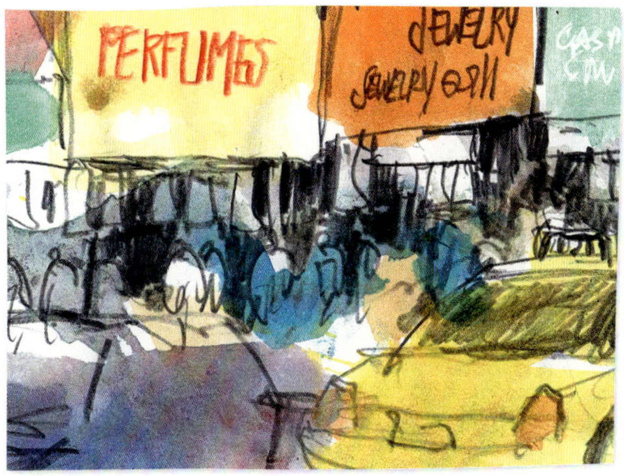

Detail: Im Ausschnitt wird deutlich, dass die Farbe nur lockeres Begleitwerk ist und erst der Bleistift die einzelnen Dinge hervorbringt.

Der Einsatz von Farben

Für uns als Zeichner spielen Farben eine eher unterstützende Rolle. Sie begleiten das Liniengerüst oder werden am Ende einer Zeichnung reduziert eingesetzt. Manchmal werden aber auch Farbflächen oder Kleckse als Anhaltspunkt und der Orientierung wegen am Anfang eingesetzt.
Verwenden sollten wir qualitativ **hochwertige Buntstifte**. Mehr als sechs Farbtöne sind eigentlich nicht nötig, da man diese untereinander auch mischen kann. Eine gute Zeichnung kommt meist mit drei Farben aus.
Verwenden Sie, wenn das Motiv es zulässt, komplementäre Farben. Sie müssen nicht in jedem Fall die Farben der Realität wiedergeben. Doch häufig ist es gerade die Farbe des Sujets, die Ihre Aufmerksamkeit auf das Motiv gelenkt hat, z. B. die intensiv rote Markise eines Ladens oder der leuchtend gelbe Briefkasten mit dem dunklen Schattenwurf an die Häuserwand. In diesem Fall kommen Sie natürlich nicht umhin, die Lokalfarben zu verwenden.
Ich versuche immer, ein direktes Grün für Bäume und Sträucher zu vermeiden, und trage stattdessen zuerst ein helles Gelb oder Ocker auf, um dann mit einem Blauton zu mischen. Manchmal ist der Schattenbereich der Bäume bei mir mehr blau als grün und die Krone im Sonnenlicht erscheint eher gelb. Achten Sie auf eine hellere Farbgebung bei

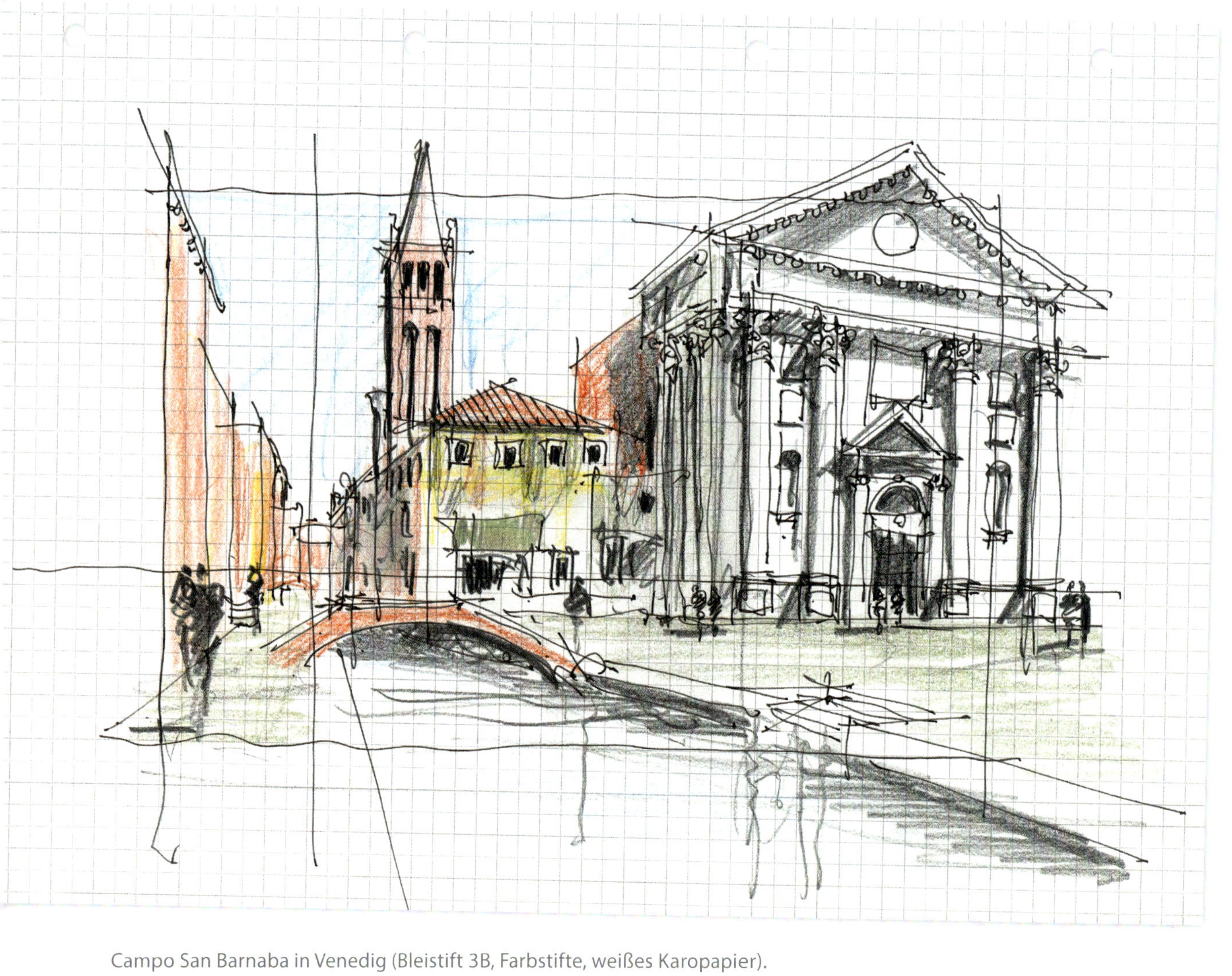

Campo San Barnaba in Venedig (Bleistift 3B, Farbstifte, weißes Karopapier).

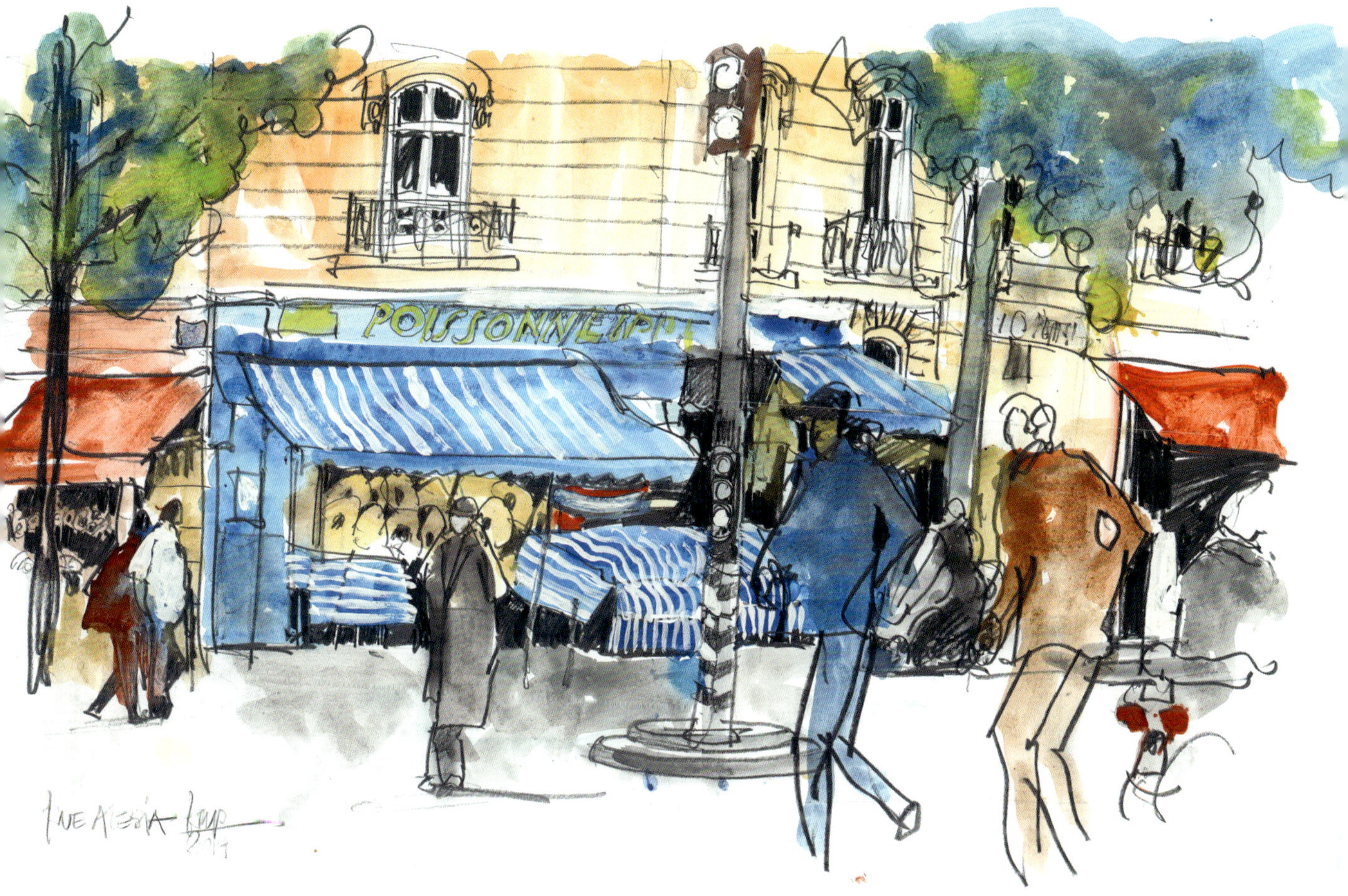

Straßenecke Rue d'Alésia, Paris (Bleistift 3B, Wasserfarben, weißes Kartonpapier)

Objekten, die von der Sonne angestrahlt werden, damit sich ein Schlagschatten deutlich dunkler davon absetzen kann. Manchmal reicht es schon aus, mit einem Bleistift über den hellen Farbton zu schummern, um Schatten zu verdeutlichen.

Wasserfarben werden bei mir meist schnell und spontan angewendet. Oft sind es zu Beginn einfache Deckfarben mit viel Wasser. Nachdunkeln können Sie immer noch, jedoch lässt sich ein dunkler Ton leider nicht in einen helleren zurückverwandeln. Sehr oft kleckse ich mit Farben vorneweg ganz grob die Formen dessen, was ich sehe, bevor überhaupt ein Stift die Runde macht. Ein Anfang ist dann mit der Farbe schon mal gemacht und der Bleistift oder der Füllfederhalter präzisiert im Anschluss das Gesehene. Beachten Sie, dass Sie bei einer zu kolorierenden Federzeichnung zuerst die Wasserfarbe auftragen, um erst nach der Trocknung mit dem Füllfederhalter die Zeichnung zu komplettieren.

Farbige **Pastellkreiden** eignen sich ebenfalls gut für das Urban Sketching. Sie sollten die Kreiden auf ca. 2 cm lange Stücke brechen und hauptsächlich die Längsseiten verwenden. Mit Bleistift können Sie alle Kreidetonwerte brechen bzw. in einen neutralen Ton verwandeln. Wischen mit dem Finger schafft bei Pastellkreiden weiche Übergänge und monochrome Flächen.

Wachskreide kürzt man in der Regel nicht und benutzt sie wie einen stumpfen Stift. So lassen sich auch Flächen füllen. In frisch aufgetragener Wachskreide rutscht der Bleistift schon einmal weg, sodass sich für Konturen mehr ein angespitzter dunkler Wachskreidestift anbietet.

Canal Street, Ecke Broadway, New York

Eine der quirligsten Ecken in Chinatown ist die Ecke zwischen Canal Street und Broadway. An dieser Baulücke treffen sich Menschen aus aller Herren Länder. Mich haben die farbigen Markisen, aber auch die aufragenden Wände mit Graffiti in ihren Bann gezogen. Besonders reizvoll fand ich das farblich komplementäre Aufeinandertreffen der roten Backsteinwände und der grünen Markisen. Die vielen Menschen, die Autos und die bunten Geschäftsauslagen erzeugen zusammen mit der Architektur ein lebendiges Stimmungsbild, das es heißt festzuhalten. Meistens beginne ich mit den Farbflächen, damit schon einmal etwas auf dem Papier ist, um mich dann mit dem Bleistift weiter vorzutasten. Da die Menschen ständig in Bewegung sind, rate ich, zwei oder drei in entsprechender Haltung zu skizzieren, um dann die folgenden fiktiv zu ergänzen.

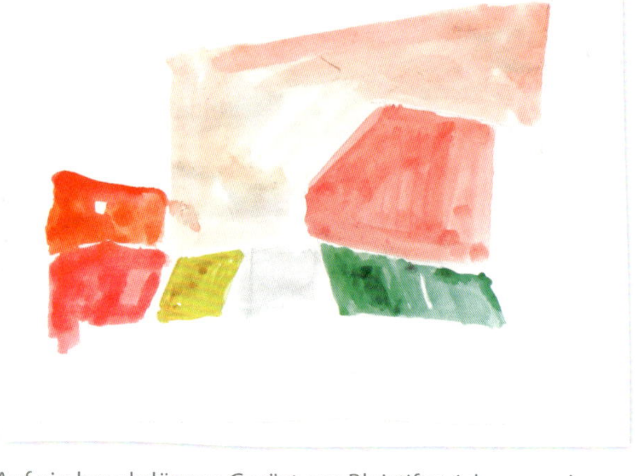

Auf ein hauchdünnes Gerüst aus Bleistiftstrichen werden mit Wasserfarben Farbflächen gesetzt.

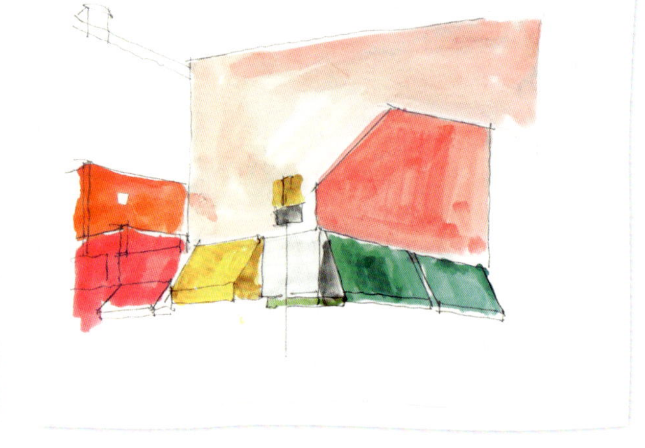

Einzelne Flächen werden mit sichtbaren Bleistiftlinien umrandet. Das Motiv wird mit dunkleren Farben und Bleistift ergänzt.

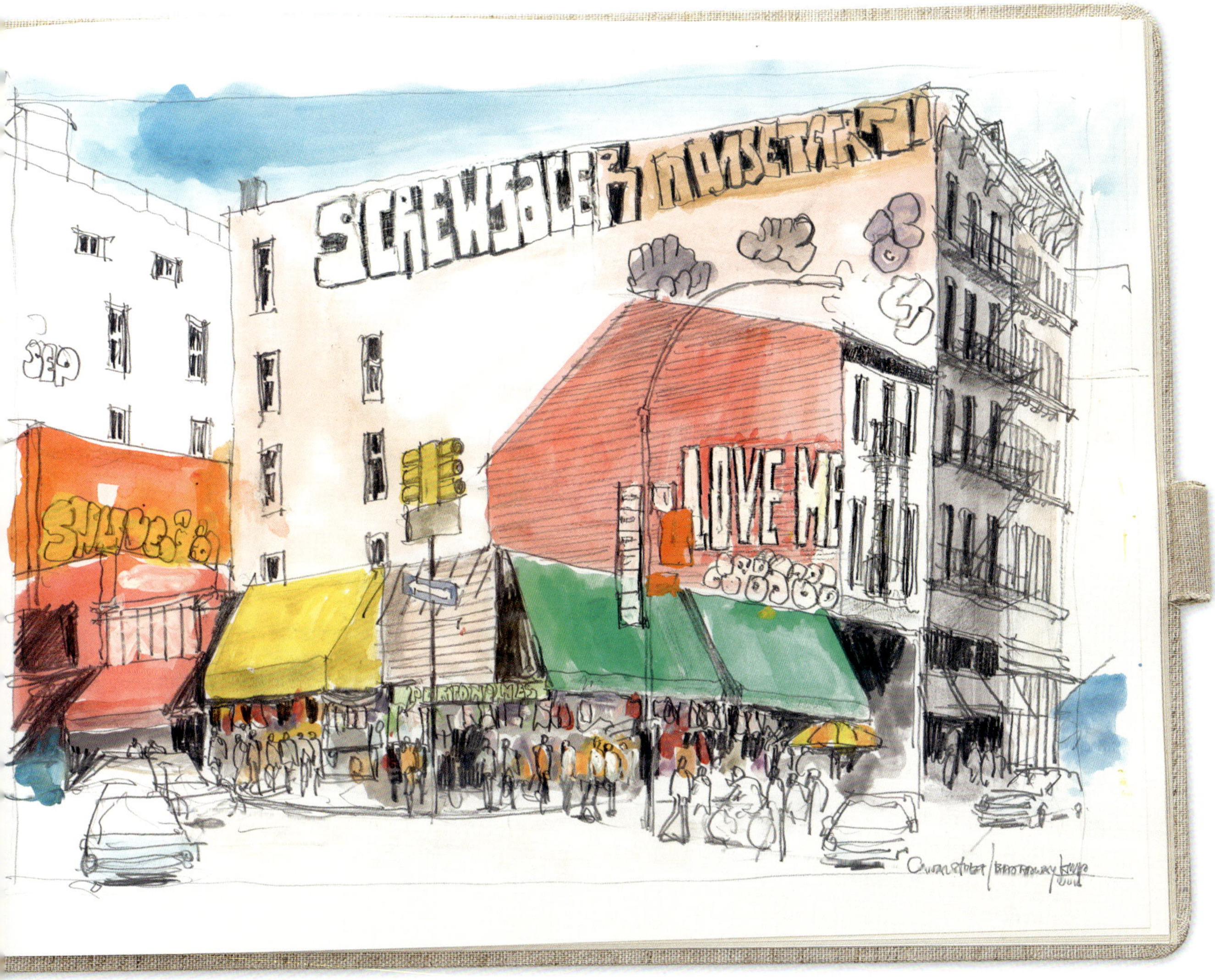

„Canal Street, Ecke Broadway, New York". Bleistift 3B, Wasserfarben, weißer Permanentmarker, Skizzenbuch mit leicht getöntem, glattem Papier.

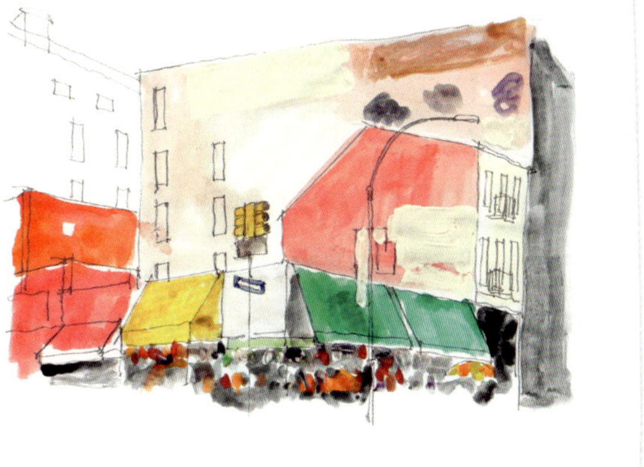

Nun werden die Details einzelner Flächen, wie z. B. die Fenster, Graffiti auf den Hauswänden, Werbeschilder und die hohe Straßenlaterne, ergänzt.

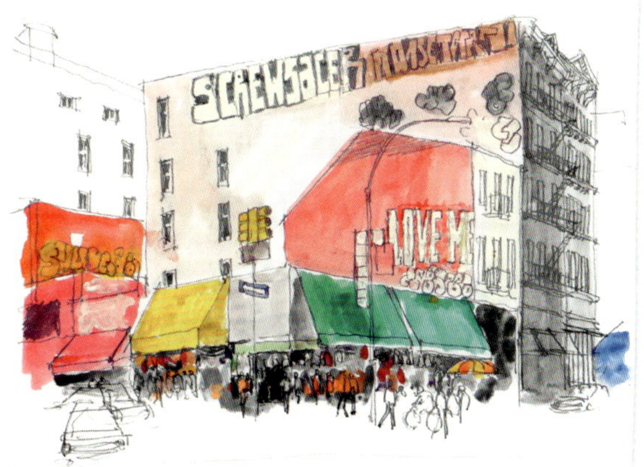

Zum Ende hin verleihen die Feinheiten, wie Personen, Auslagen, Muster, Schilder und Schrift, dem Bild Lebendigkeit.

Die lebendige Darstellung einzelner Elemente

Gebäude und Architektur

Beim Zeichnen von Architektur muss es nicht immer die pittoreske Fassade oder eine imposante Kirche mit Kuppel und Türmen sein. Beim Urban Sketching geht es mehr um persönliche Eindrücke. Das sind oft die kleinen Dinge. So birgt häufig eine einfache Häuserreihe, ein vielleicht baufälliger Schuppen, ein Tordurchgang oder ein Dachdetail schon den Reiz des Malerischen. Und dennoch haben eine Gründerzeitfassade mit ihren verzierten, vorspringenden Erkern und Dachaufbauten oder die typischen Pariser Mansarddächer mit hohen Brandwänden und Kaminen eine unwiderstehliche Anziehungskraft. Wenn Sie ein solches Schmuckstück in der Stadt entdecken und skizzieren wollen, bedarf es einer guten Vorskizze, die das Wesentliche vorweg einfängt. Erst beim eigentlichen Auszeichnen vervollständigen Sie alle weiteren Einzelheiten.
Die Plastizität eines Gebäudes mit allen Details wird nicht allein durch die Perspektive, sondern

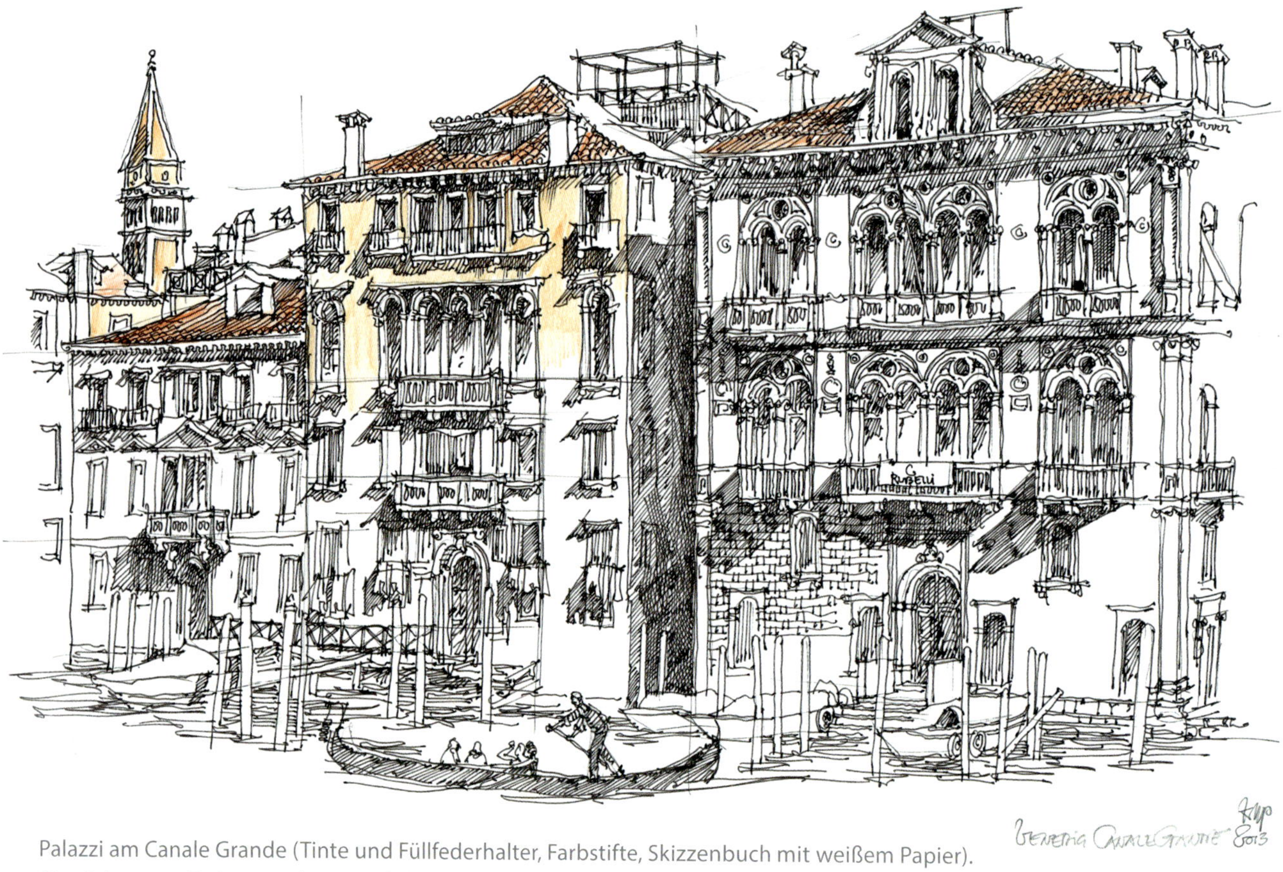

Palazzi am Canale Grande (Tinte und Füllfederhalter, Farbstifte, Skizzenbuch mit weißem Papier).
Die vielen, zum Teil minimalen Details ließen sich in diesem Fall besser mit Tinte und Füllfederhalter festhalten.

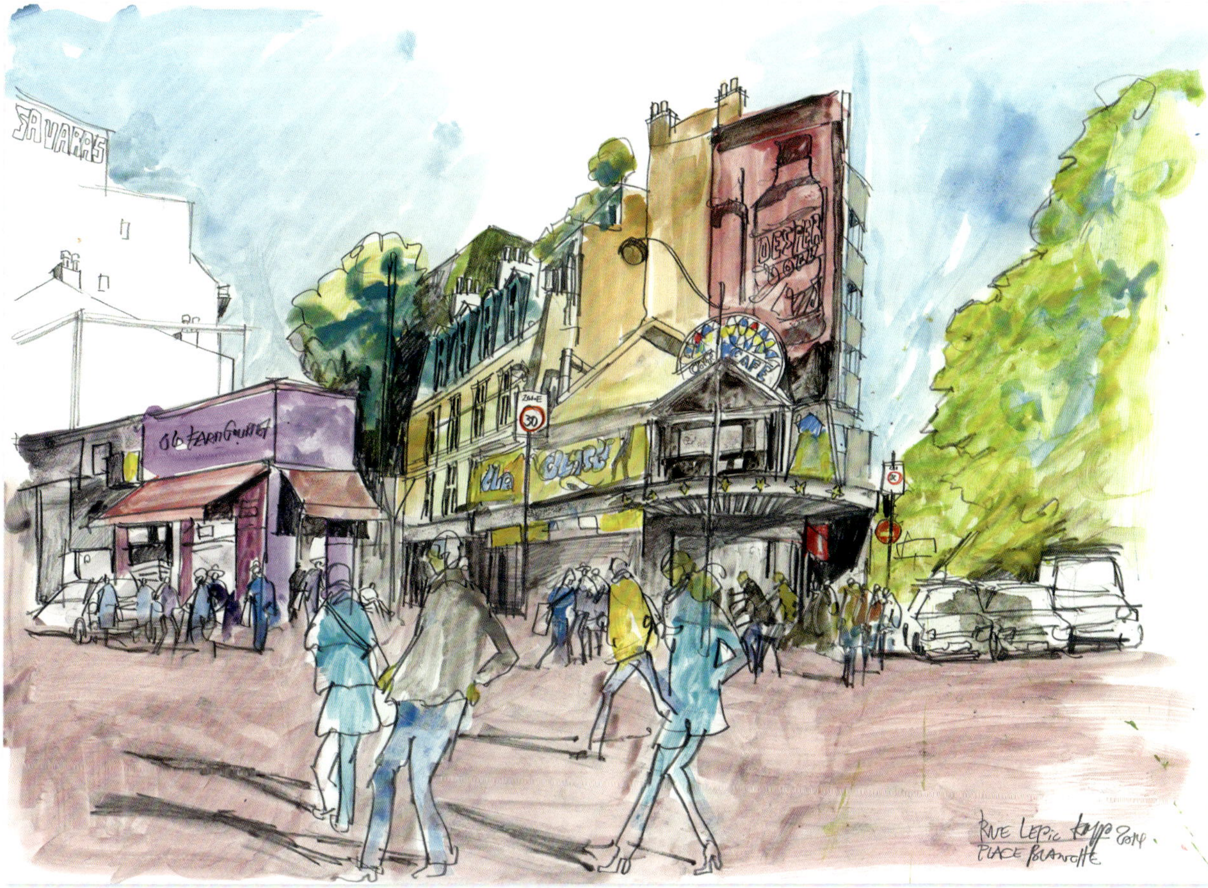

Rue Lepic, Paris (Bleistift 3B, Wasserfarben, weißes Kartonpapier). Die wenigen schwarzen und weißen Flächen im Bild sorgen gerade noch für den nötigen Ausgleich zu den zum Teil sehr grellen Farben, die die Örtlichkeit vorgab.

besonders durch das Hell und Dunkel von Licht und Schatten deutlich. Oft bedarf es bei solchen besonderen Bauten nicht noch weiterer Nebenschauplätze oder Zutaten aus dem Umfeld. Deuten Sie die Nachbarschaft nur an und vergessen Sie den Boden dabei nicht. Die senkrechten Linien sind die wichtigen „Stützpfeiler“ einer Häuserskizze. Kippen diese Linien, so wankt die ganze Zeichnung und wirkt am Ende nicht überzeugend. Rechenkästchenmuster auf dem Papier können für das Anlegen von aufrechten Linien sehr hilfreich sein.

Die **Fenster** sind die Augen des Hauses. Ihnen gilt eine besondere Beachtung. Sie bilden oft mit ihren meist dunkel scheinenden Glasscheiben einen willkommenen Kontrast zu den helleren Wänden. Zeichnen Sie die Fenster immer etwas tiefer liegend in der Wand, damit die plastische Wirkung besser zum Vorschein kommt. Das Licht fällt in die Öffnungen der Wand immer von oben ein, sodass der Sturz dunkel erscheint.

Die **Dachrinnen** und **Regenfallrohre** zeichnet man mit einer Doppellinie und die Dachziegel aus der Ferne mit einer den Ziegeln entsprechenden Schraffur. Erst bei näherer Betrachtung sollte man Einzelheiten hervorheben (siehe Oberflächen und Materialien, S. 73).

Die grobe Form eines oder mehrerer Gebäude lässt sich meist durch ganz wenige Linien und Punkte auf dem Papier einrichten. Zeichnen Sie am besten zuerst die Horizontlinie, dann die ungefähre Höhe einer Wand und einen bzw. zwei Fluchtpunkte auf der Horizontlinie. Sie können aber auch ungeachtet einer solchen perspektivischen Einrichtung loslegen. Vergleichen Sie dann aber immer die Höhen- und Richtungslinien auf dem Papier mit der Örtlichkeit und setzen Sie alles untereinander ins richtige Verhältnis.

Bäume und Vegetation

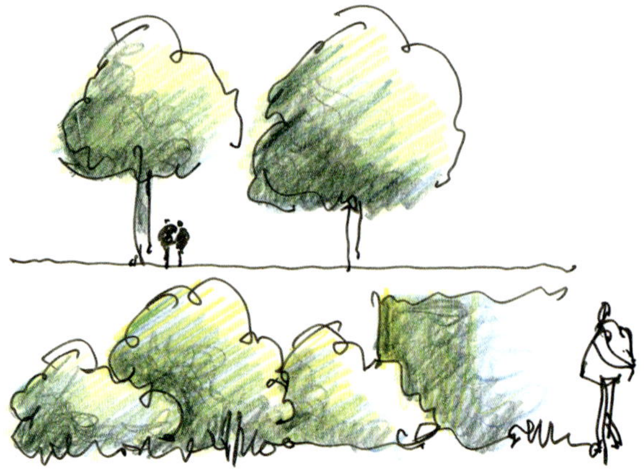

Bäume, Sträucher und Hecken bilden durch die weichen Konturen und ihre natürliche Artung einen Gegenpol zur Architektur. Der mit den Jahren gewachsene unregelmäßige Verlauf von Stamm, Ästen und Zweigen sowie das vielfältige, charakteristische Blattwerk stehen im krassen Gegensatz zu der meist harten und künstlichen Architektur.

Trotz des naturalistischen Eindrucks sollte man versuchen, eine den meisten Bäumen entsprechenden Darstellungsweise mit weicher Schraffur oder bestimmter Textur zu finden. Nur wenn der Baum das eigentliche Motiv ist, sollte man bestrebt sein, ihn so zu zeichnen, dass seine Art auch erkennbar wird. Je näher ein Baum betrachtet wird, umso vielfältiger und schwieriger wird es, ihn zu zeichnen. Oft werden dann, sozusagen als Passepartout, das Blattwerk und wenige Äste neben dem Stamm nur angedeutet. Bei belaubten Bäumen in mittlerer oder gar weiter Entfernung genügt die Erfassung des Stammes, einiger Hauptäste und die Andeutung der Baumkrone. Das Volumen des Blattwerks kann entweder schraffiert oder mit einer Textur angedeutet werden.

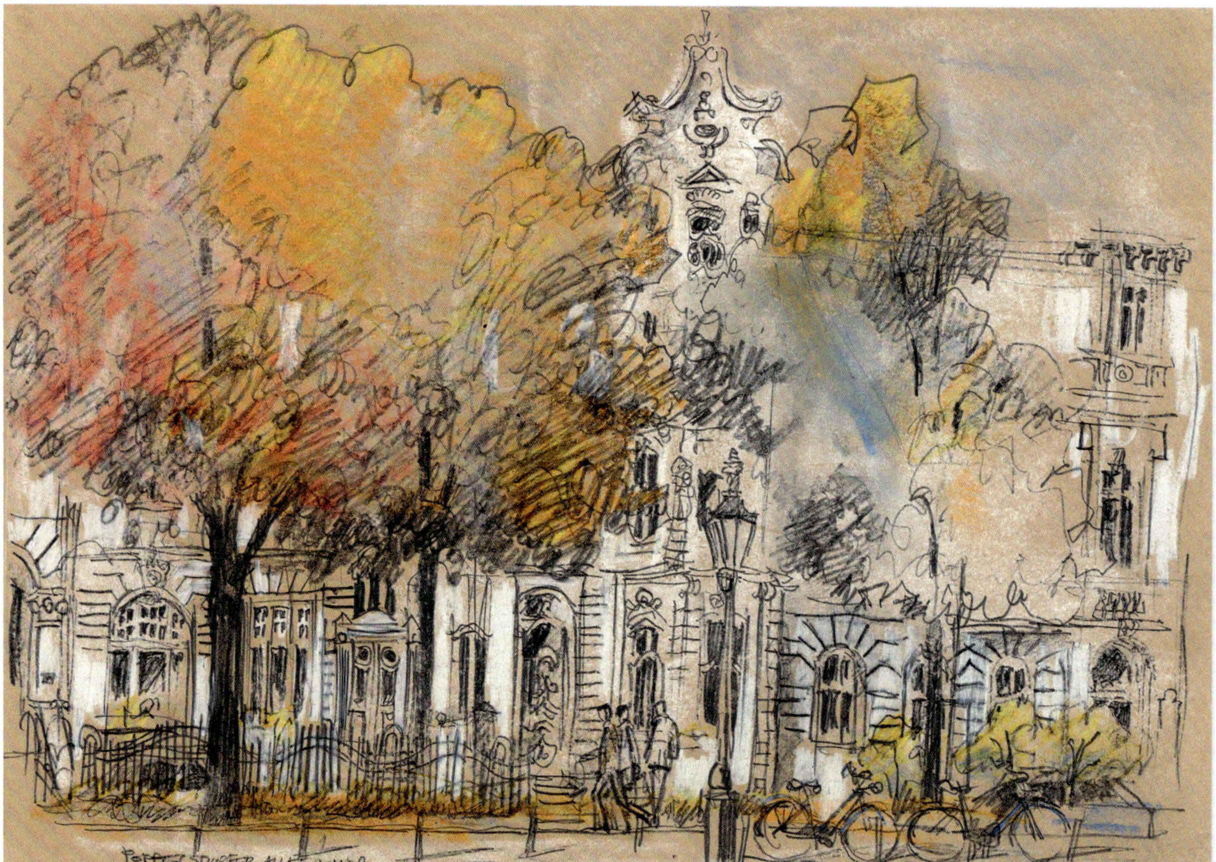

Poppelsdorfer Allee in Bonn (Bleistift, Pastellkreide, Skizzenbuch mit braunem Papier). Mit weißer Kreide habe ich zuerst die Gründerzeithäuser grundiert, um dann die vielen Details, die Fenster und das Mauerwerk mit Bleistift anzudeuten.

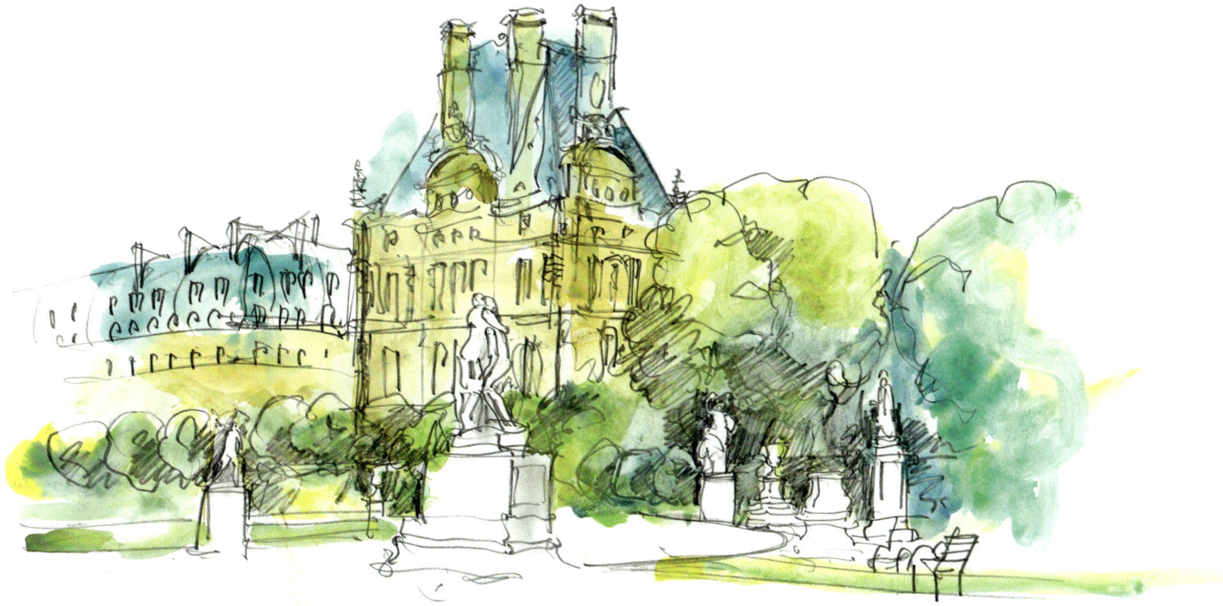

In den Tuilerien, Paris (Bleistift 3B, Wasserfarben, Skizzenblock mit weißem Kartonpapier). Die einzelnen Statuen und der große Sockel wurden einfach auf dem Papier ausgespart und nur im Umriss gezeichnet.

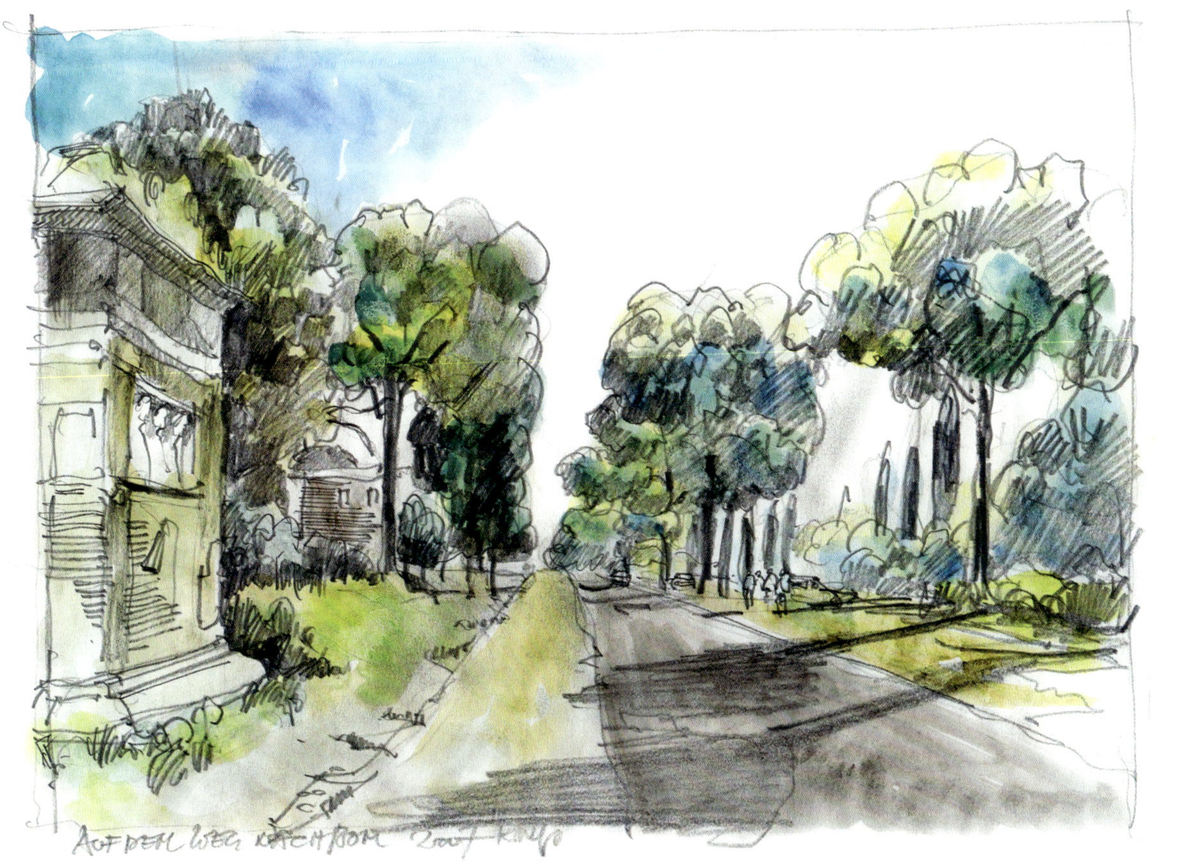

Baumbestandene Straße in Italien (Bleistift 3B, Wasserfarben, Skizzenbuch mit weißem, etwas dickerem Papier)

Menschen

Bei unseren Zeichenausflügen sollten wir auch die Menschen in unsere urbanen Motive einbeziehen. Oft, insbesondere aus der Ferne betrachtet, genügen dabei stilisierte, figürliche Andeutungen, die bestenfalls groß und klein unterscheiden.
Doch meistens bedarf es der klaren Differenzierung von Frauen, Männern und Kindern, die in ihren charakteristischen Bewegungssituationen das Stadtbild beleben. Es ist dabei einfacher, Menschen aus der Distanz von hinten als aus nächster Nähe von vorne zu zeichnen. In der lebendigen Stadt geht es jedoch meistens darum, Menschen in ihren Bewegungsabläufen, typischen Haltungen und Handlungen intensiv zu beobachten, um sie rasch, entweder sofort oder später, in Szene zu setzen.
Meistens beginne ich mit dem Kopf – der besser klein im Verhältnis zur gesamten Figur erscheint – und höre mit der Stellung der Beine und Füße auf. Beim von vorn gesehenen gehenden Fußgänger wird das hintere Bein etwas vom vorderen verdeckt und die Schuhe sind etwas nach außen gedreht. Die Arme bzw. Hände stecken entweder in den Hosentaschen oder sind am Körper angewinkelt. Eine Umhänge- oder Einkaufstasche macht sich immer gut dabei. Zeichnet man einen Fußgänger von hinten, so befindet sich in der Regel nur ein Fuß auf dem Boden.

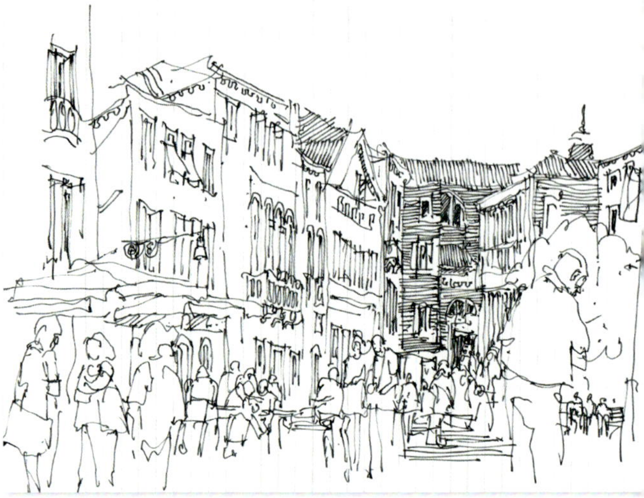

Der Campo Santa Margherita ist ein sehr lebendiger, langgestreckter Platz in Dorsoduro, Venedig (Tinte und Füllfederhalter, Skizzenbuch mit liniertem, dünnem Papier).

Bei einer Personengruppe in der Ferne ist eine solche Differenzierung kaum möglich. Man beginnt am besten mit den stecknadelgroßen Köpfen und vollendet die Figuren in groben Zügen. Durch Proportionen, Frisuren, Rock oder Hosenbeine lässt sich gerade noch das Geschlecht andeuten.
Ich rate, immer wieder in Parks, Bahnhöfen oder Museen Menschen in natürlichen und charakteristischen Bewegungsabläufen zu skizzieren. Aber auch sitzende und liegende Personen gilt es

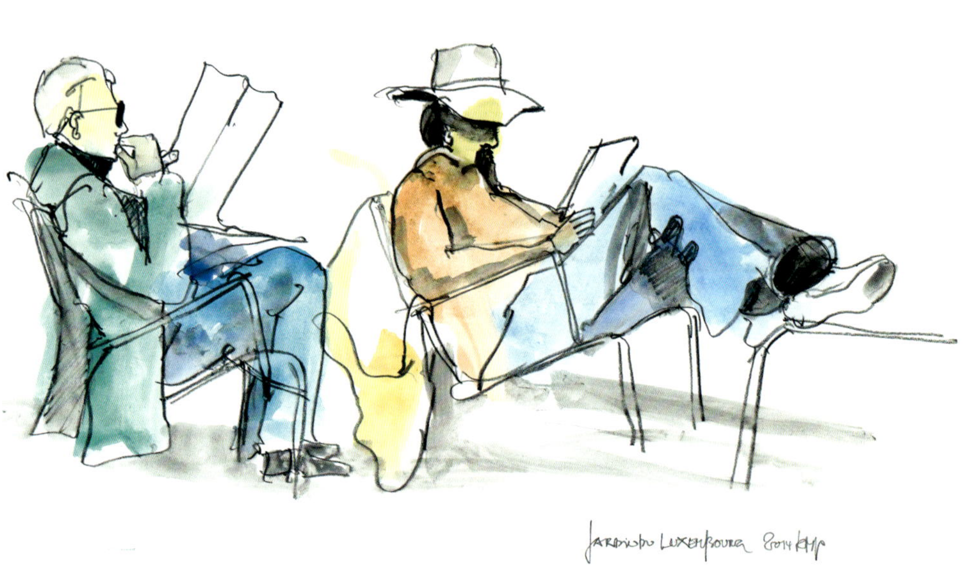

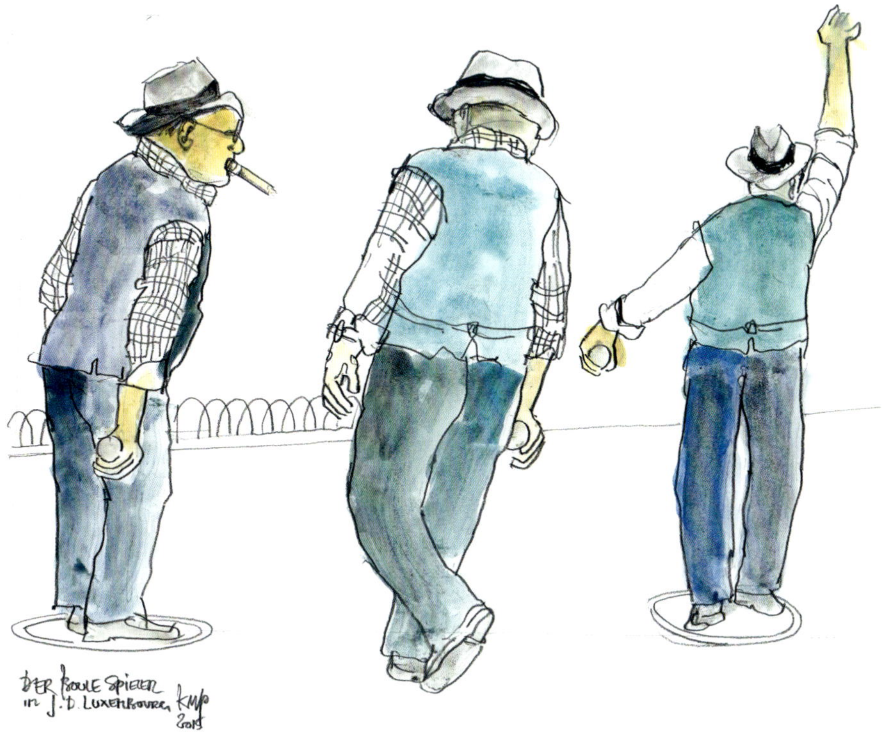

Menschen, vorwiegend in sitzenden Positionen, lassen sich leichter skizzieren! Menschen in Bewegung muss man zunächst genau beobachten und dann blitzschnell die ganz verschiedenen Haltungen und Gesten einfangen. Zeichnen Sie Menschen, wo immer Sie können, auch als Übung!

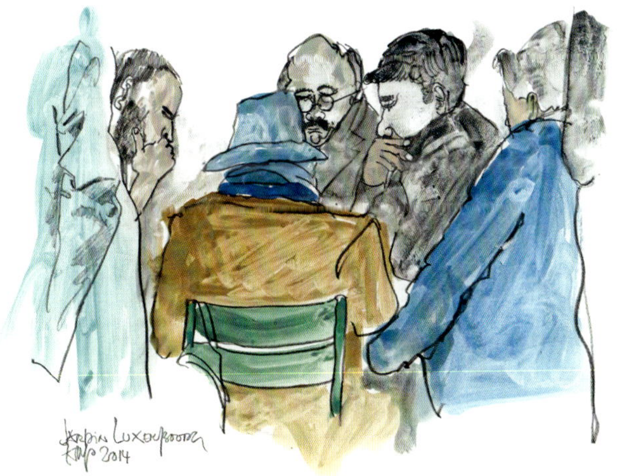

festzuhalten. Man kann auch zunächst einzelne Gliedmaßen oder die ganze Figur aus zusammengesetzten Strichen entwickeln. Achten Sie dabei aber auf die einzelnen Knick- bzw. Gelenkpunkte, insbesondere bei bestimmten Bewegungen. Irgendwann werden Sie Personen mit wenigen Strichen aus dem Gedächtnis skizzieren können. Beim Stadtbild rate ich dazu, als Orientierung eine Horizontlinie dünn einzuzeichnen, an der Sie die Köpfe erwachsener Leute ausrichten können. Einerlei, ob diese fern oder nah erscheinen, die richtige Proportion der Gesamtfigur ist entscheidend.

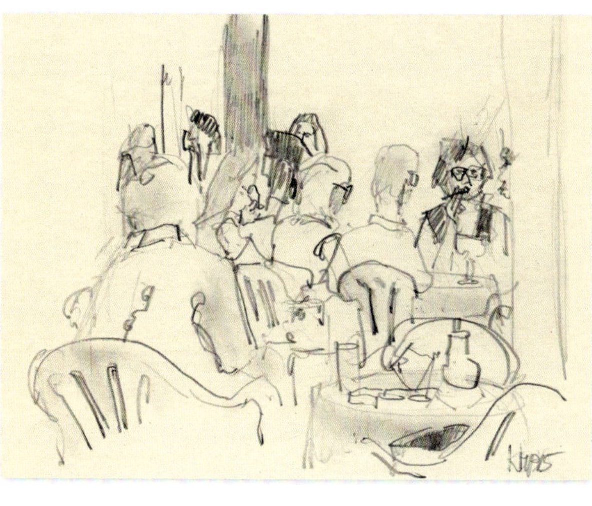

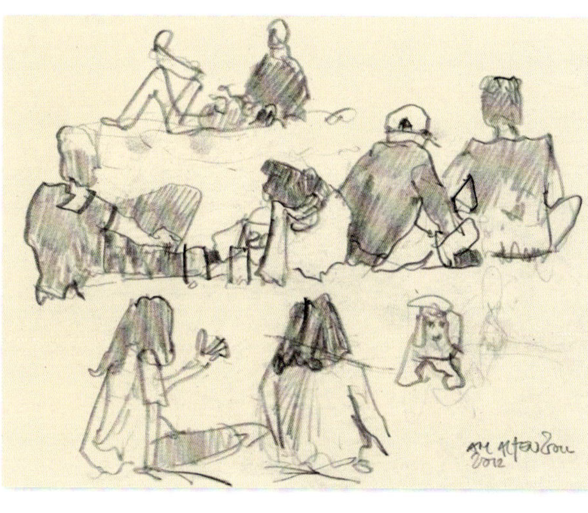

Zwei Gondolieri in Venedig

Wer in Venedig zeichnen will, sollte besser in die abgelegenen Stadtteile oder die ruhigen Seitenkanäle gehen, wo die Touristen nicht in Strömen durch das Bild laufen. Manchmal hat man aufgrund der Tageszeit Glück und man kann sogar, wie hier, vor dem Dogenpalast mit Blick auf die Isola di San Giorgio zeichnen.

Sehr sympathisch fand ich diese auf Kundschaft wartenden Gondolieri, die offenbar die morgendliche Ruhe genossen. Bei sitzenden Personen ist es immer wichtig, schnell und mit sicherem Strich zunächst die Gesamtfigur in richtigen Proportionen zu erfassen. Vom Kopf sieht man dabei kaum den Hals und das Kinn geht dabei schon in Richtung Brust. Die Oberschenkel werden kaum oder nur verkürzt sichtbar. Schwierigkeiten bereiten oft der Gesichtsausdruck – bei frontaler Sicht – aber auch Hände und Schuhwerk. Prägen Sie sich bei den Händen immer die Daumenlage ein, und üben Sie nach Möglichkeit vorher schon, Menschen in verschiedenen Haltungen zu zeichnen.

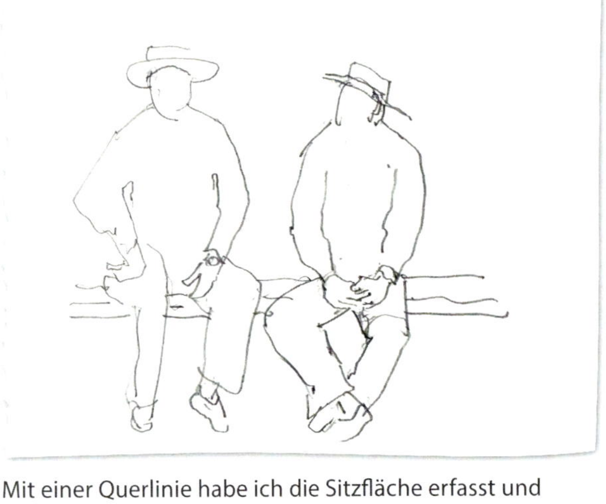

Mit einer Querlinie habe ich die Sitzfläche erfasst und anschließend die beiden Figuren mit weichem Bleistift schnell umrissen.

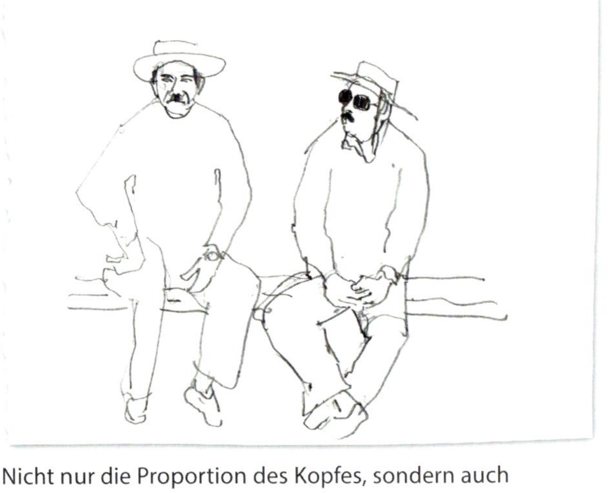

Nicht nur die Proportion des Kopfes, sondern auch der Ausdruck im Gesicht spielt eine wichtige Rolle für das Gelingen des Bildes.

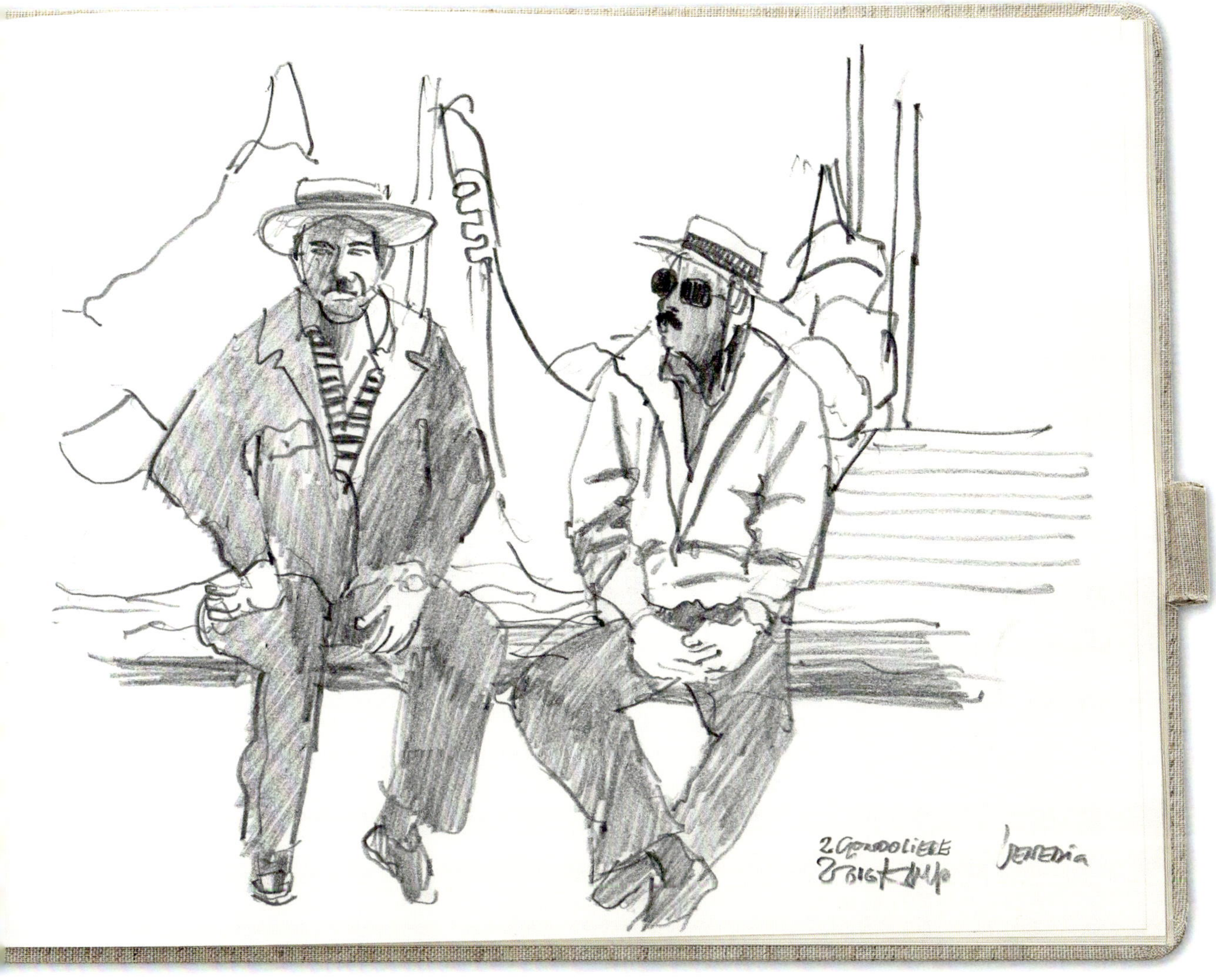

„Zwei Gondolieri in Venedig". Bleistift 3B, Skizzenbuch mit leicht getöntem, glattem Papier.

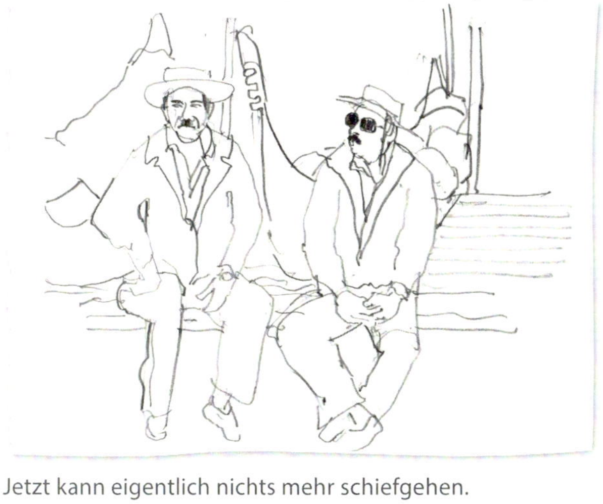

Jetzt kann eigentlich nichts mehr schiefgehen. Die Kleidung bekommt mit den Krägen Kontur und die Gondeln werden im Hintergrund sichtbar gemacht.

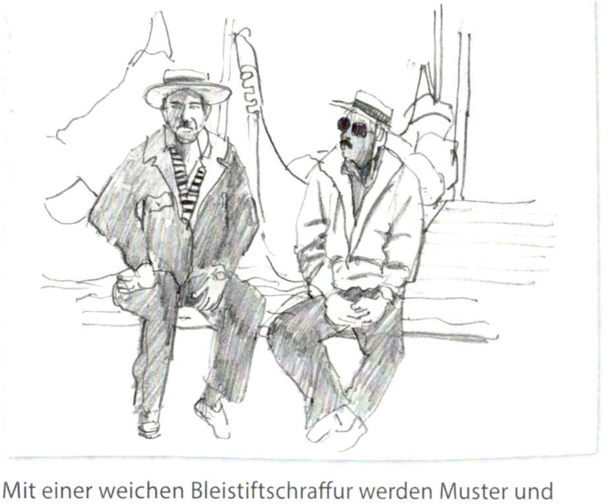

Mit einer weichen Bleistiftschraffur werden Muster und dunklere Töne deutlich. Immer spielen dabei das einfallende Licht und die etwas dunkleren Schattenpartien eine Rolle.

Kartenspieler mit Zuschauern im Jardin du Luxembourg, Paris

Der große, wunderbare Park mitten im Quartier Latin bietet zahlreiche Gelegenheiten, das Freizeitverhalten der vielen Besucher zu skizzieren.
Die unzähligen mattgrünen Stühle im Park laden an fast jeder Stelle dazu ein. Besonders konzentriert, ohne große Gesten, verhalten sich die Karten- und Schachspieler, zu denen sich meist eine kleine Gruppe Zuschauer gesellt. Bei dieser Gruppe habe ich mit der vorderen Reihe, genauer gesagt den Schulter- und Rückenpartien begonnen. Die Köpfe der Personen und die Stühle sowie der Rest der kompakten Gruppe wurde mit wenigen Strichen angedeutet.
Da sich alle fast gar nicht bewegten und sich auf das Spiel konzentrierten, hatte ich als Zeichner die nötige Ruhe und wurde auch nicht als Störenfried empfunden. Bei den Gesichtern versuche ich, nicht allzu genau zu sein, sondern nur das Charakteristische, wie eine Brille oder einen Bart, zu erfassen. Solch eine Gelegenheit, wo auch immer, sollte man sich nicht entgehen lassen.

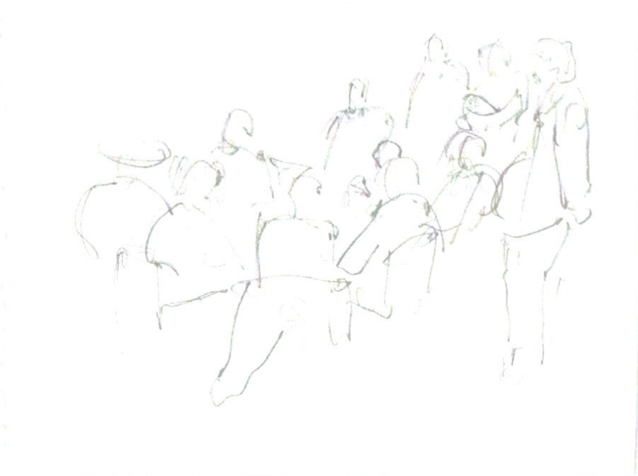

Mit leichten, raschen Linien skizziere ich zunächst die vordere Reihe und anschließend die ganze Gruppe.

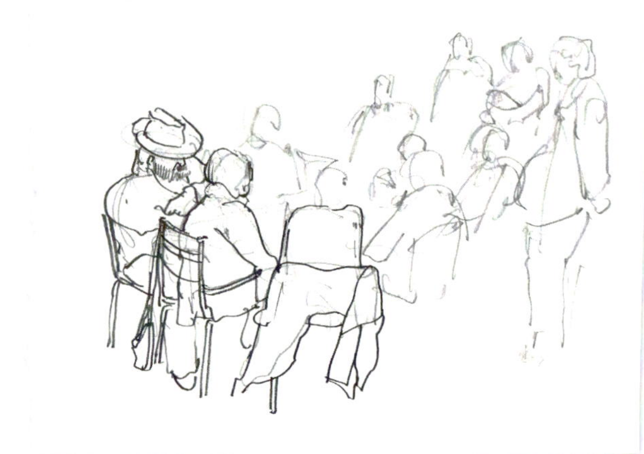

Die vorderen, mir den Rücken zukehrenden drei Personen werden mit leichtem Druck auf den Bleistift konkreter.

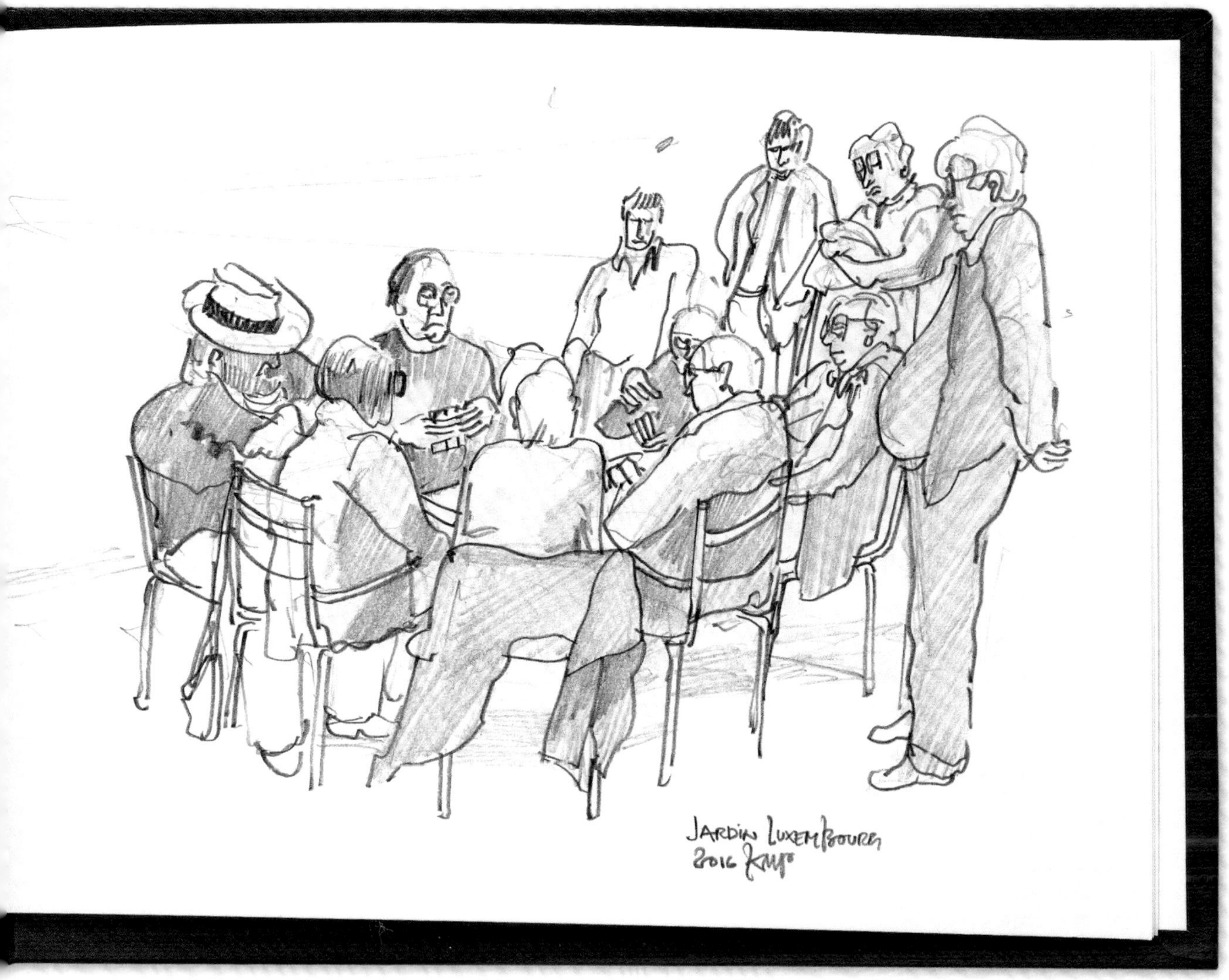

„Kartenspieler mit Zuschauern im Jardin du Luxembourg, Paris". Bleistift 3B, Skizzenbuch mit leicht getöntem, dünnem und glattem Papier.

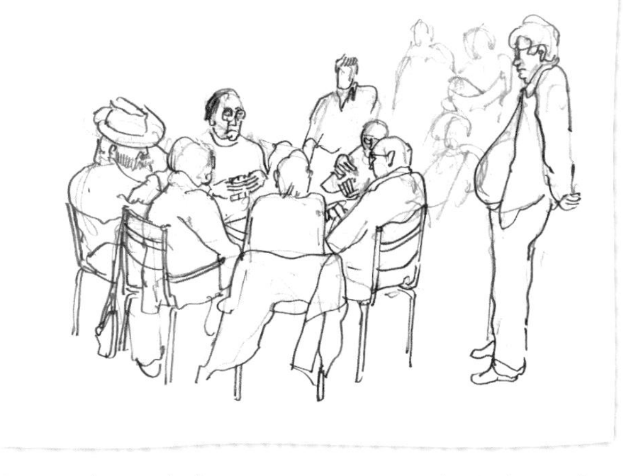

Nun werden auch die weiteren Kartenspieler, insbesondere die Gesichter, auf der vorskizzierten Basis deutlicher.

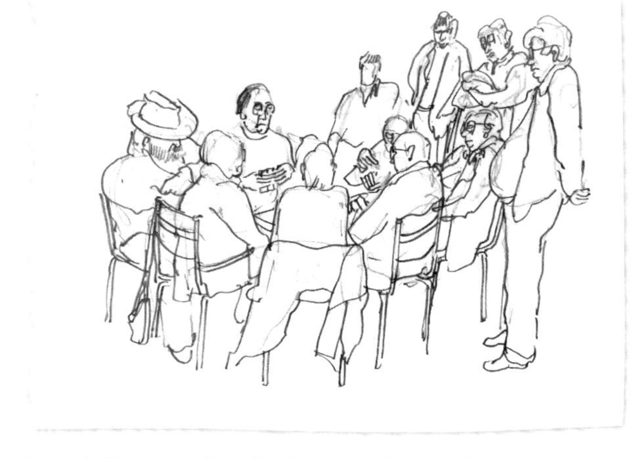

Zum Schluss werden die Konturen der einzelnen Personen entsprechend der dunkleren Ton- und Schattenflächen schraffiert.

Autos, Busse und Bahnen

Tagtäglich sehen wir eine Vielzahl von kleinen und großen Verkehrsmitteln vom Fahrrad bis zum riesigen Sattelschlepper, vom Motorroller bis zur Straßenbahn. Und dennoch ist es gar nicht so einfach, diese zu zeichnen. In verkehrsreichen Straßen überdecken sich meistens die Fahrzeuge, insbesondere bei einer perspektivischen Darstellung. Hierbei muss auf verschiedene Fluchtpunkte und die dabei verkürzte Sicht Rücksicht genommen werden. Die Übung des schnellen Skizzierens von Autos aus Prospekten ist ein gutes Hilfsmittel. Die Größe und der Abstand der Räder, das perspektivische Oval und die Breite der Radreifen, die flachere Frontscheibe, die großen Scheinwerfer vorn und die roten kleineren Rückleuchten hinten sind nur einige Parameter, aus denen sich ein Auto zusammensetzt. Bei der Höhe eines Wagens sollte man darauf achten, dass erwachsene Personen meist gerade so über ein Autodach schauen können.

Aus einfachen Quaderformen, die auf einen Fluchtpunkt ausgerichtet sind, kann man schneidige Karosserien entwickeln.

Die Räder werden im Oval gezeichnet und haben immer eine gewisse Breite. Sie zeichnen sich meist dunkel im Radkasten mit dem darunter liegenden Chassis ab.

In Bahnhöfen und an Haltestellen stellen Züge, Bahnen und Busse ein alltägliches Motiv dar, genauso wie die zahlreichen Passagiere. Eisenbahnen und Busse sind bei weitem nicht so schwer zu erfassen wie Autos. Die Grundform ist fast immer ein großer, liegender Quader, dessen Kanten abgerundet werden. Glasfenster, Türen, Beleuchtung, Räder und Reifen gliedern schließlich die meist plakative und farbige Karosserie.

Beim Urban Sketching wird sehr gerne auch in Bahnen gezeichnet, um längere Fahrtzeiten zu überbrücken. Dabei sollte man mit einem kleinen Skizzenbuch arbeiten und sich auf einen Stift beschränken. In der Regel sind mitfahrende Passagiere im Halbprofil, auch frontal gesehen, dankbare Motive, sofern sie sich nicht belästigt fühlen. Versuchen Sie deshalb, beim Skizzieren unauffällig zu bleiben. Auch ein kleiner Ausschnitt oder ein Detail, wie eine abgestellte Reisetasche, kann man sehr gut abzeichnen.

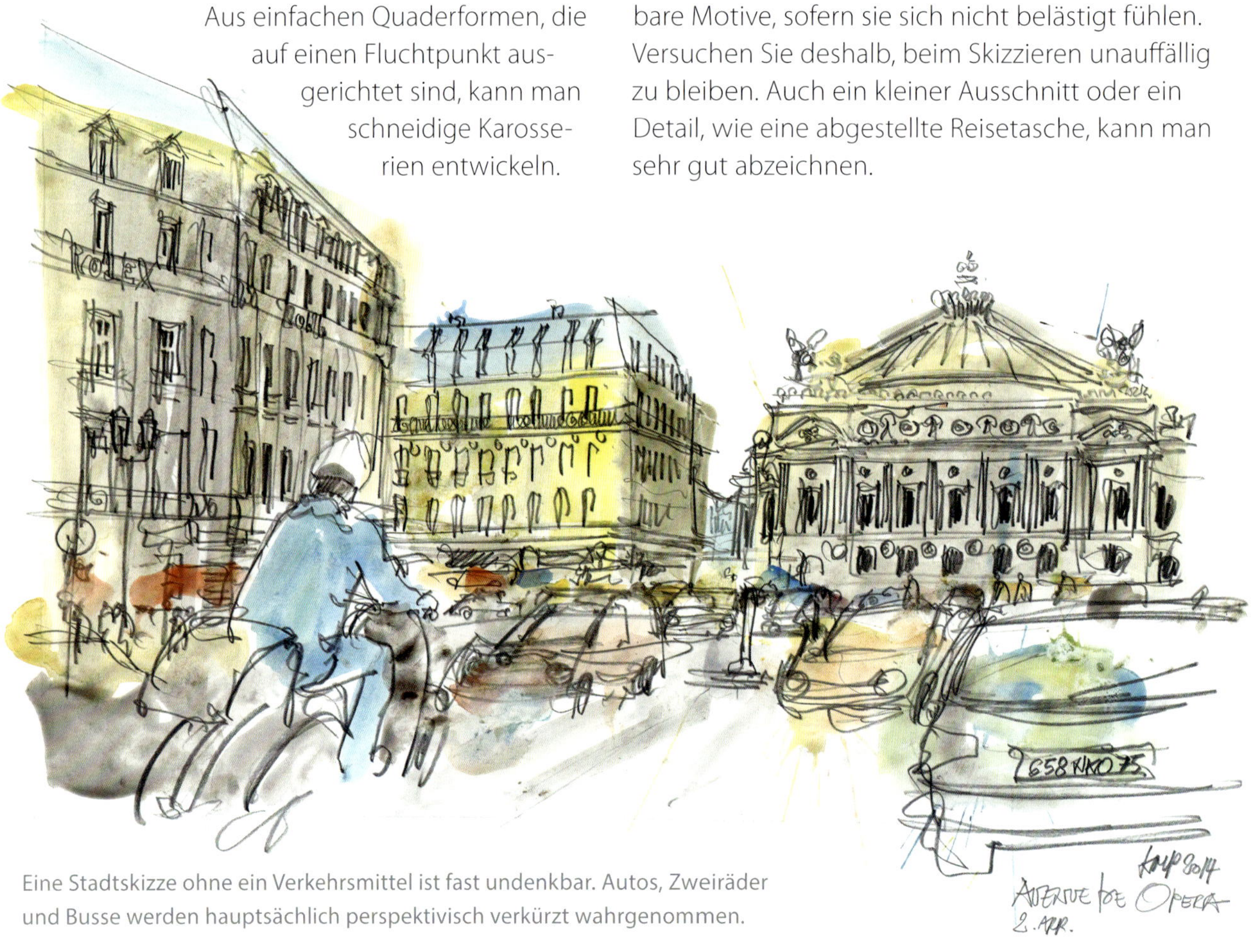

Eine Stadtskizze ohne ein Verkehrsmittel ist fast undenkbar. Autos, Zweiräder und Busse werden hauptsächlich perspektivisch verkürzt wahrgenommen.

Oberflächen und Materialien

Mit Schraffuren, Texturen und anderen zeichnerischen Mustern kann man in der Zeichnung der Art und Beschaffenheit einer Fläche Ausdruck verleihen. Nicht jede Fläche braucht jedoch eine solche Darstellung. Es ist oft reizvoller, bestimmte Bereiche ganz frei zu belassen, damit der Betrachter mit seiner Fantasie das Bild auffüllt. Auch muss nicht jede Fläche vollständig bis an den Rand mit einem grafischen Muster gezeichnet sein. Mit der Zeit werden Sie ein Gespür dafür entwickeln, bis zu welchem Grad Sie die Fassade andeuten.
Uben Sie also zunächst einmal zuhause, ganz verschiedene Flächenstrukturen zu zeichnen, die Sie auch verdichten, akzentuieren und kombinieren können. Ordnen Sie diesen bestimmte Materialien, wie Holz, Blech, Ziegeln, Stein und auch Rasen, zu. Auch lassen sich durch Flächenstrukturen verschiedenster Art rein plastische Zusammenhänge darstellen. Es ist ratsam, zunächst die Materialstruktur und abschließend die plastische Wirkung von Licht und Schatten hervorzuheben.

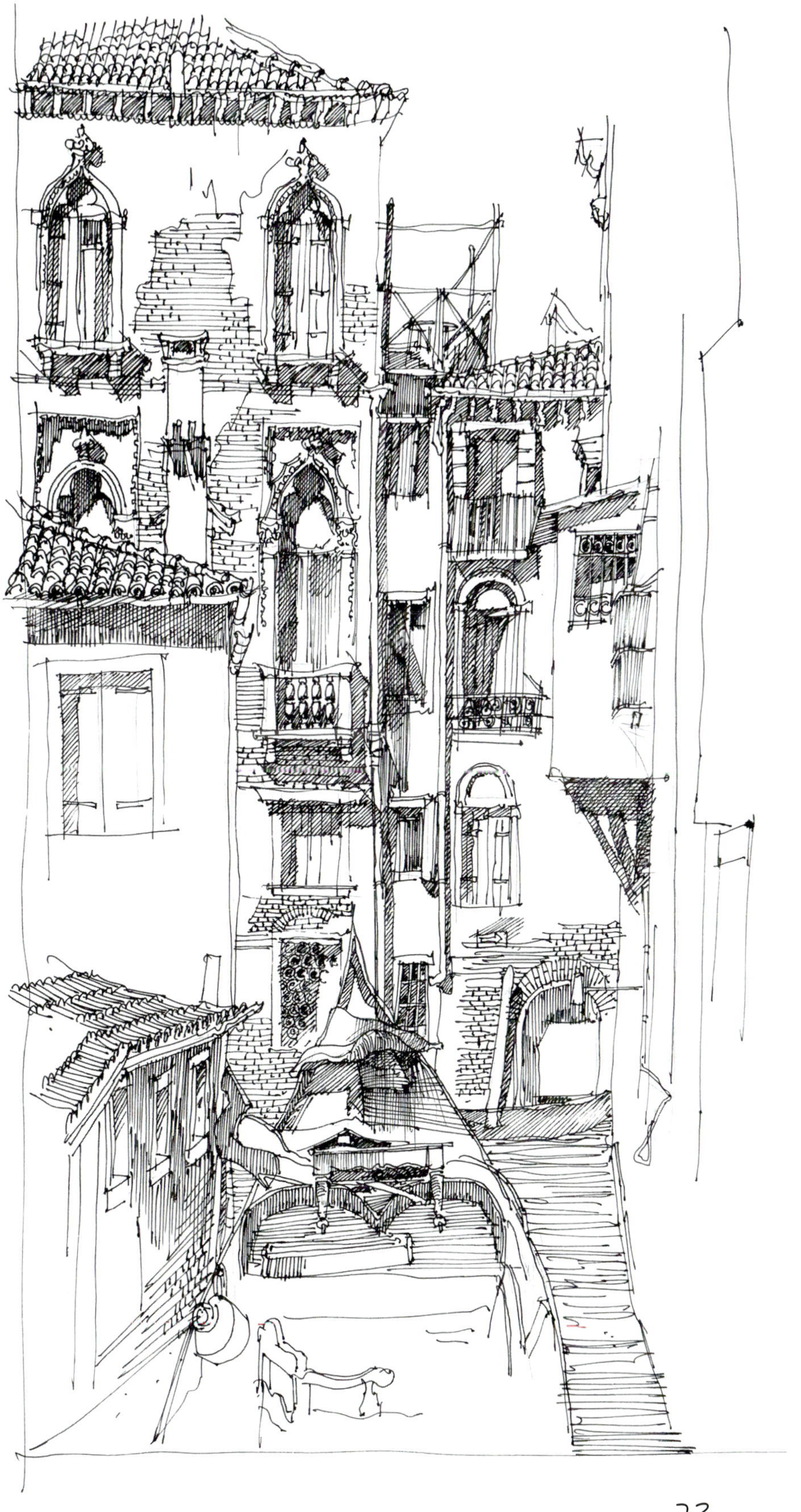

Oberflächen sind die Haut eines Gebäudes in der Form von Ziegeln, Putz, Dachpfannen, Stuck und Glas, wie bei diesem Ausschnitt von venezianischen Fassaden.

Typische Orte im Bild erfassen

Straßen, Gassen, Höfe und Plätze

Schon von Beginn an spielt die Wahl des Standpunktes bei der Erfassung einer Örtlichkeit eine entscheidende Rolle. Die Anwendung zentralperspektivischer Regeln kommt dabei häufig zum Einsatz. Zumindest Horizont, Standlinie und Fluchtpunkt sollte man möglichst vorweg bestimmen. Aber auch übereck mit zwei Fluchtpunkten kann man sich Plätze und sogar Straßenräume einrichten. Entscheidend ist, wie die Raumwände und die gliedernden Details am besten zur Geltung kommen.

Achten Sie darauf, dass die Tiefe der Räume und die plastische Wirkung von Licht und Schatten, besonders bei vorspringenden Bauteilen, deutlich werden. Schenken Sie auch dem Boden in Bezug auf seine Beschaffenheit und des Schattenwurfes Aufmerksamkeit.

Zeichnen Sie nicht jede Wand vollständig durch, um eine Überfrachtung zu vermeiden. Konzentrieren Sie sich auf die wesentlichen Merkmale, die Ihnen wichtig erscheinen. Dies können auch bestimmte Elemente im Raum sein, wie Bäume, Menschen, Fahrzeuge oder sonstige Objekte. Dann allerdings sollten die Raumwände nur angedeutet werden, um die eigentlichen Objekte zeichnerisch hervorzuheben.

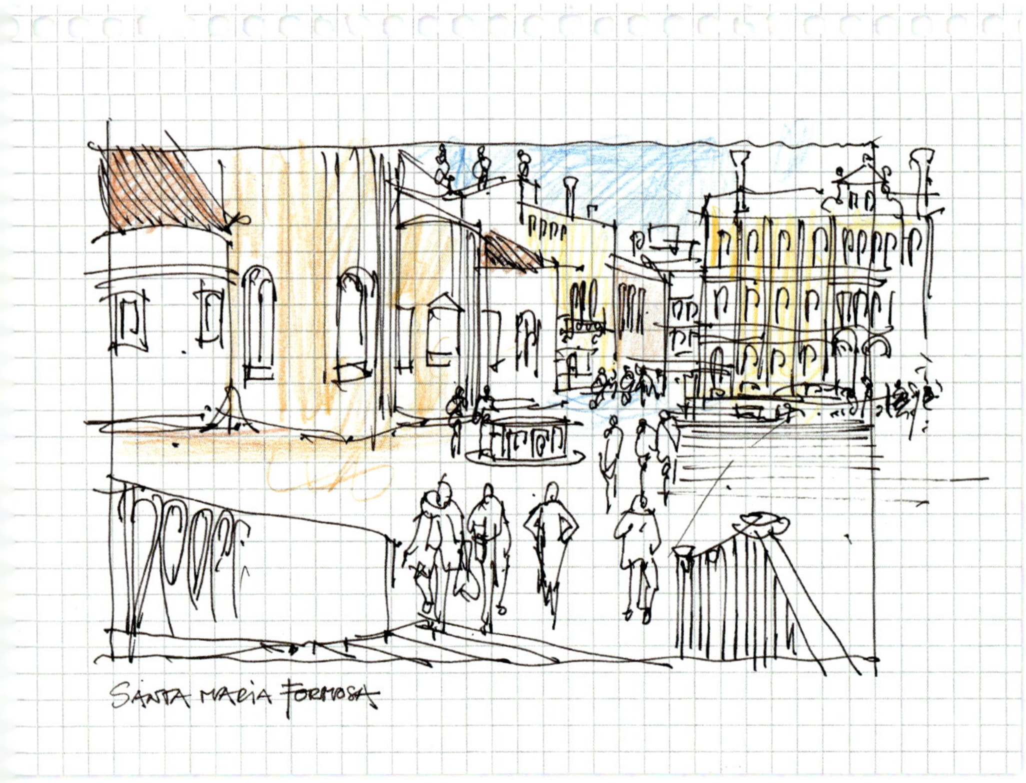

Campo Santa Maria Formosa, Venedig (Tinte, Füllfederhalter, Farbstifte, weißes, kariertes Papier). Diese schnelle, kleinformatige Skizze entstand mit Blick von einer Brückenstufe. Der Vorteil ist, dass sich die senkrechten Linien an dem Karomuster orientieren.

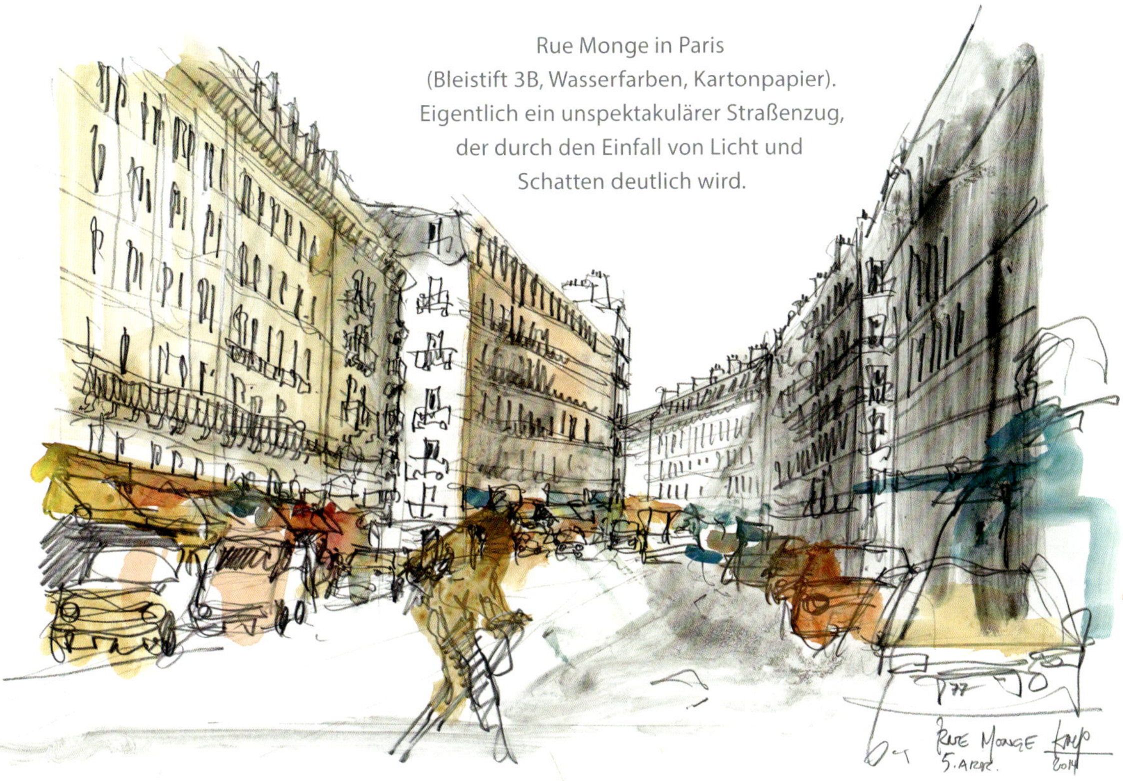

Rue Monge in Paris
(Bleistift 3B, Wasserfarben, Kartonpapier).
Eigentlich ein unspektakulärer Straßenzug,
der durch den Einfall von Licht und
Schatten deutlich wird.

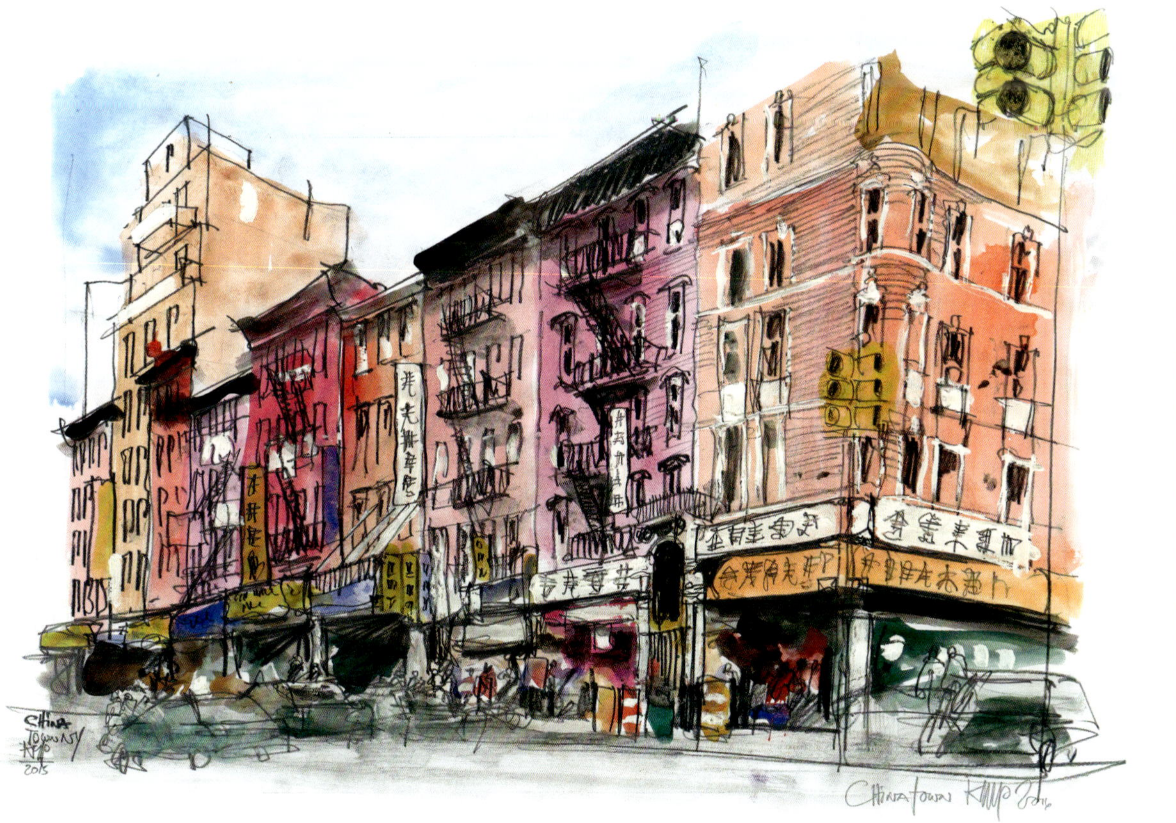

Übereckperspektivische Sicht von Gebäuden in China Town, New York (Bleistift 3B, Wasserfarben, weißes Kartonpapier). Die Andeutung der typisch gelben Ampeln, besonders ganz vorne im Bild, vermitteln die Tiefe des Straßenraumes.

Straßenecke in Mysore, Südindien

Ein kunterbunt zusammengewürfeltes Eckgebäude inmitten des Marktviertels von Mysore: Reizvoll ist das abwechslungsreiche Formen- und Farbspiel der einzelnen Teile. Giebelständige Vorbauten zieren mit bunten Markisen, Reklameschildern, byzantinischen Formspielereien, Vorhängen und Geschäftsauslagen im Erdgeschoss die Fassade. Außerdem passieren ständig Händler, Autos und Motorroller, sodass es ein lebendigeres Motiv kaum zu geben scheint. Bei so einem Motiv ist der Farbkasten unerlässlich. Und dennoch bedarf es zwischendurch immer wieder eines Spektrums von hellen und dunklen Grautönen mit dem Bleistift, um Akzente und Ruhepunkte in dieses farbenfrohe Spektrum zu setzen. Nach einer raschen, einigermaßen stimmigen Vorskizze wurden die Farben von mir fast spontan, oft frei verteilt, um immer im Wechsel mit dem Bleistift die Einzelteile im Hinblick auf die „Gesamtausgabe" zurechtzurücken. Komplementärfarben, wie Gelb und Blau, Rot und ein wenig Grün, bilden die farblichen Kontraste, die manchmal bewusst durch das Grafit des Bleistiftes ein wenig getrübt werden.

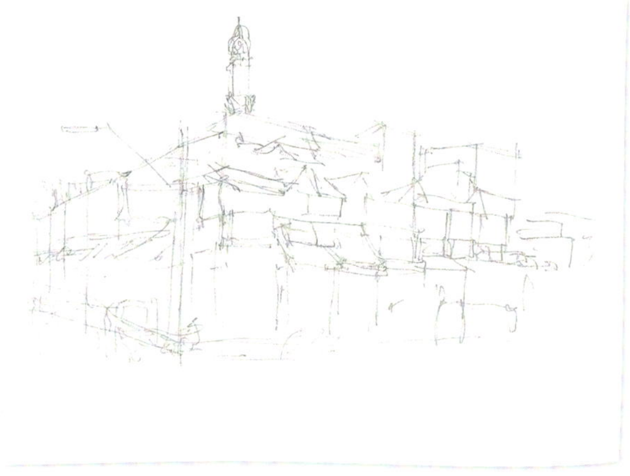

Zunächst skizziere ich mit dünnen Bleistiftlinien ein Grobgerüst. Die beiden gedachten Fluchtpunkte liegen seitlich außerhalb des Bildes.

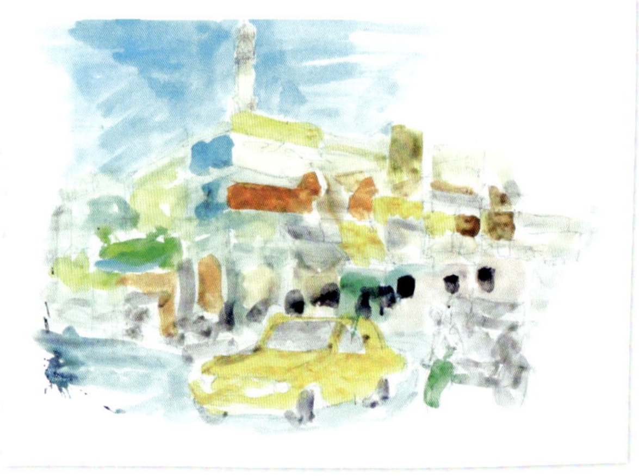

Die Farbgebung mit viel Wasser erfolgt locker und spontan. Es überwiegen die hellen und freundlichen Farben, um dann im nächsten Schritt mit dem Bleistift die Konturen anzulegen.

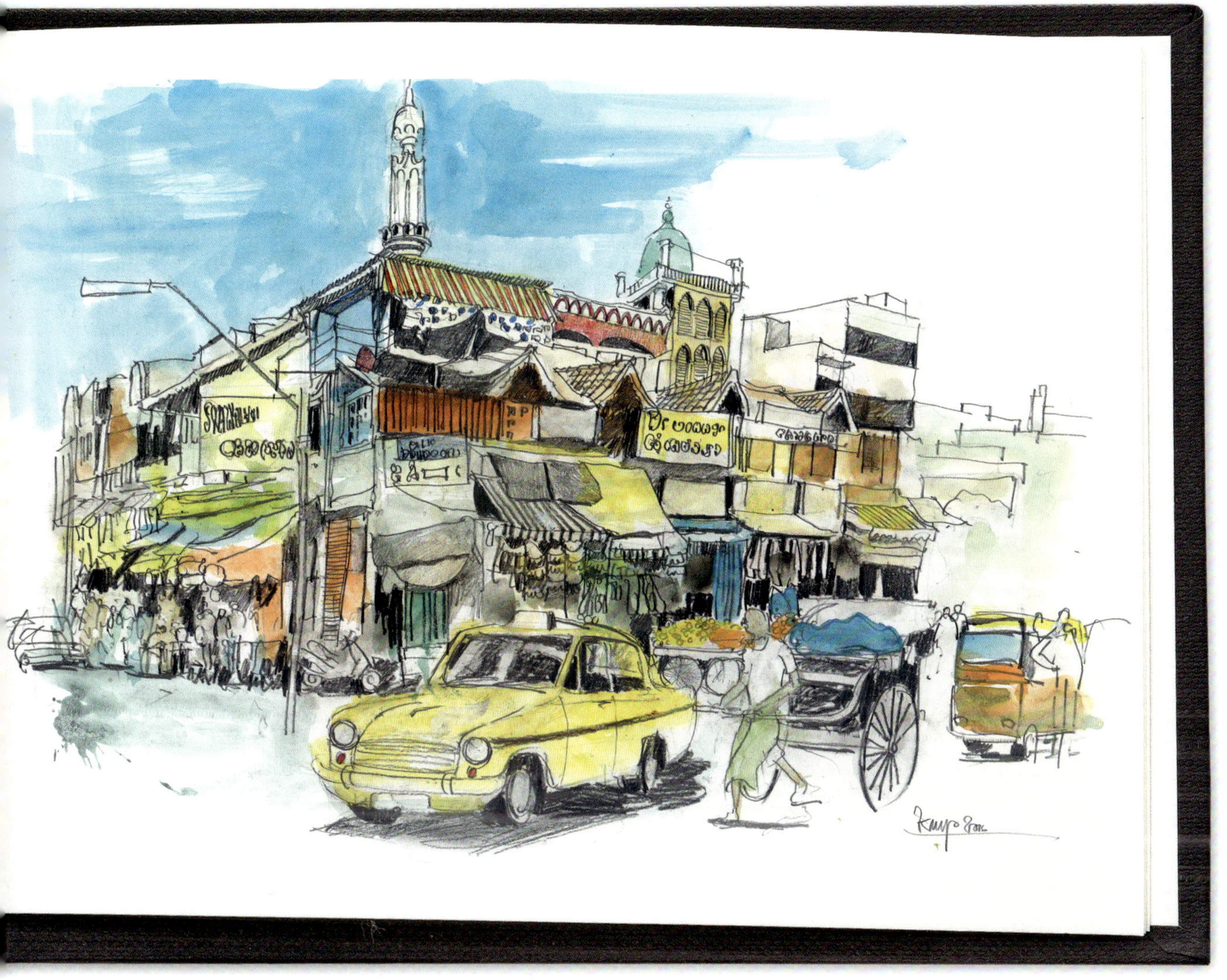

„Straßenecke in Mysore, Südindien". Bleistift 3B, Wasserfarben, Skizzenbuch mit leicht getöntem Papier.

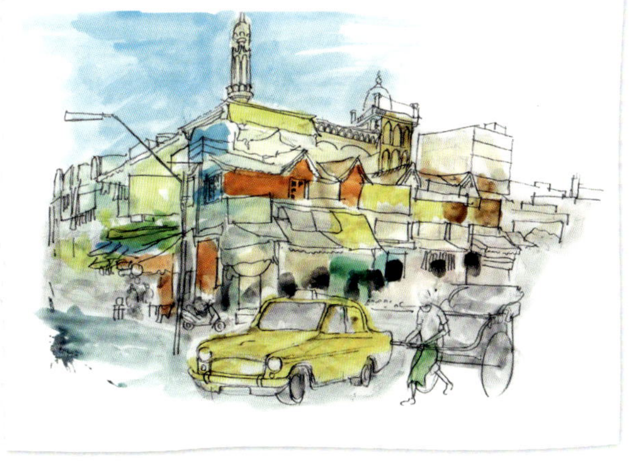

Mit dem Bleistift zeichne ich sämtliche inneren und äußeren Formen der ganz verschiedenen baulichen Teile.

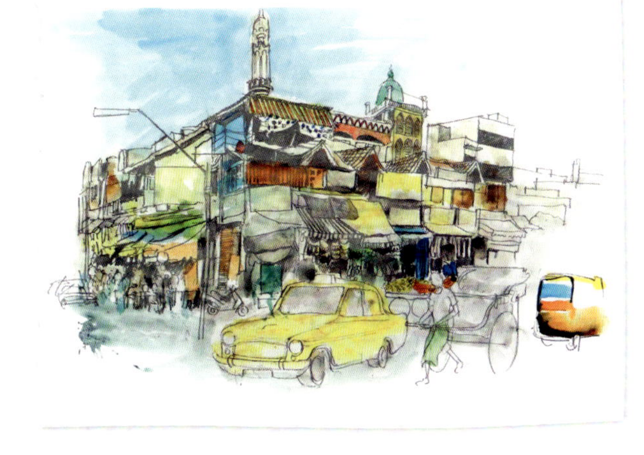

Nun werden Grautöne und Dunkelbereiche mit dem Bleistift schraffiert und fehlende Farbflächen ergänzt, um die Kontur der Menschen und Verkehrsmittel hervorzuheben.

Straßenzeile im Londoner Stadtteil Camden

Bei dieser kurzen Straßenzeile mit dem markanten Rundbaukörper an der Spitze habe ich besonderen Wert auf die richtige Perspektive gelegt. Der zentrale Fluchtpunkt, auf den sich die Tiefenlinien beziehen, liegt am linken Bildrand und die Horizontlinie im unteren Bilddrittel. Sie ist die Trennlinie der fallenden und steigenden Linien und an ihr kann man ablesen, wo an jeder Stelle im Bild sich die Augenhöhe befindet. Sie gibt also die Höhe wieder, aus der ich das Bild wahrgenommen habe. Die einzelnen Häuser werden verkürzt in bestimmten Abschnitten des Bildes durch senkrechte Linien markiert und die Köpfe der einzelnen Passanten zeichnet man in der Regel auf der Höhe der Horizontlinie.
Die Skizze ist absichtlich an vielen Stellen hell geblieben, um das grelle Sonnenlicht dieser spätvormittäglichen Stunde deutlich zu machen, aber auch, um die beiden herausragenden Gebäude noch mehr zu betonen. Die Darstellung von Menschen ist bei diesem Motiv für eine lebendige Wirkung und um das Gebäude in ein Größenverhältnis zu setzen fast unerlässlich.

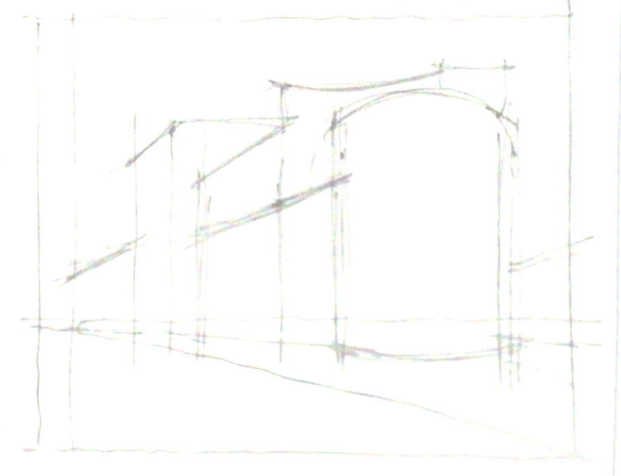

Zentralperspektivisch wird das Straßenmotiv mit dünnen Bleistiftlinien vorgezeichnet.

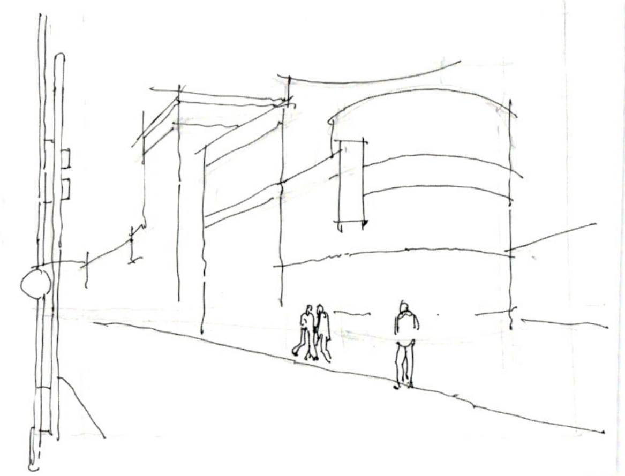

Erste Personen und die Kontur der Gebäude werden mit Tinte deutlich gemacht.

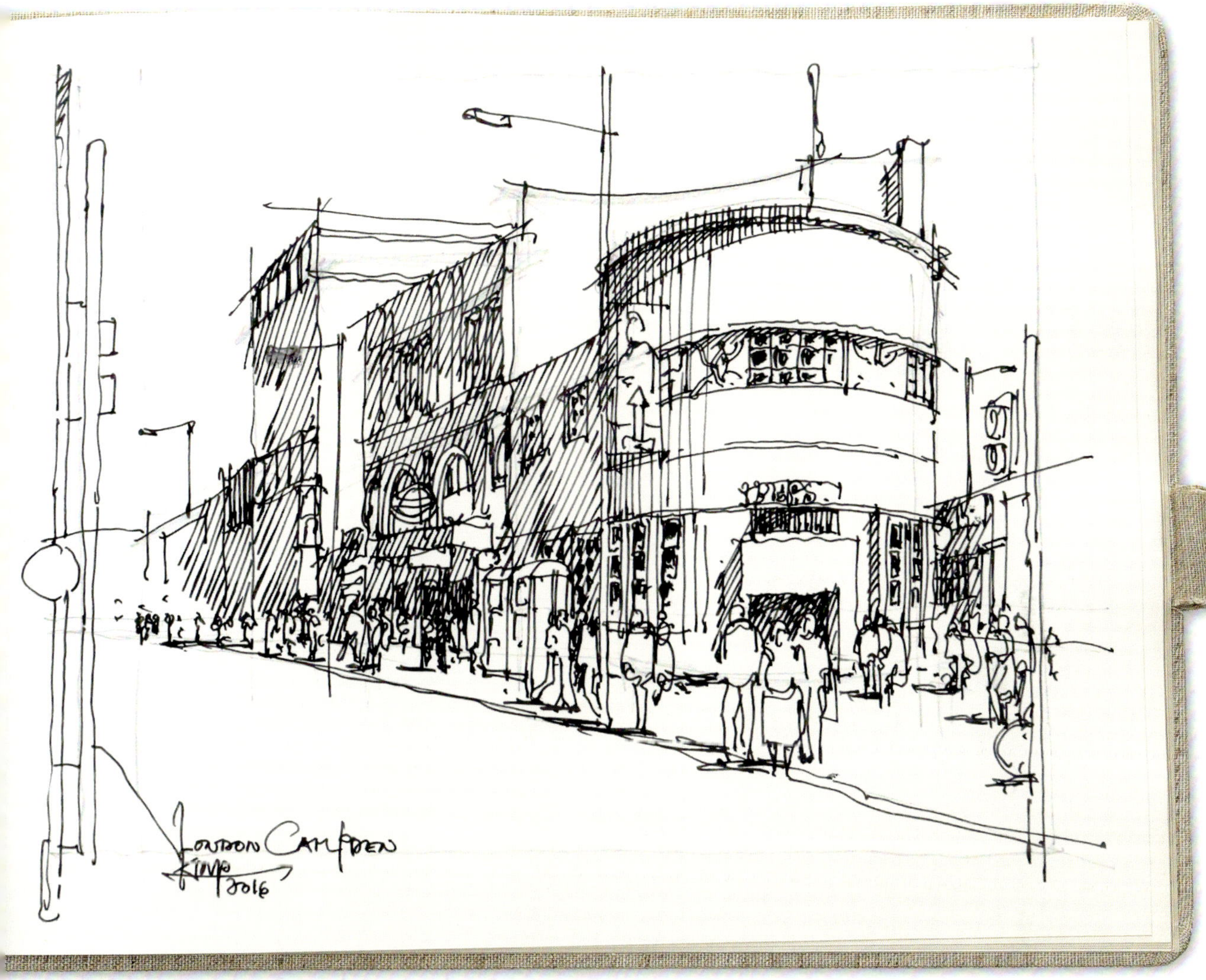

„Straßenzeile im Londoner Stadtteil Camden". Schwarze Tinte, Füllfederhalter, Skizzenbuch mit leicht getöntem Papier.

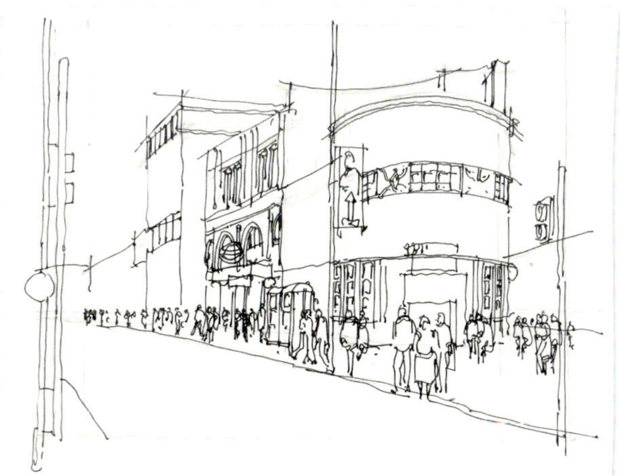

Ergänzung der vielen Menschen, die nicht über die Horizontlinie hinauswachsen. Die Häuser bekommen durch die eingezeichneten Öffnungen und Gliederungen ein Gesicht.

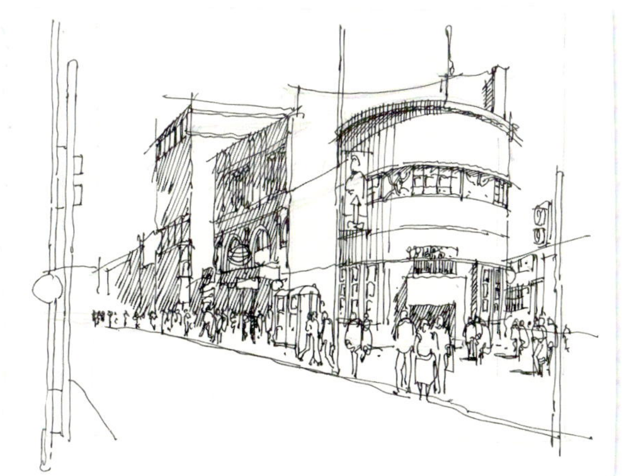

Zum Schluss werden die Lichtseiten ausgespart und die Schattenbereiche mit Schraffuren kenntlich gemacht. Fensterpartien treten zum Teil schwarz hervor.

Landschaftsräume, Parks und Gärten

Beim Zeichnen von Grünanlagen, Parks und Gärten gilt es, die verschiedenen Arten von Vegetation deutlich zu machen. Eine geschnittene Hecke unterscheidet sich von einer frei wachsenden, von der Verschiedenheit der Bäume in Bezug auf Form und Blattwerk ganz zu schweigen. Auch der meist weiche und oft topografisch bewegte Boden macht es dem ungeübten Zeichner nicht leicht. Probieren Sie also unterschiedliche grafische Muster für die verschiedenen Oberflächen skizzenhaft aus. Mit geschwungenen Linien kann man einen leichten Hügel und Böschungen andeuten, um darauf ein grafisches Bodenmuster zu entfalten. Eine Landschaftsskizze lässt sich besonders reizvoll farbig ausarbeiten. Bäume, Hecken und auch Sträucher sind meist dunkler als der Rasen oder eine Wiese. Mit blühenden Pflanzen und Sträuchern kann man farbige Akzente setzen.
Achten Sie darauf, dass Nadelbäume und manche dichtbelaubte Arten einen dunkleren Tonwert aufweisen als z. B. Birken.
Prägen Sie sich die unterschiedlichen Formen der Baumkronen ein. In der kalten Jahreszeit, wenn die Bäume ihre Blätter verlieren, kommen der Stamm und das in alle Richtungen schwingende Geäst zum Vorschein. Die dunkle Farbgebung des aus dem Boden wachsenden Stammes, die Hauptäste und die dünnen Zweige bilden in der Stadt oft vor hellen Hausfassaden einen spannenden Kontrast.

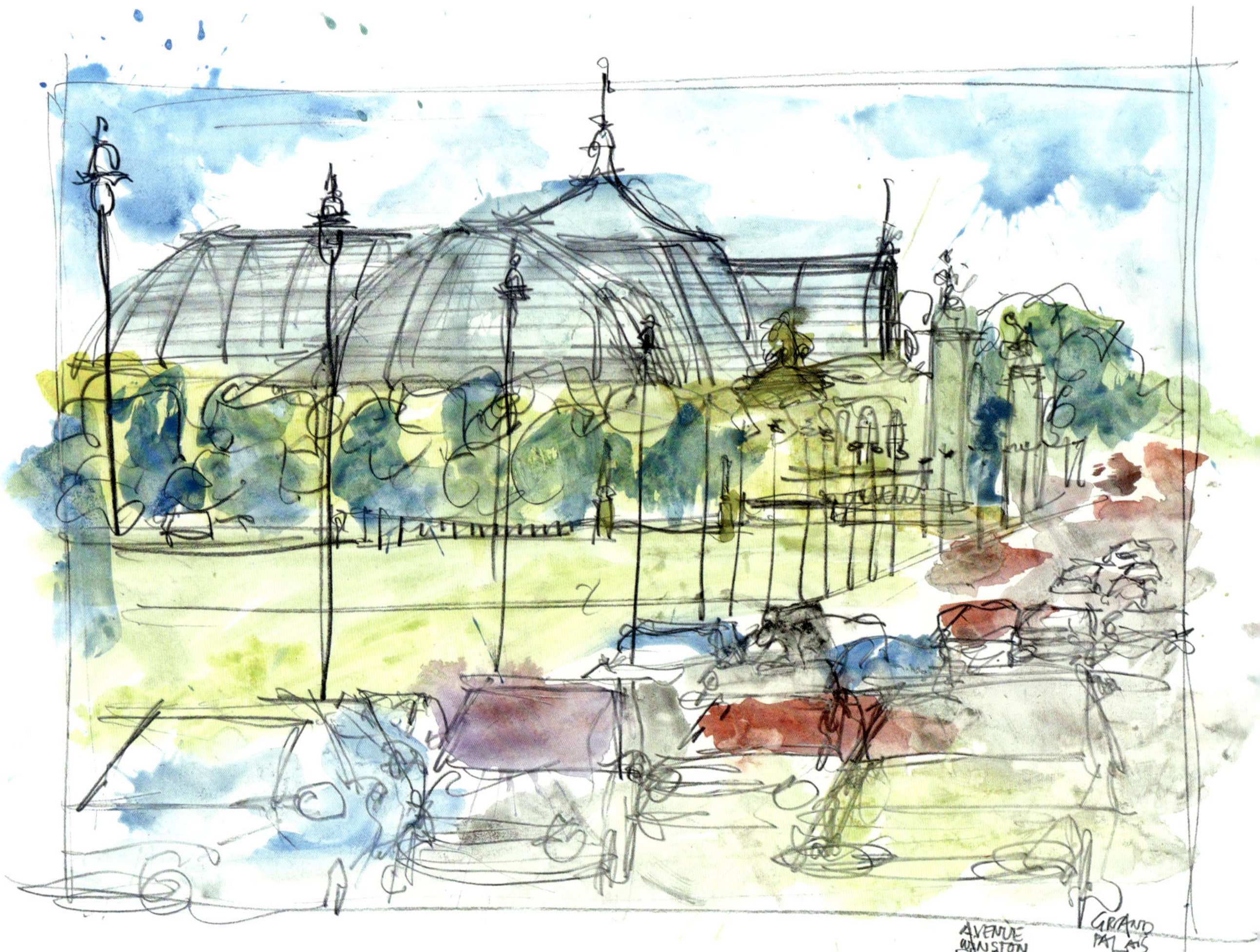

Grand Palais in Paris (Bleistift 3B, Wasserfarben, Skizzenblock mit weißem Kartonpapier).
Bäume, Rasen, Strauchwerk und Leuchten bieten den Rahmen für diese schnelle, farbige Skizze.

Kölner Rheinufer mit Blick auf den Dom (Bleistift 3B, weißes Papier)

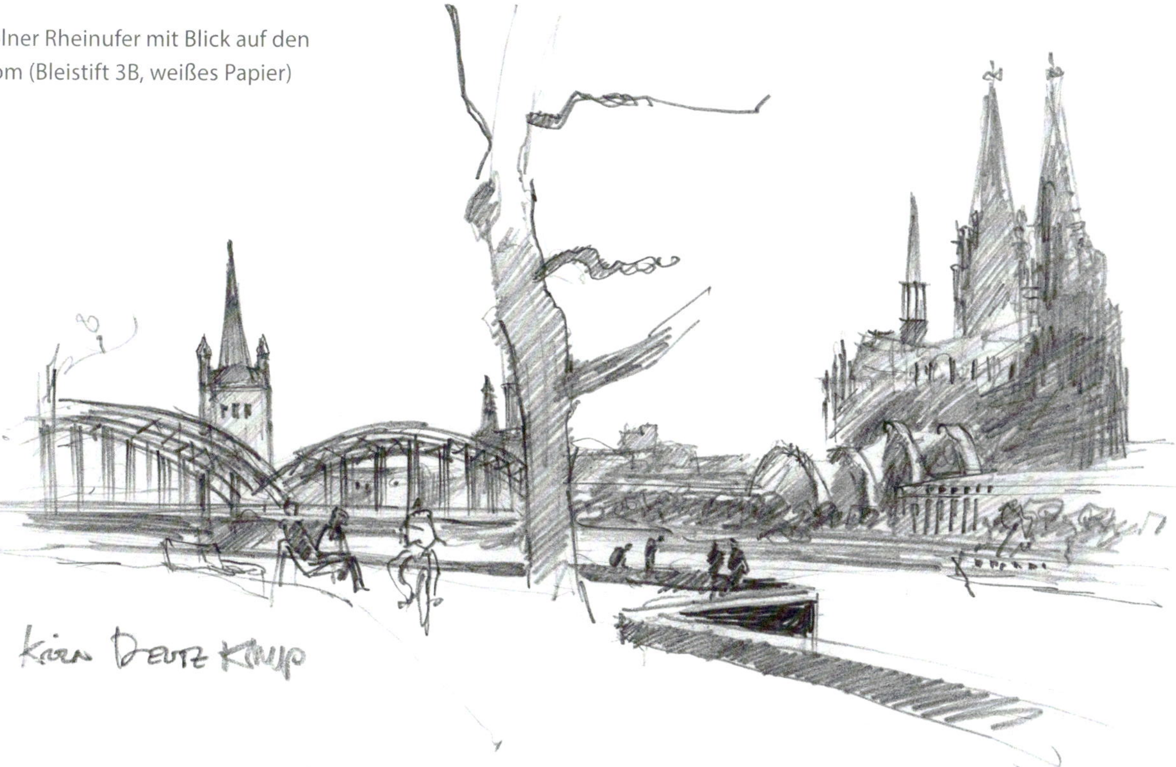

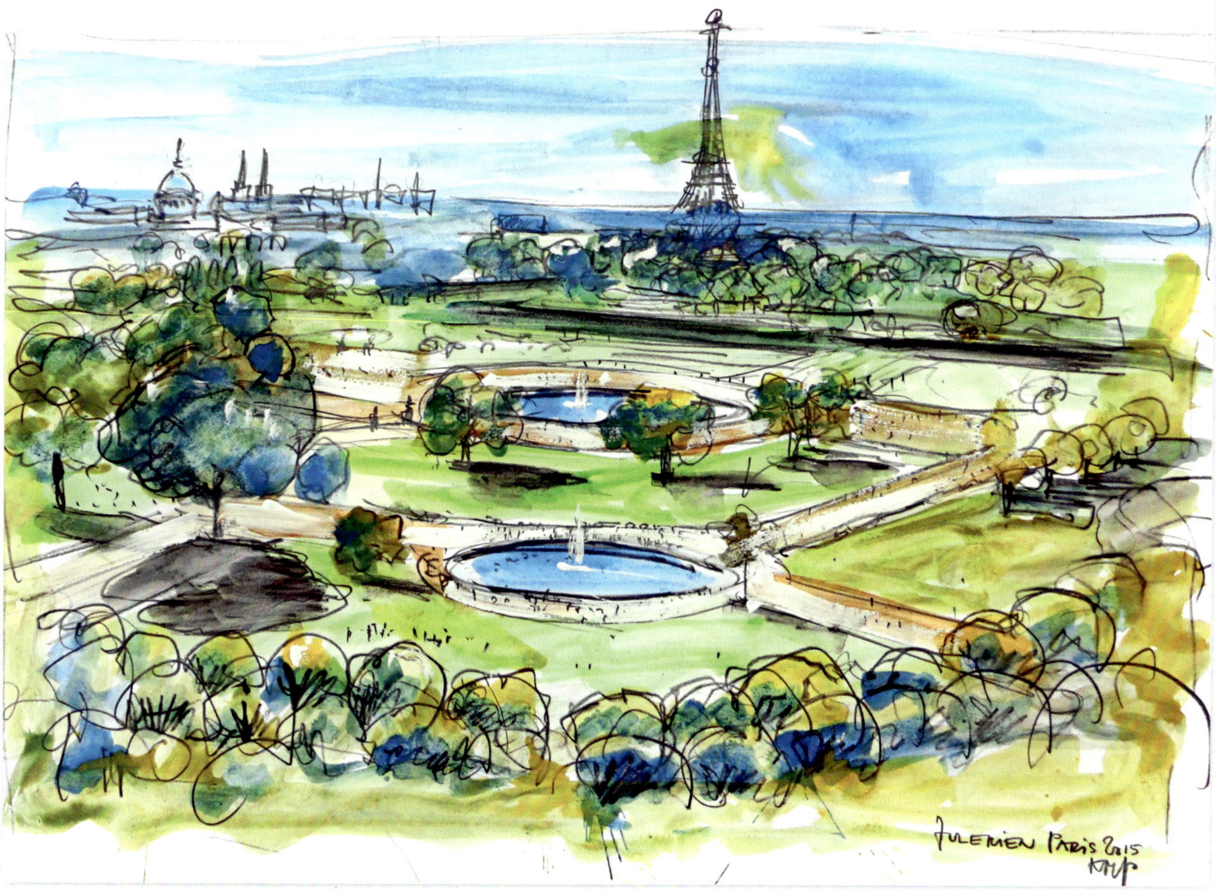

Tuilerien, Paris (Bleistift 3B, Wasserfarben, Skizzenblock mit weißem Kartonpapier). Wege, Wasserbecken, Einzelbäume und Baumreihen gliedern die wunderbare Parklandschaft aus erhöhter Sicht.

Paar auf Balustrade im Jardin du Luxembourg, Paris

Das zentrale Motiv bei dieser relativ großformatigen Skizze ist das eng umschlungene Liebespaar auf der Balustrade. Wenn dies beim ersten Versuch proportional richtig und im Ausdruck überzeugend gelingt, kann eigentlich nichts mehr schiefgehen. Schwieriger wird es nur noch einmal bei der dahinter zwischen den Kastanienbäumen stehenden weiblichen Marmorstatue in faltenreichem Gewand. Eigentlich bestimmen diese drei Figuren das Augenmerk des Betrachters.
Deshalb nehmen Sie sich zu Beginn für die Vorskizze mit ganz dünnen Linien ein wenig Zeit und fixieren anschließend mit sicherem und sichtbarem Strich das Motiv. Bei den profilierten Stützen der Balustrade verfährt man in der Regel genauso. Wenn Sie Menschen in Parks skizzieren wollen, so halten Sie Ausschau nach sitzenden bzw. in Ruhe verharrenden Personen.

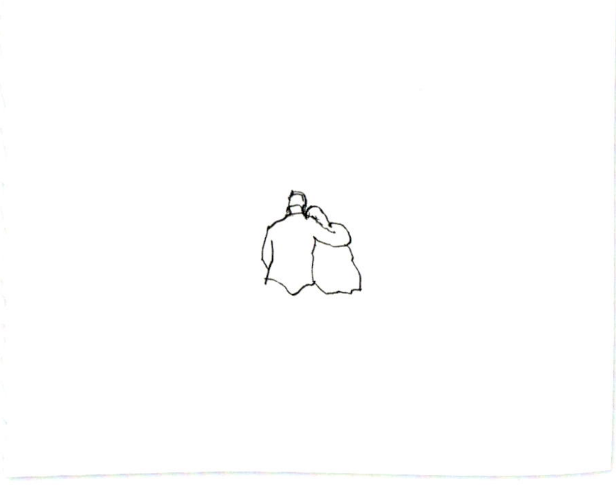

Ohne mir das Gesamtbild vor Augen zu führen, beginne ich mit einer Vorskizze der Personen im Tentrum des Bildraumes.

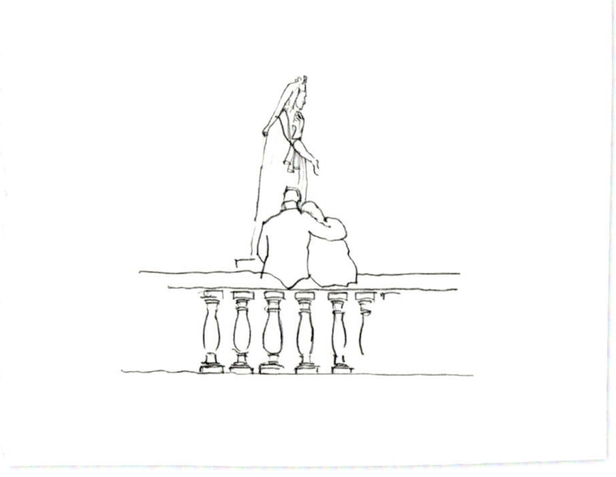

Anschließend umfahre ich mit sicheren und kräftigeren Linien das zentrale, bildbestimmende Motiv.

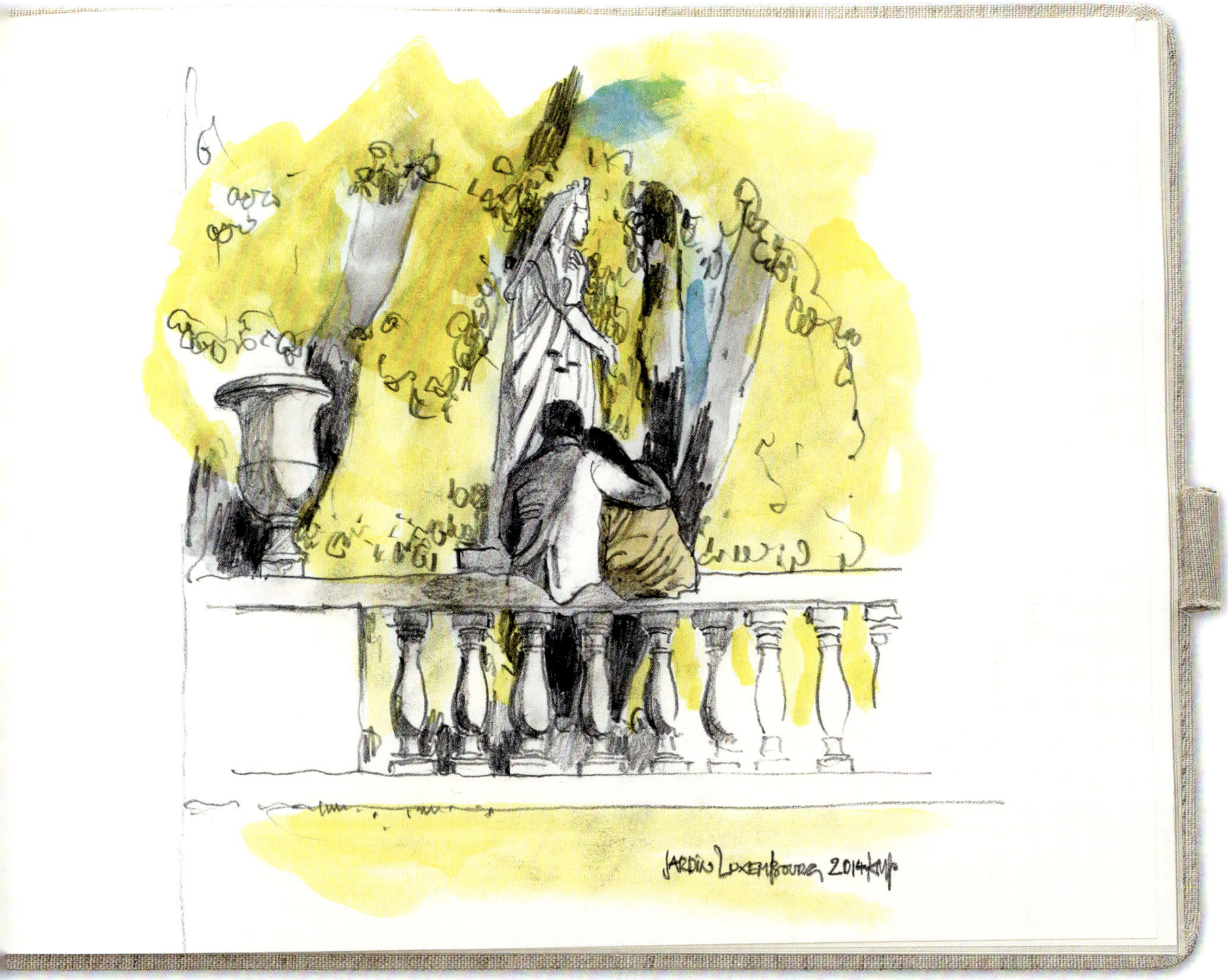

„Paar auf Balustrade im Jardin du Luxembourg, Paris". Bleistift 3B, Wasserfarben, Skizzenbuch mit leicht getöntem, glattem Papier.

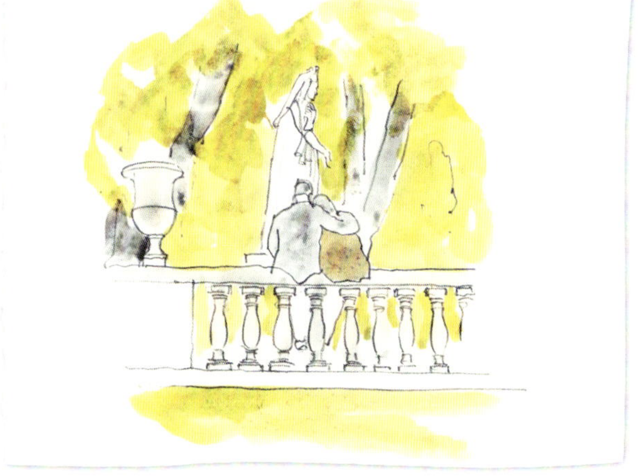

Mit Bleistift werden die Balustrade und die große Vase ergänzt, um dann mit nur zwei Farben in mehreren Schattierungen die Bäume als Rahmen anzudeuten.

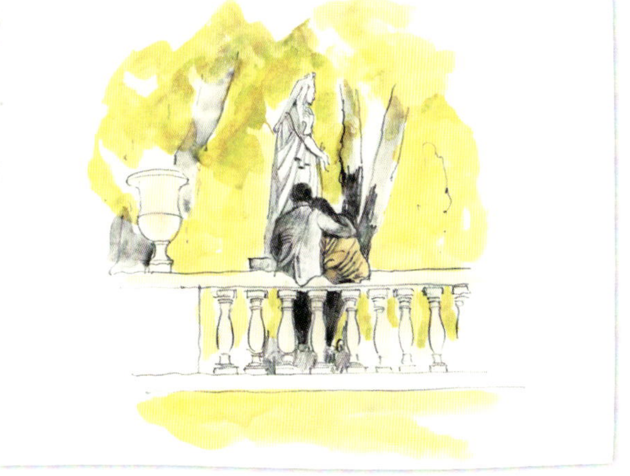

Die Schattenflächen hebe ich mit dem weichen Bleistift dunkler hervor und versuche an einigen Stellen, die Umrisse durch Nachziehen der Linien deutlicher zu machen.

Slackliner im Park

Bei diesem Beispiel habe ich vorher ein wenig zugeschaut, ohne dabei zu zeichnen, um die Haltung und den Bewegungsablauf des jungen Slackliners zu studieren. Das Ausbalancieren mit den Armen, das unter dem Akteur gebogene Band, aber auch seine Beinstellung sind die entscheidenden Merkmale für die Skizze. Mit wenigen Strichen sollte man zunächst ganz dünn die Figur vorzeichnen. Die drei Freunde, die auf dem Rasen sitzen, verhalten sich eher ruhig, sodass mehr Zeit bleibt, die sitzende Gruppe einzufangen. Die charakteristische Haltung der jungen Dame, die mir den Rücken zuwendet, das abgelegte Fahrrad daneben, die zufällig komplementäre Farbgebung der Kleidung lockern die Szene auf.
Nutzen Sie bei trockenem Wetter die Gelegenheit, in Parks und auf öffentlichen Plätzen Menschen zu beobachten, um sie schnell zu skizzieren. Nur durch häufiges Training fällt es dann bei Bedarf leicht, die Bewegung oder Haltung glaubhaft einzufangen.

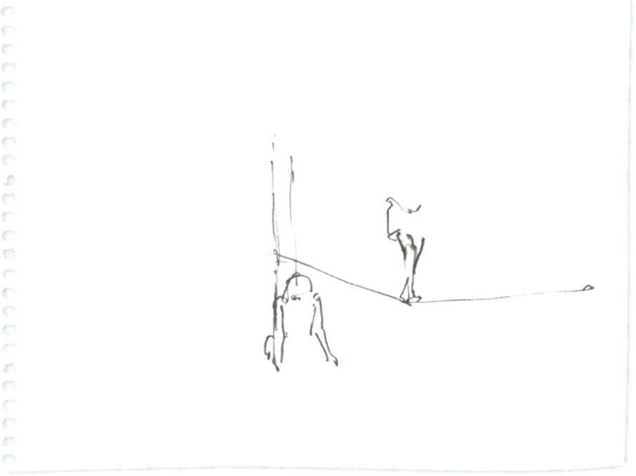

Mit weichem Bleistift skizziere ich zunächst den Baum, die Slackline und die schwierige Beinstellung.

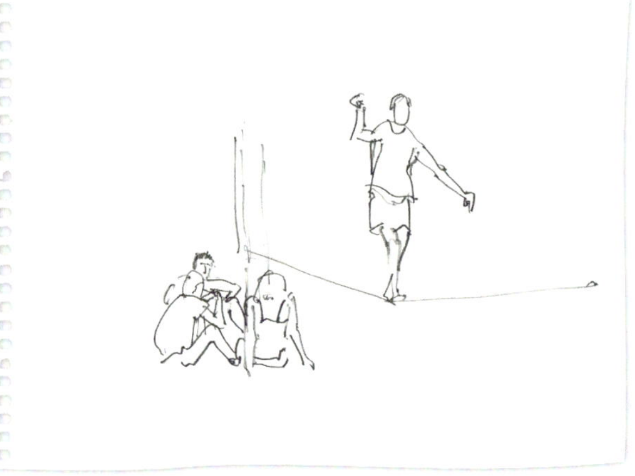

Die Personengruppe und die Figur des Slackliners werden zunächst mit leichten dünnen Linien umrissen und eventuell sofort mit sichtbarem Strich fixiert.

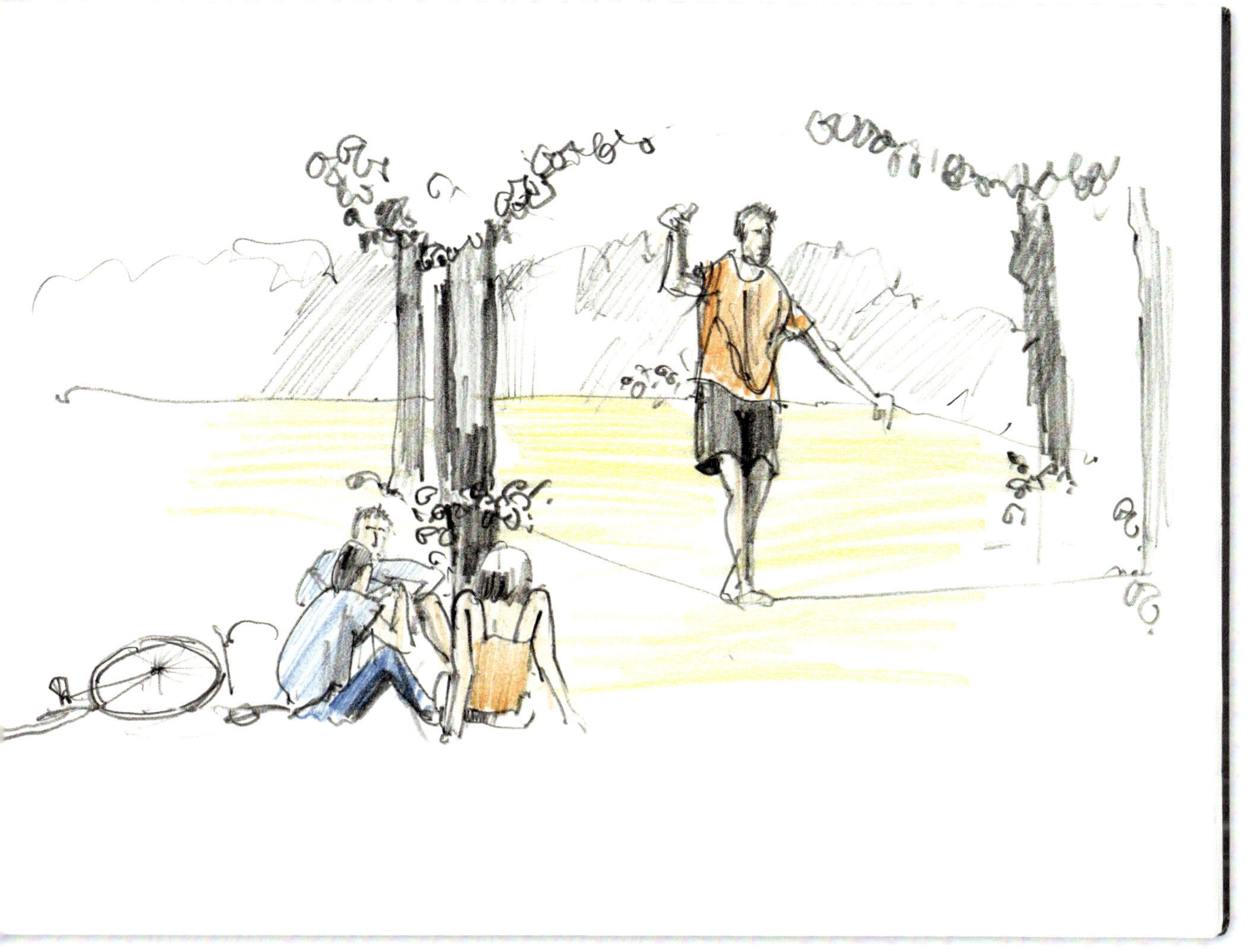

„Slackliner im Park". Bleistift 3B, Farbstifte, Skizzenbuch mit leicht getöntem, glattem Papier.

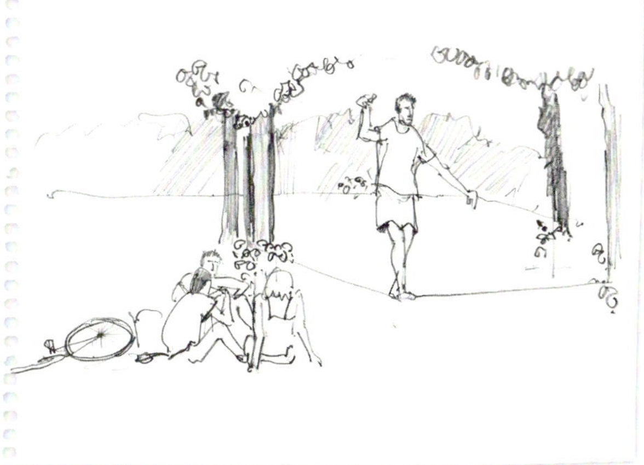

Nun achte ich auf Details, wie Schattenbereiche, das abgelegte Fahrrad, Bäume und Blätter, um zum Schluss das Ganze farblich zu akzentuieren.

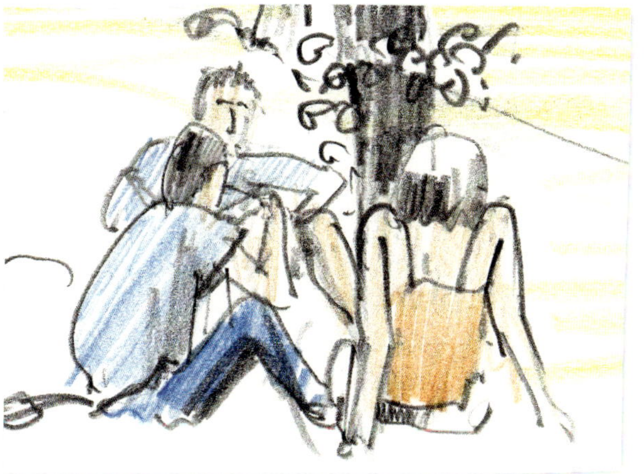

Detail: Bei näherem Hinschauen sieht man, dass die Gruppe mit wenigen Konturlinien umrissen wurde. Vermeiden Sie das sogenannte Stricheln!

Details und Ausschnitte

Ein Detail zu skizzieren setzt zunächst einmal eine Nähe zum Objekt voraus. Ein einfacher Hydrant im Straßenraum, ein Kamin mit blechernen Rohren, der verzierte Knauf einer alten Tür können lohnende Skizzenobjekte sein. Ebenso kann die Kleidung einer Person als Detail oder Ausschnitt durchaus reizvoll sein. Das Gesicht lässt man dabei besser weg, deutet nur einen Umriss an, um sich dann ganz dem Hut oder der Jacke zu widmen.
In der Stadt treffen wir jedoch mehr auf architektonische Details. Eine farbige Markise über einem Geschäft, besondere Auslagen oder Angebote in einem Schaufenster oder nur die Uhr eines alten Turmes könnten begehrte Objekte sein. Denken Sie jedoch bei solchen Beispielen daran, mit wenigen Linien die unmittelbare Umgebung anzudeuten, damit z. B. erkennbar wird, dass es sich um eine Uhr in einem alten Turm handelt und nicht um eine Uhr, die freisteht.
Bei den hier gezeigten vier Beispielen gaben das Zwiebeltürmchen (rechts), die merkwürdige bedruckte Plakatwand (unten links), die zahlreichen Töpfe mit der verzierten Leuchte (rechts oben) und die kontrastreiche Marmorskulptur (rechts unten) den Ausschlag, etwas detailreicher zu zeichnen.

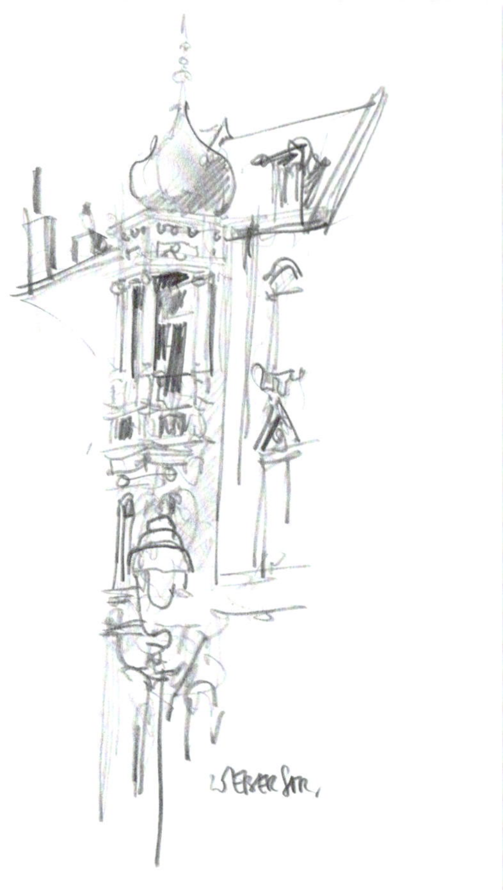

Der verzierte Erker mit Zwiebeltürmchen innerhalb einer Gründerzeitfassade in der Bonner Südstadt wurde grafisch akzentuiert. (Bleistift 3B, Skizzenbuch mit weißem, dünnem Papier)

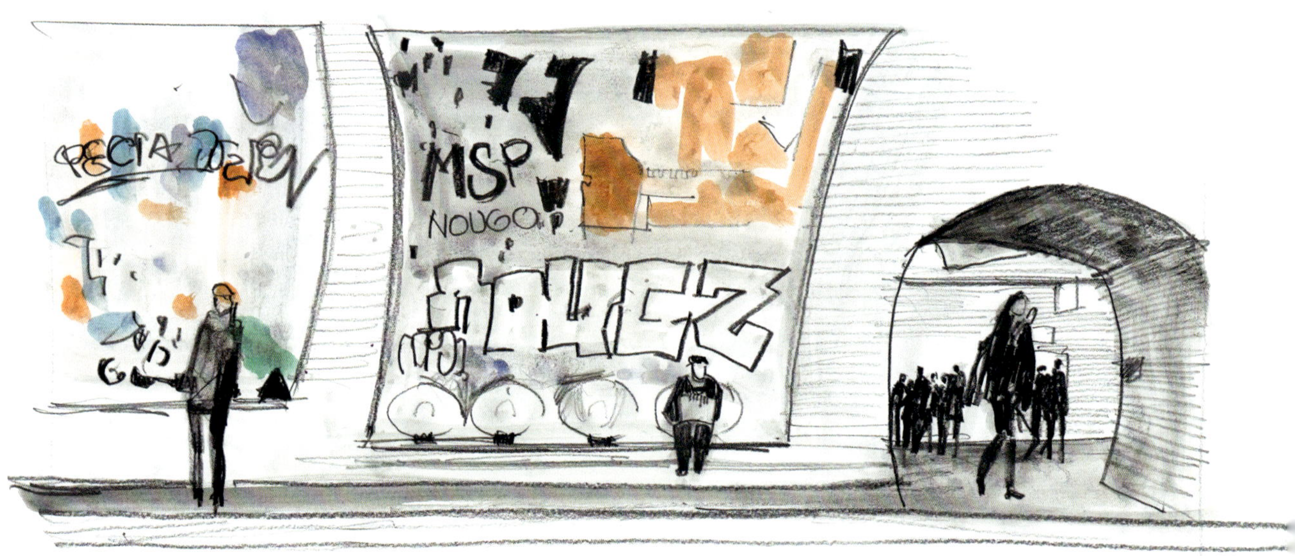

Eine dem Anschein nach düstere Szenerie in der Metro von Paris kann als Motiv durchaus reizvoll sein. (Bleistift 3B, Wasserfarben, Skizzenbuch mit weißem, glattem Papier)

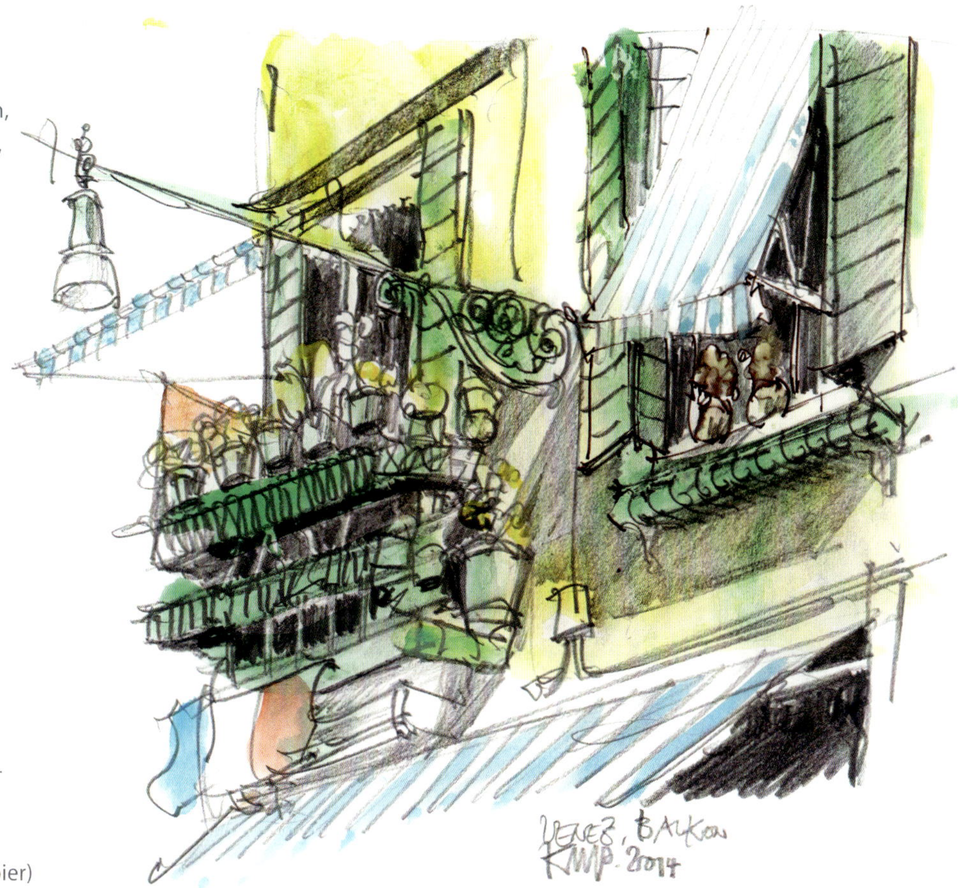

Malerisches Detail eines venezianischen Hauses. (Bleistift 3B, Wasserfarben, Skizzenbuch mit weißem, glattem Papier)

unten: Plastik des Medici-Brunnens im Jardin du Luxembourg (Bleistift 3B, Wasserfarben, Kartonpapier)

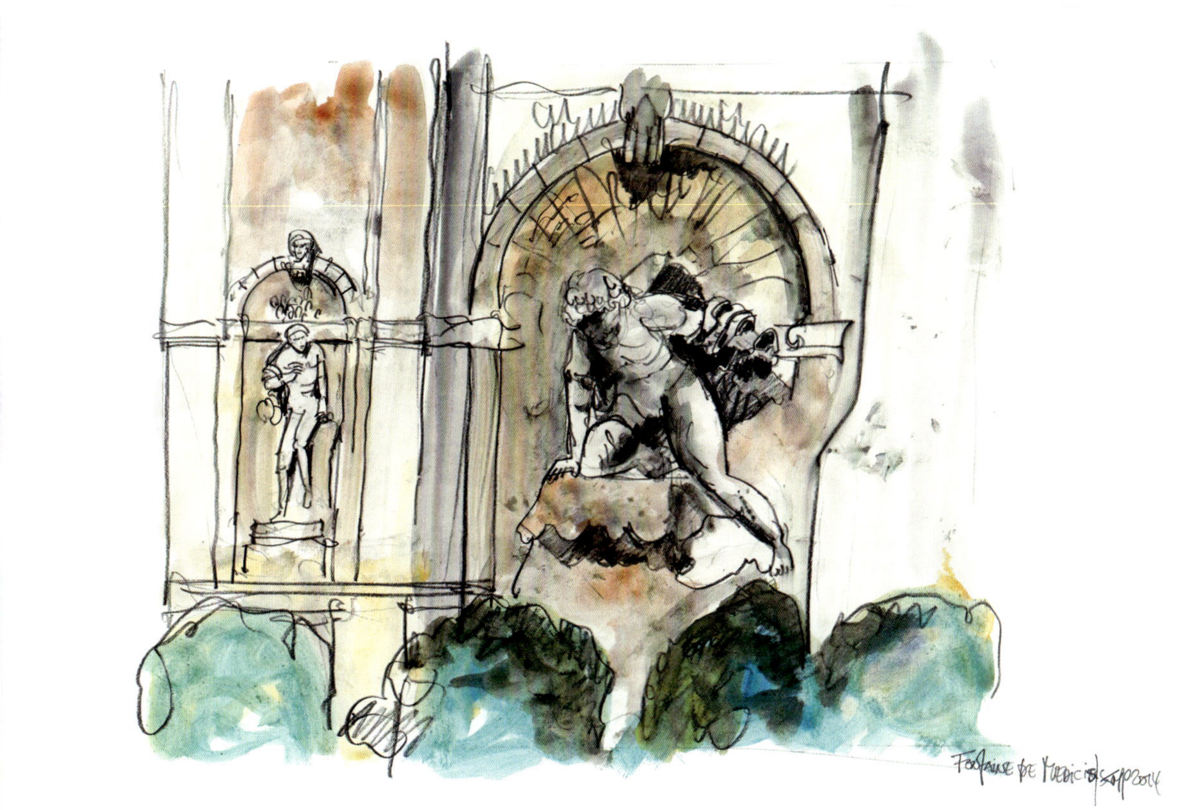

Holzterrasse auf einem Dach, Venedig

Da die Häuser in Venedig dicht an dicht stehen und Gärten eher selten sind, dienen diese auf steinernen Sockeln gemauerten hölzernen Altane auf den Dächern den Bewohnern zum Trocknen der Wäsche. In der Renaissance bleichten sich auf diesem Sonnenplatz die jungen Damen gerne ihre Haare. Sie sind ein typisches Wahrzeichen der Lagunenstadt und für jeden Zeichner ein willkommenes Motiv. Bei der nebenstehenden Ausführung empfand ich das links aufgehängte weiße Tuch reizvoll als Gegensatz zu der dunkel verschatteten Fläche unter dem Balkon. Für die Dachziegel habe ich ein bestimmtes Muster gewählt, das zunächst aus schräg verlaufenden Linien besteht, über die im Grunde eine Kringeltextur gelegt wird. Versuchen Sie, bei solchen sonnenbeschienenen Motiven, Licht und Schatten durch hell belassene Stellen und schraffierte Dunkelbereiche deutlich zu machen.

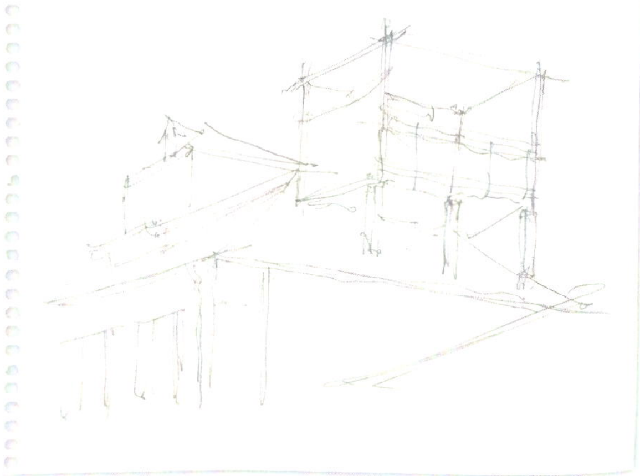

Zunächst habe ich das Gesamtbild mit dünnen Bleistiftlinien unter Beachtung der perspektivischen Ausrichtung umrissen.

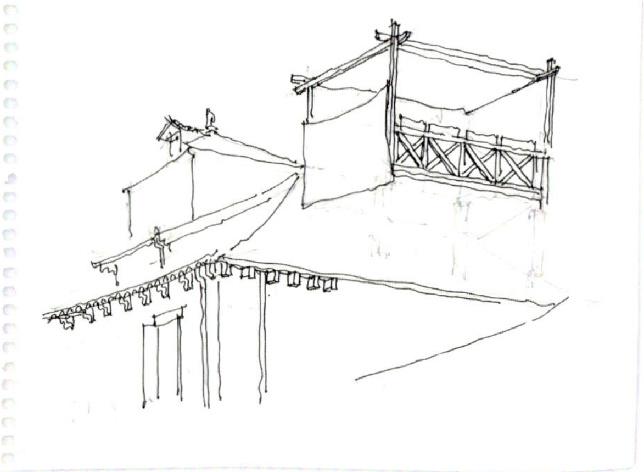

Die Umrisse werden mit dem Füllfederhalter in schwarzer Tinte verdeutlicht.

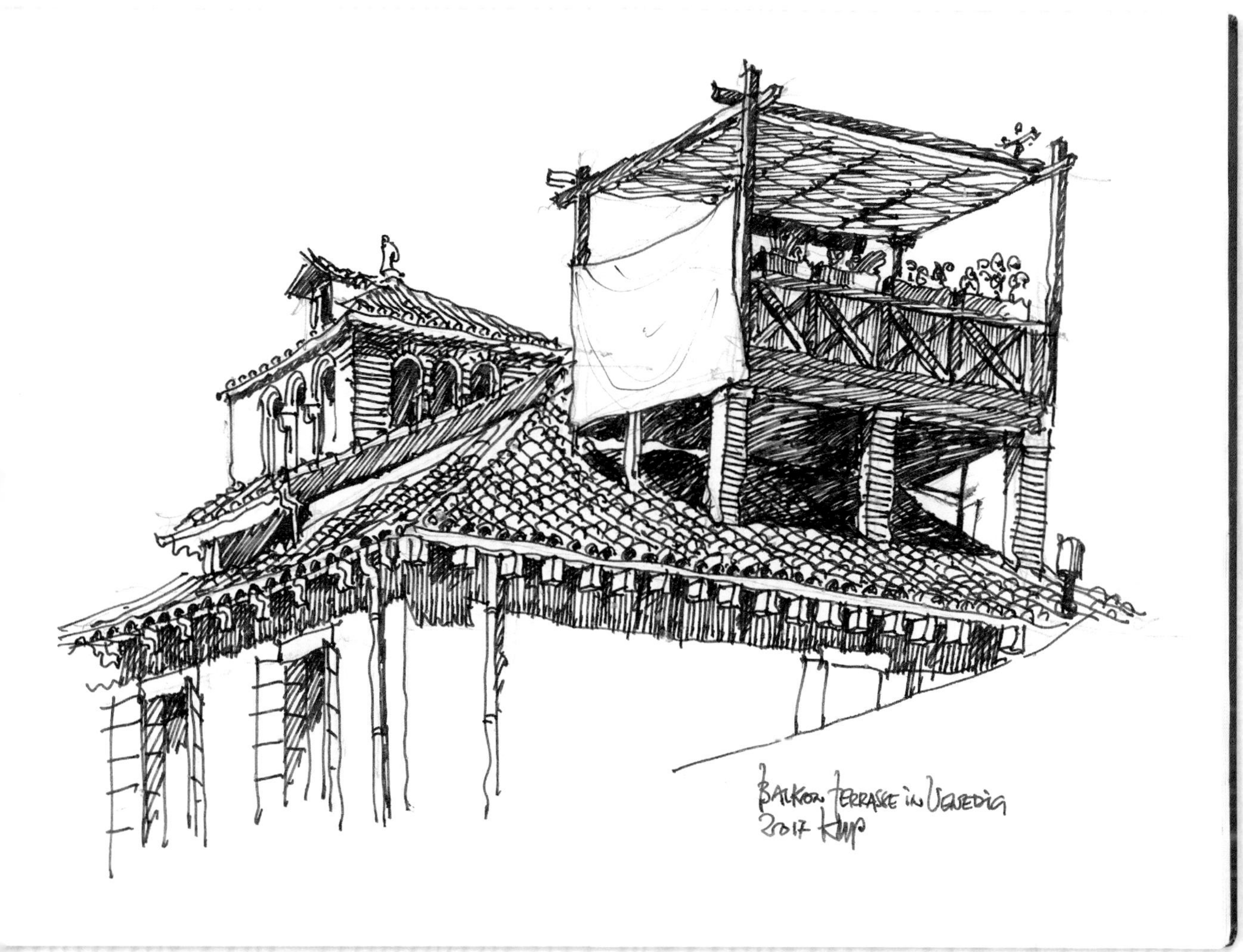

„Holzterrasse auf einem Dach, Venedig". Bleistift 3B, Tinte, Füllfederhalter, Skizzenbuch mit weißem, glattem Papier.

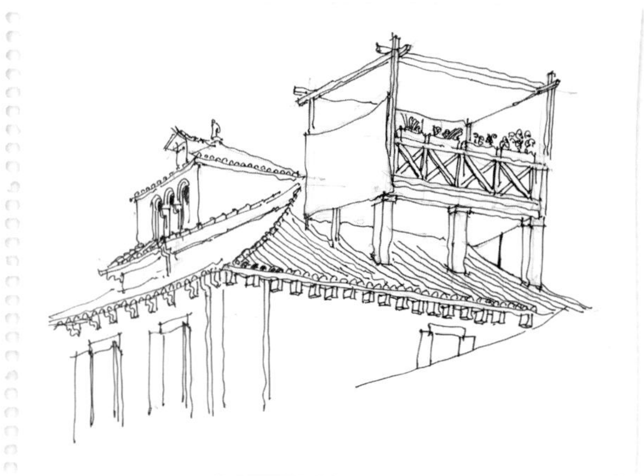

Zwischen den einzelnen Flächen kann man nun die Feinheiten einzeichnen einschließlich der als Gerüst für die Ziegel fungierenden schrägen Dachschraffur.

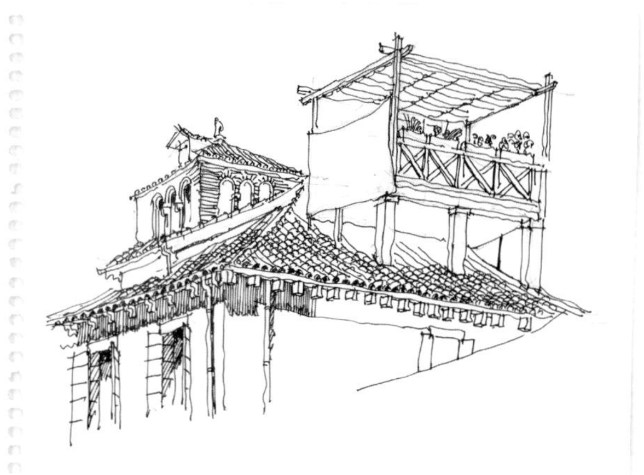

Das Bild vervollständigt sich durch die Schraffuren, die je nach beabsichtigtem Tonwert mehr oder weniger dicht ausgeführt werden.

Kanäle, Flüsse und Meer

Wasser ist ein immer wiederkehrendes Element in der Stadt. Besonders ruhige Gewässer sind aufgrund der Spiegelung angrenzender Fassaden, einer grünen Böschung oder einer wirkungsvollen Ufergestaltung sehr reizvoll für das Urban Sketching. Meistens trifft dies auf schmälere Flüsse, Seen oder Kanäle ohne viel Bootsverkehr in bebauter Umgebung zu. Aber auch der Blick auf die Uferpromenade eines Flusses mit Brücke, anliegenden oder fahrenden Schiffen und interessanter Uferbebauung kann sehr malerisch sein.

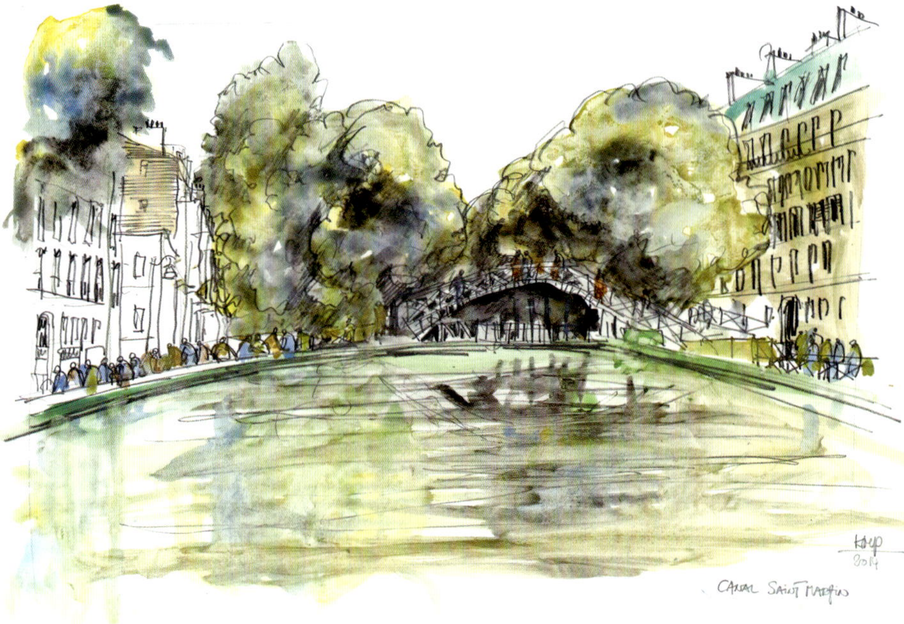

Canal Saint-Martin in Paris (Bleistift 3B, Wasserfarben, Skizzenblock mit Kartonpapier). Die Baumreihen entstanden nicht mit einem reinen Grün, sondern nur aus einem Gemisch von Gelb und Blau.

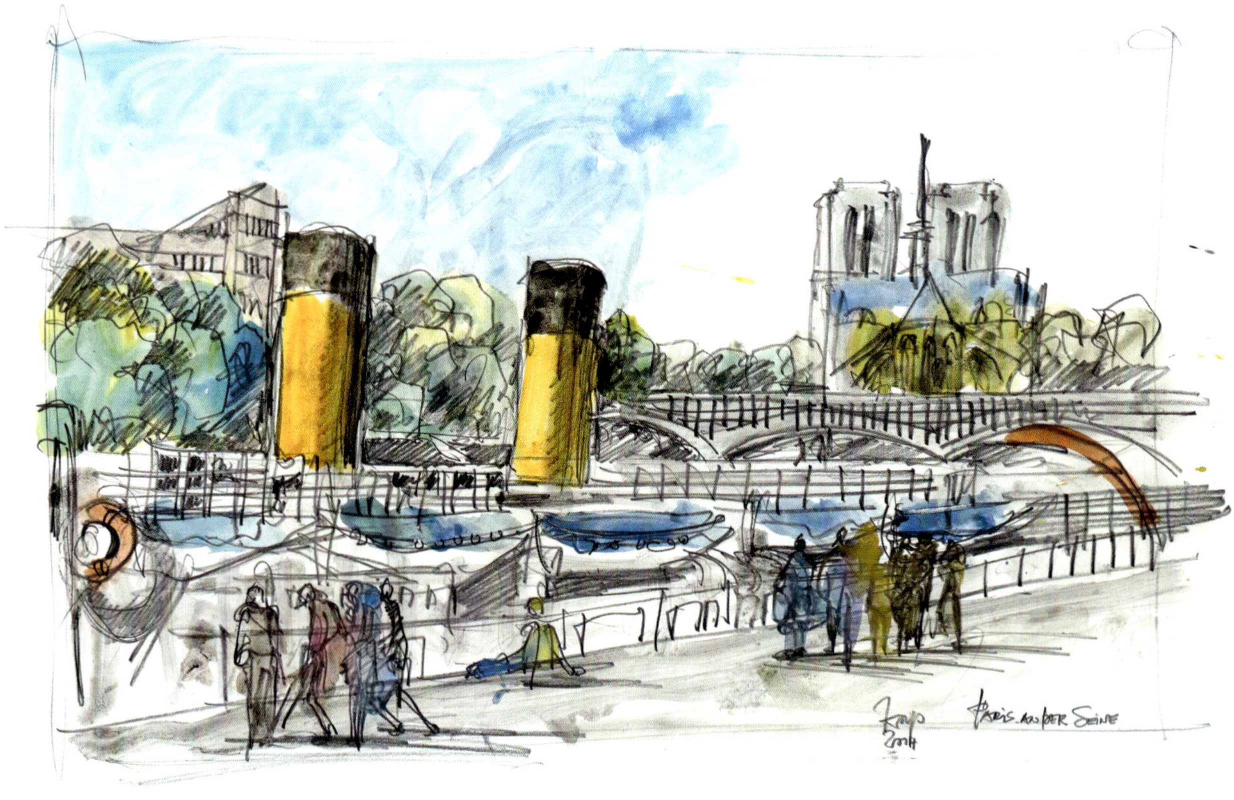

Seine-Ufer in Paris (Bleistift 3B, Wasserfarben, Skizzenblock mit Kartonpapier). Ein besonderer malerischer Reiz waren die beiden gelb-schwarzen Schornsteine, weniger die Türme von Notre-Dame.

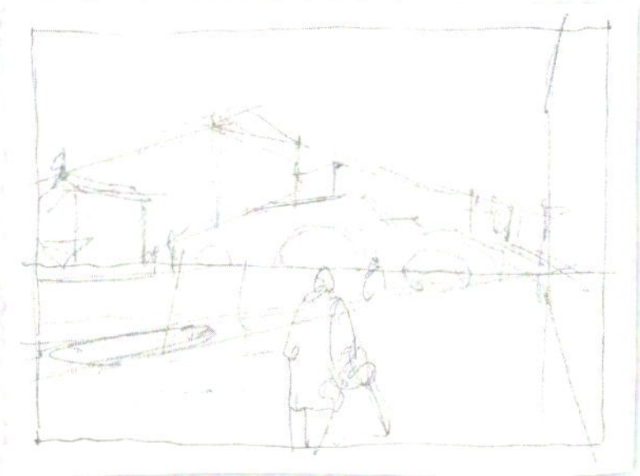

Mit dünnen Bleistiftlinien wird das gesamte Motiv unter Zuhilfenahme von Horizontlinie und Fluchtpunkten perspektivisch eingerichtet.

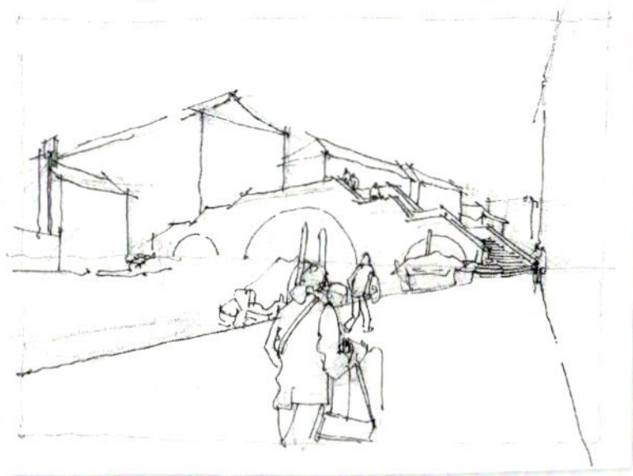

Die schwarze Linienkontur des Füllfederhalters markiert unverrückbar die Form der Brücke, die Häuser und die Personen im Vordergrund.

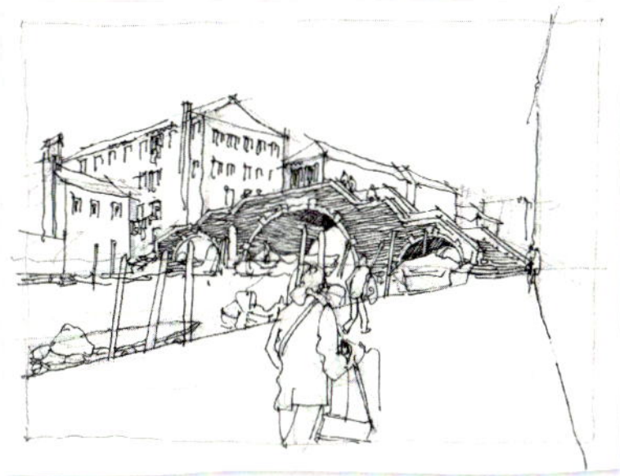

Die perspektivische Linienschraffur der Brücke deutet die Ziegel an. Es entsteht ein Wechselspiel zwischen hellen Pfählen und dunklen Brückenbögen.

Blick auf die Brücke Ponte dei Tre Archi in Venedig

Bleistift 3B, Tinte, Füllfederhalter, Skizzenpapier, leicht getönt.

Diese ungewöhnliche Brückenform einschließlich der dahinter liegenden Gebäude erforderte eine perspektivische Vorskizze mit Fluchtpunkten. Für den Weg und den Kanal wird ein Fluchtpunkt markiert. Die Gebäude und die Brücke erfordern zwei gedachte Fluchtpunkte rechts und links außerhalb des Blattes. Die Köpfe der Personen werden annähernd auf der Horizontlinie gezeichnet.

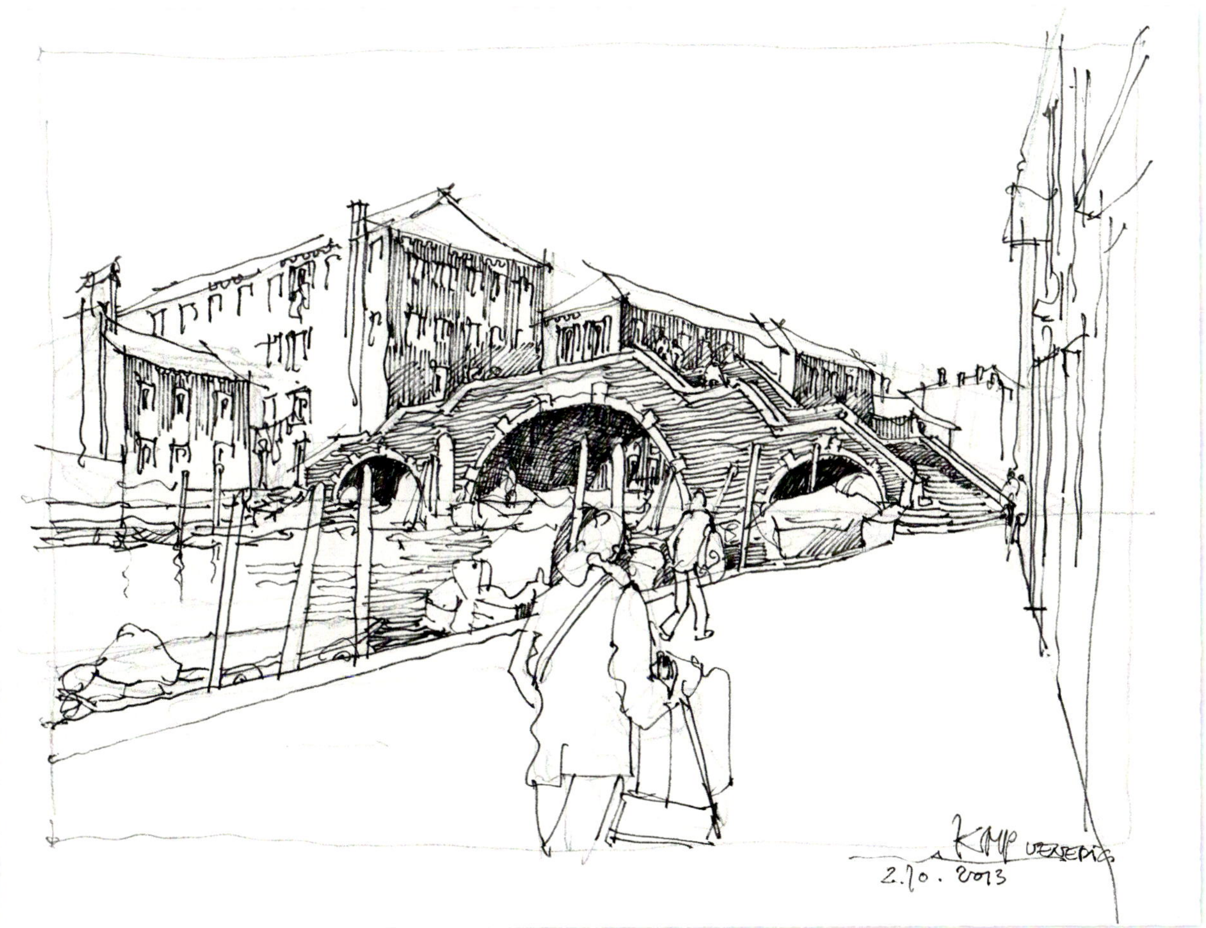

Rheinufer in Bonn mit markanter Reihe kleinkroniger Bäume vor hellen Hausfassaden. Dazwischen dunkle, die Dächer überragende Einzelbäume (Bleistift 3B, Farbstifte, Skizzenbuch mit weißem Papier)

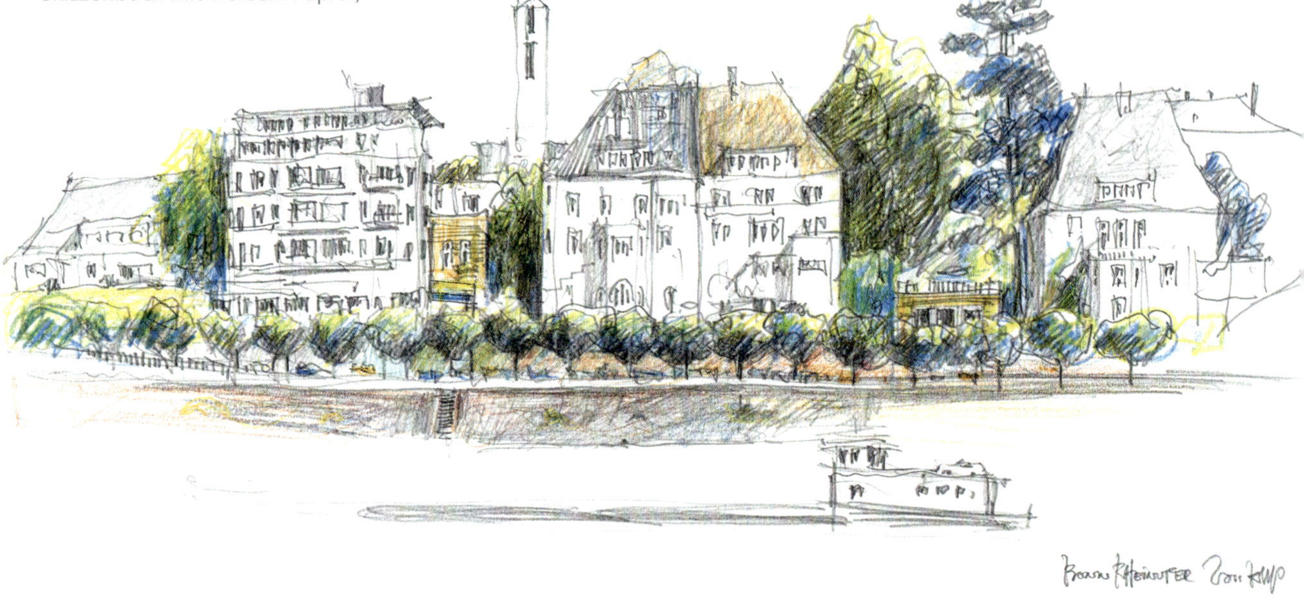

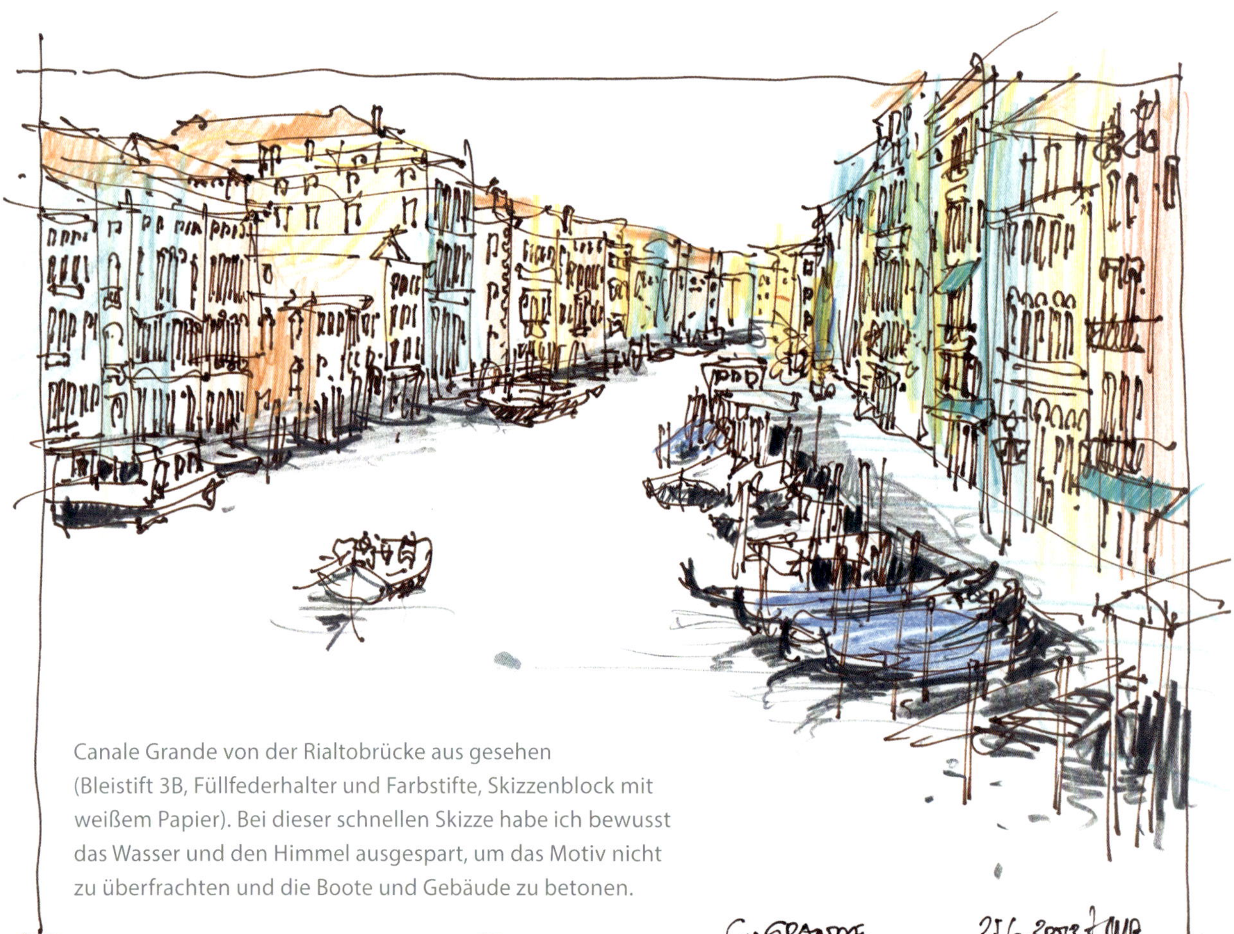

Canale Grande von der Rialtobrücke aus gesehen (Bleistift 3B, Füllfederhalter und Farbstifte, Skizzenblock mit weißem Papier). Bei dieser schnellen Skizze habe ich bewusst das Wasser und den Himmel ausgespart, um das Motiv nicht zu überfrachten und die Boote und Gebäude zu betonen.

Themse mit Blick auf die Uferbebauung mit Kuppeln, Türmen und unvermeidlichen Kränen in London (Tinte und Füllfederhalter, Skizzenbuch mit weißem, dünnem Papier).

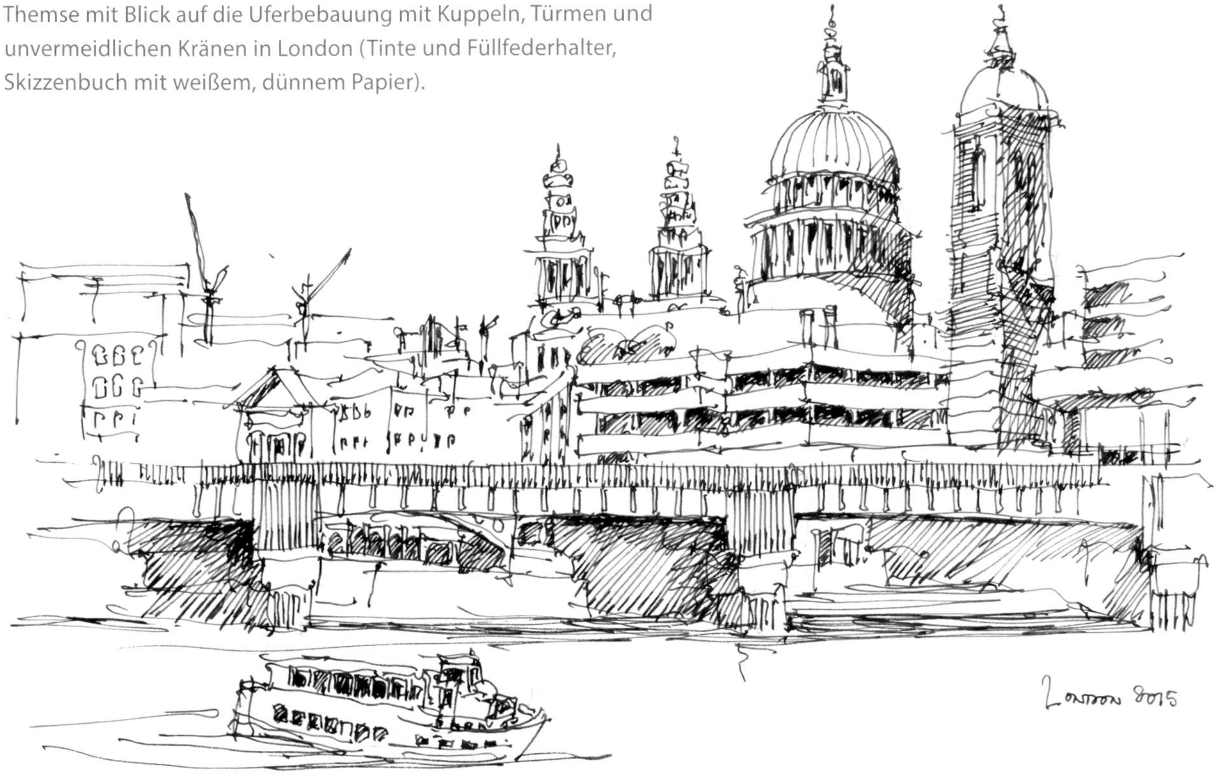

Blick von der Pont des Arts auf die steinerne Brücke Pont Neuf in Paris mit markanter Bebauung im Hintergrund (Tinte und Füllfederhalter, weißes, dünnes Papier). Für diese Skizze habe ich zunächst eine Vorskizze mit weichen, dünnen Bleistiftlinien angefertigt.

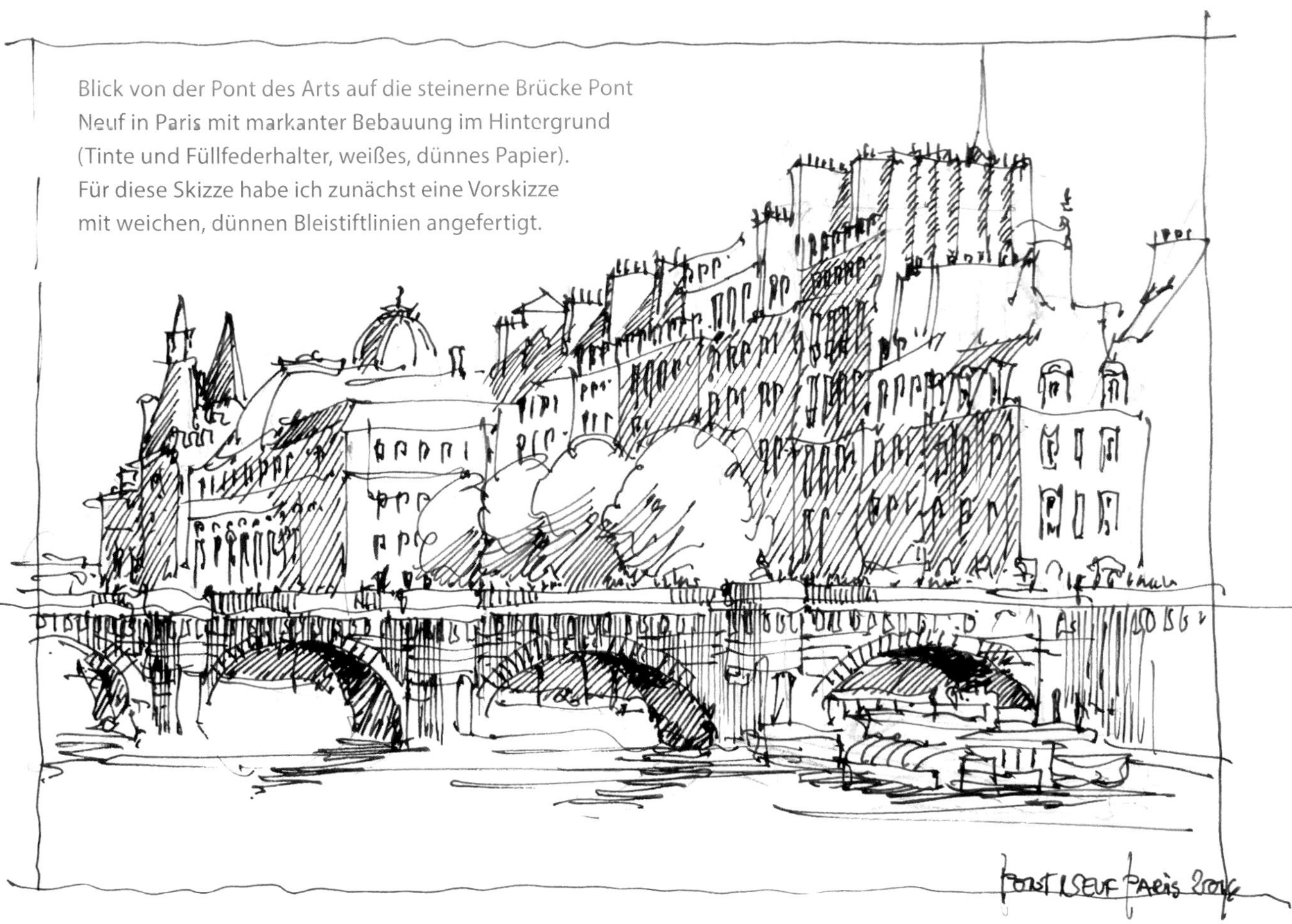

Der Zauber bestimmter Orte

Trotz der Fülle herausragender Bauwerke, wie Eiffelturm, Notre-Dame, Sacre Coeur, das Panthéon, um nur einige zu nennen, galt meine Aufmerksamkeit in Paris immer schon den weniger spektakulären Häuserreihen ganz bestimmter Viertel. Hoch aufragende Wände, schmale, mit verzierten Gittern und Klappläden versehene Fenster, Brandmauern, auf denen aus mehrzügigen Kaminen Rohre wie Orgelpfeifen thronen, ziehen mich immer wieder in ihren Bann und wecken in mir eine suchtartige Lust zum Zeichnen.
In Venedig sind es die Fassaden und Innenräume, die sich in ihrer Vielzahl und Verschiedenheit, vor allem aber ihrer Schönheit und Perfektion auftun, und die Wände, die in ausgewogenen Proportionen einen Campo prägen und ihn in eine wundervolle Raumfolge mit all den vielen und engen Gassen einbinden können. Gerade dieses Wechselspiel der dunklen Enge mit der sich plötzlich auftuenden hellen Weite eines Campo ist ein ganz besonderes Erlebnis in dieser Stadt, in der ich oft stundenlang mit Skizzenbuch und Zeichenutensilien unterwegs bin.
Ich hoffe, dass gerade meine Skizzen und Zeichnungen aus Paris, Venedig und andernorts Lust machen, Städte zu besuchen und sie anschaulich zu erfassen. Dabei können ganz schlichte, unscheinbare Zweckbauten am Rande einer Kleinstadt genauso reizvoll sein wie die imperialen Prachtbauten einer historischen Großstadt. Sogar ein staubiger, lauter Schrottplatz kann einem pittoresken, wohlproportionierten Stadtplatz als Motiv vorgezogen werden. Beim Urban Sketching geht es schlichtweg darum, unsere physisch gewonnenen Eindrücke, wo immer wir uns bewegen und aufhalten, in Skizzen und Zeichnungen umzusetzen. Machen Sie sich also auf und entdecken Sie Ihre Stadt mit Stift und Papier!

Klaus Meier-Pauken

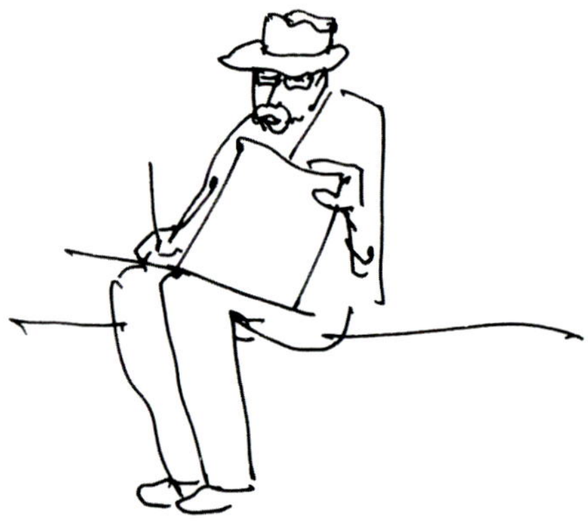